바로 써먹는 21가지 교육프로그램

Eduplay 실전대본

바로 써먹는 21가지 교육프로그램
Eduplay 실전대본

펴 낸 날   2020년 2월 19일

지 은 이   한석, 허성희, 최홍석, 이성혁, 김광영, 이유나
펴 낸 이   이기성
편집팀장   이윤숙
기획편집   정은지, 한솔, 윤가영
표지디자인   정은지
책임마케팅   강보현, 류상만
펴 낸 곳   도서출판 생각나눔
출판등록   제 2018-000288호
주   소   서울 잔다리로7안길 22, 태성빌딩 3층
전   화   02-325-5100
팩   스   02-325-5101
홈페이지   www.생각나눔.kr
이 메 일   bookmain@think-book.com

- 책값은 표지 뒷면에 표기되어 있습니다.
  ISBN 979-11-7048-039-6 (14370)
  ISBN 979-11-7048-038-9 (세트)

- 이 도서의 국립중앙도서관 출판 시 도서목록(CIP)은 서지정보유통지원시스템 홈페이지
  (http://seoji.nl.go.kr)와 국가자료공동목록시스템(http://www.nl.go.kr/kolisnet)에서
  이용하실 수 있습니다(CIP제어번호: CIP2020005769).

Copyright ⓒ 2020 by 한국놀이교육놀이문화연구소 All rights reserved.
 · 이 책은 저작권법에 따라 보호받는 저작물이므로 무단전재와 복제를 금지합니다.
 · 잘못된 책은 구입하신 곳에서 바꾸어 드립니다.

바로 써먹는 21가지 교육프로그램

Eduplay 실전대본

한국교육놀이문화연구소

미·재미·의미를 모두 담은 새로운 교육공식

duplay=Education+Play

대한민국 교육강사 필독서

생각나눔

| 추천사 |

이명노 교육학 박사 기업발전연구원장

'Eduplay 실전대본'은 커뮤니케이션의 중요성을 재미있게 즐기면서 온몸으로 느끼고, 실질적인 커뮤니케이션의 방법까지 한번에 학습할 수 있는 알찬 교육프로그램으로 가득 차있다. 지루한 이론전달에서 벗어나고 싶다면 이 책을 무조건 읽어야 한다. 앞으로 강사는 두 부류로 나뉘어질 것이다. 이 책을 본 강사와 보지 못한 강사! 시대에 맞춰 참여형 교육을 잘하고 싶다면 무조건 이 책을 볼 것을 추천한다.

방우정 김제동의 스승이자 MC계의 살아있는 전설

강사에게 가장 중요한 것은 바로 소통이다. 소통의 기본은 상대를 먼저 생각하며 말하고 행동하는 것이다. 강사로서 상대의 마음을 움직이기 위해서는, 공감하고 배려하는 것과 함께 재미와 의미까지 전달해야 한다. 한국교육놀이문화연구소에서 오랜 시간 동안 준비한 'Eduplay 실전대본'은 재미와 흥미, 의미까지 모두 사로잡는 최고의 소통 지침서라 할 수 있다. 이 책을 통해 소통의 달인이 되기를 기원한다.

이경호 롯데월드 인사팀장

경영과 직장생활뿐만 아니라 우리의 인생은 문제 해결 과정의 연속이라고 할 수 있습니다. 최근 급변하는 환경에서 우리가 마주하는 문제의 복잡성과 난이도는 무서울 정도로 높아지고 있습니다. 이 책은 우리에게 꼭 필요한 문제 해결 과정의 능력을 효과적으로 개발할 수 있는 다양한 교육 방법을 제시하고 있습니다. '한국교육놀이문화연구소'의 정수가 담긴 이 책을 통해, 문제의 원인을 파악하는 방법부터 중요성까지 문제 해결의 전 과정을 쉽게 익힐 수 있다고 확신합니다.

이준호 MIR마케팅혁신연구소 소장 (저서: 『마케팅컨설케이션』)

이 책은 다양한 교육현장에서 응용하기 좋은 '역량개발 방법론'을 제시하고 있다. 베테랑 강사들이 함께 연구하여 그 효과가 이미 증명된 이 프로그램들을 기업의 교육현장에 적용한다면, 기업의 성장에 크게 공헌할 것이다. 이 책이 제시하는 다양한 교육프로그램 중에서 여러분에게 필요한 프로그램을 맞춤형으로 적용해보기를 추천한다.

박상균 한국스포츠인성교육개발원장

4차 산업혁명을 맞이하는 시대에 세계가 요구하는 미래 인재의 조건은 협업 능력이다. 올바른 협업은 시너지를 창출하지만 제대로 활용하지 못한다면 시간과 비용만 낭비하는 역효과를 낳을 수 있다. 이 책은 다양한 조직의 구성원들이 최근 더욱 어려움을 겪고 있는 협동과 협업에 대한 효과적인 협업 네트워크를 구성하는 데 훌륭한 지침서가 되어줄 것이다.

이진숙 동아오츠카 상무이사

우리는 나와 생각이 다른 사람이나 가치관이 다른 집단을 인정하지 않고 틀렸다고 비난하거나 배척하는 것에 익숙해져 있다. 진보와 보수, 남성과 여성, 노인과 청년 등 여전히 집단 간의 갈등은 남아있고, 상대 진영의 이야기를 들으려 하기보다 내가 맞다고 우기거나 내 생각을 관철시키는 데 혈안이 되어있다. 소통의 가장 기본은 상대의 이야기를 들으려 노력하고, 상대의 감정에 공감하는 데 있다. 'Eduplay 실전대본'은 이러한 소통의 부재를 인식하고, 개선해 나가는 데 도움이 될 것이다.

박경식 미래전략정책연구원장

요즘 시대에는 서로에 대한 배려와 존중을 잊고 점점 개인화가 되어가고 있다. 함께 도와가며 일을 하기보다 각자의 일만 잘하면 된다는 생각이 팽배해 있다. 'Eduplay 실전대본'은 이러한 문제를 해결하고, 같이의 '가치'를 느낄 수 있는 다양한 교육프로그램으로 가득 차있다. 일의 능률 면에서나 창의적인 아이디어를 발휘하는 데 있어서도 혼자보다는 '함께' 하는 것이 더 좋다는 것을 느끼게 해줄 것이다.

김형섭 티엔에프리더스 대표이사

조직 생활에 있어 타인과의 협업은 필수 불가결의 요소이다. 하지만 단순히 강의식 교육만으로는 이를 교육대상자들에게 과연 얼마나 효과적일 수 있을지 의문이다. 한국교육놀이문화연구소의 'Eduplay 실전대본'은 다 함께 놀이 프로그램에 참여하고 몰입함으로써 조직 내 협업의 중요성을 크게 깨달을 수 있게 해준다. 흥미와 재미, 의미를 동시에 가져다주는 교육놀이란 무엇인지, 많은 이들이 이 책을 통해 알 수 있게 되어 기쁘다.

김대길 한국풋살연맹회장

축구에서 승리하려면 골을 많이 넣어야 한다. 골을 많이 넣기 위해서는 열심히 뛰기만 하면 안 된다. 선수들 간의 패스가 잘 연결되어 마지막 '슛!' 결정까지 완벽하게 이루어졌을 때 비로소 승리를 다 함께 느끼게 된다. 문제를 해결하기 위해서도 마찬가지다. 열심히만 하는 것이 아니라 조직 구성원 간에 어떻게 서로 연결해서 협업하느냐가 가장 중요한 것이다. 'Eduplay 실전대본'이 소개하는 다양한 교육프로그램을 도입해봄으로써 조직 내에서 발생하는 문제를 효율적으로 해결하길 기원한다.

한혜정 창의진로코칭연구소 소장

리더가 된다는 것은 적잖은 부담감을 갖게 한다. 리더에게 필요한 덕목을 말하라면 너무도 많다. 한국교육놀이문화연구소에서 진행한 '미래 융합인재를 만드는 기업용 교육놀이 프로그램'에 참여한 적이 있다. 여러 프로그램 중 리더십 관련 교육 프로그램에서 강하게 느꼈던 것은 바로 리더의 시각이었다. 평소에 사무실에서 "일을 하려면 넓은 숲을 보아야 합니다."라고 말했던 내 모습이 투영되어 놀랐다. 교육놀이를 통해 나를 돌아보고 조직에서 리더가 넓은 시각을 가져야 한다는 것을 이론 강의가 아닌 교육 프로그램을 통해 깊게 되새기는 기회가 되었다. 이번에 탄생한 'Eduplay 실전대본'은 리더십 외에도 여러 분야에서 유익하고 활용 가능한 가이드가 되어줄 것이다.

| 프롤로그 |

왜 *Eduplay* 실전대본 인가?

> 오늘 강의 너무 재미없더라!!
> 바빠 죽겠는데 무슨 교육이야! 어쩔 수 없이 왔지 뭐! 교육이 너무 어려워!
> 나에게 도움 하나도 안 되겠는데!
> 너무 뻔한 내용 아니냐.
> 이번 과정 시간 중 제일 마음에 드는 시간은 점심시간이네.

이런 피드백을 받은 사람은 아래의 피드백을 간절히 원할 것이다.

> 오늘 강의 진짜 재미있더라!!
> 기대도 안 했는데, 오늘 정말 좋았어! 교육이 정말 쉽고 재미있다.
> 바로 가서 써먹을 수 있겠는데?
> 와 반전은 기가 막혔어!
> 점심시간이 아까울 정도였다니까.

교육은 쉬워야 한다.
재미도 있어야 하고 남는 것도 있어야 한다.
내가 사용하기 편해야 한다.
나에게 많은 도움이 되어야 한다.

이렇게 하려면 쉽고 '재미'가 있어야 한다.
머리로만 이해하는 게 아니라 직접 참여하고 체험하면서 배워야 한다.
이 책은 기업에서 필요로 하는 4대 핵심역량을 재미있는 체험을 통해 의미 있는 결과를 도출할 수 있도록 도와준다. 4대 핵심역량은 다음과 같다.

첫 번째는 리더십(Leadership)이다.

조직을 이끄는 관리자의 리더십부터 자기 자신을 스스로 통제하는 셀프리더십까지 다양한 프로그램을 통해 학습할 수 있다.

두 번째는 커뮤니케이션(Communication)이다.

기업의 혁신은 소통 없이 절대 일어날 수 없다. 개인 간, 부서 간, 기업 간의 소통이 얼마나 중요한지 그 중요성은 백번 강조해도 지나침이 없을 것이다.

세 번째는 협업(Cooperation)이다.

많은 사람들이 서로 협동하여 무언가를 이루어나가는 형태를 협업이라 한다. 혼자 가면 조금 빨리 갈지 몰라도, 함께 가야 멀리 갈 수 있다. 다양한 협업 프로그램으로 협업의 의미와 중요성을 생각해볼 수 있다.

네 번째는 문제 해결(Problem-solving)이다.

기업은 성과를 내기까지 다양한 문제에 맞닥뜨리게 된다. 이 책에서 제시하는 교육프로그램을 통해 다양한 문제를 간접적으로 경험하면서 그것을 해결 할 수 있는 역량을 키울 수 있다.

100년의 내공을 담았다!

연간 300회 이상 기업 강의를 하는 전문강사, 대기업 교육담당자, 뇌과학 박사, 심리학 박사, 행사 전문 진행자가 모여 '한국교육놀이문화연구소'를 설립했다. 한국교육놀이문화연구소는 2EHV(Enjoy, Education, Habit, Value: 즐겁게 교육을 습관화하면 인생의 가치가 높아진다.)라는 슬로건 아래 연구원들은 함께 모여 끊임없이 고민하고 이 책을 만들기 위해 수년간 다듬고 또 다듬었다. 무엇보다 중요하게 생각했던 것은 그동안의 경험을 통해 증명된 진짜 노하우만을 담아야 한다는 것이었다. 가는 길을 알고 있는 사람과 그 길을 직접 가본 사람은 분명 다르다. 직접 가본 길에서 보고 들은 모든 노하우를 이 책에 담았으니, 이제 여러분은 책장을 넘겨 확인하길 바란다.

'놀이가 교육이다'

교육놀이를 통해 한 사람을 변화시키면 그 한 사람이 한 팀을 변화시키고, 그 팀은 기업을 변화시켜 세상까지 변화시킬 수 있다.
그 시작은 지금 당신으로부터 시작된다.

> " 놀이를 통해 새로운 교육문화를 만들어간다. "

Eduplay 실전대본을 210% 활용하기

본문에서 다음 아이콘을 찾으세요

리더십, 커뮤니케이션, 협업, 문제해결을 스토리로 설명하고 싶다면

프로그램을 한눈에 딱 파악하고 싶다면

프로그램을 100번은 넘게 진행해본 프로처럼 보여주고 싶다면

강의 마무리 시 교육생들에게 '우와'하는 메시지를 주고 싶다면

교육장 형태, 대상에 따라 다양한 방법으로 진행하고 싶다면

프로그램을 좀 더 재미있고 다양하게 진행하고 싶다면

| 목 차 |

추천사

프롤로그

PART 1
리더십 Leadership

OK리더십 뇌의 긍정 스위치를 켜라	17
뇌에VR을씩워라 생생하게 상상하면 싱싱하게 살아난다	31
브레인캔버스 리더에겐 광각렌즈가 필요하다	43
체인지캐치 변화를 캐치하라 마음을 캐치한다	55
컬러플레이 안경을 쓸 것인가 편견을 쓸 것인가	71
핑거플레이 이기려고만 하는 뇌 이기려고만 하는 나	87

PART 2
커뮤니케이션 Communication

KEPA카드 공감편 내 마음을 맞혀봐	101
메이즈톡 소통의 눈높이를 맞춰라	117
뷰포인트 내가 아닌 상대방의 시각으로 바라보라	127
브레인헤르츠 뇌의 주파수를 맞춰라	143
블라인드리스닝 너에게 나를 맡긴다	155
카운트톡 꼰대가 되지 않는 법 '경청 경청 또 경청'	167

PART 3
협업 Cooperation

릴레이메모리 휴가지에서 전화받기 싫다면 공유하라	179
셀아트 우리는 한 가지 컬러로 표현될 수 없다	189
컵빌딩 구슬이 서 말이라도 꿰어야 보배	203
팀웍클래핑 한 사람이 열 번 치는 박수보다 열 사람이 한 번 치는 박수가 더 크다	217

PART 4
문제해결 Problem-solving

브레인넘버링 치밀한 전략으로 숫자를 배열하라	229
브레인러닝 파악하GO 결정하GO 실행하GO	247
액션브레인퍼즐맵 뇌의 GPS를 켜라	257
패턴플레이 내 머릿속 Alt+Tab	271

워크북	283

Eduplay 실전대본

1

리더십
Leadership

Part 1 Leadership

OK리더십
뇌의 긍정 스위치를 켜라

뇌에 VR을 씌워라
생생하게 상상하면 싱싱하게 살아난다

브레인캔버스
리더에겐 광각렌즈가 필요하다

체인지캐치
변화를 캐치하라 마음을 캐치한다

컬러플레이
안경을 쓸 것인가 편견을 쓸 것인가

핑거플레이
이기려고만 하는 뇌 이기려고만 하는 나

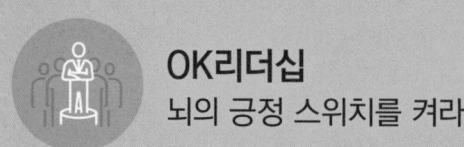

OK리더십
뇌의 긍정 스위치를 켜라

📝 긍정마인드 테스트

당신은 긍정적인 사람인가? 부정적인 사람인가? 다음과 같은 상황이라면 당신은 어떻게 말할 것인가?

다음 세 가지 상황에서 당신의 긍정마인드를 테스트해보자.

상황 1

당신의 남편이 술을 마시고 취해서 늦게 들어왔다.

부정

"인간아! 나랑 왜 결혼했냐? 그냥 술이랑 결혼하지! 왜 기어들어와, 그냥 술독에 빠져 살지. 어!"

긍정

" "

상황 2

당신의 아내가 홈쇼핑에서 주문한 제품이 배달되어 왔다.

부정

"또 얼마짜리를 산 거야? 어째 매일 택배가 오냐,
홈쇼핑에서 너한테 상 안 준다든? 개근상!"

긍정

" _____ "

상황 3

당신이 선생님인데 담임을 맡은 반에 엉뚱한 질문으로 수업을 방해하는 아이가 있어 그 어머니와 아이에 대해 상담을 하고 있다.

부정

"아이가 엉뚱한 질문으로 수업분위기를 너무 방해합니다.
다른 아이들과 함께 가르칠 수가 없습니다."

긍정

" _____ "

✏️ 긍정적 믿음의 기적

세 가지 상황 모두 자신에게 닥친 경우라면 긍정의 말을 사용할 수 있을까 생각해보게 될 것이다. 그런데 예시로 든 상황 중 상황 3은 우리가 모두 아는 사람의 이야기이다. 상황 3의 아이는 초등학교를 입학하고 얼마

안 될 무렵, 학교에서 돌아와 책가방에서 편지를 꺼내어 엄마에게 건네주었다.

"엄마, 담임선생님께서 이 편지, 엄마한테 꼭 전해주라고 하셨어요."

엄마는 쿵쾅대는 심장 소리를 들으며 편지를 펼쳐 들었다. 천천히 편지를 읽던 엄마의 눈가가 파르르 떨리며 붉어졌다. 그러나 충혈된 눈으로 애써 웃음 지으며 큰 소리로 편지의 내용을 아이에게 읽어주었다.

"당신의 아이는 천재입니다. 하지만 아쉽게도 우리 학교에서는 당신의 아이를 가르칠 만한 선생님이 없습니다. 엄마가 직접 아이를 가르쳐주시길 바랍니다."

편지를 다 읽은 후 엄마는 아이를 꼭 끌어안았다. 몇십 년의 세월이 흐른 후 아이는 성인이 되었고, 엄마는 세상을 떠났다. 몇 달 후 엄마의 유품을 정리하던 중, 그는 낡은 책상 서랍 한구석에 감춰져 있던 오래되어 누렇게 된 편지 한 통을 발견했다. 봉투를 열고 편지를 읽던 그는 눈물을 참을 수가 없었다. 그 편지는 어린 시절 자신이 받아온 담임선생님의 편지였다. 그 편지에는 이렇게 적혀 있었다.

'당신의 아이는 지적 장애가 있습니다. 그렇기 때문에 일반 아이들과 함께 가르칠 수가 없습니다. 더는 아이를 학교에 보내지 않으셨으면 좋겠습니다.'

이 편지를 읽은 그는 이렇게 일기장에 기록한다. '나는 지적 장애가 있었지만 엄마는 나를 천재로 만드셨다.' 그가 바로 위대한 발명가 토머스 에디슨이었다. 학교에서조차 지적 장애아라며 받아주지 않던 에디슨을 그의 엄마는 불가능을 가능으로 만들 수 있다는 긍정적 믿음을 갖고 천재 발명가로 성장시켰던 것이다.

우리 아이가 산만하거나 또래 친구

©pixabay

들과 함께 어울리지 못한다면 이 아이에게 어떠한 말을 해주는 것이 좋을까? 물론 우리는 그 답을 이미 알고 있다. 부정보다 긍정이 좋음은 자명한 사실이기 때문이다. 그럼에도 불구하고 생각을 실천으로 옮기는 것은 참으로 어려운 일이다.

 결과를 바꾸는 리더의 말

만약 당신이 한국배구 슈퍼리그 결승전 세트스코어 2:2, 마지막 세트 13:13인 상황의 감독이라고 생각해보자. 그런데 지금 선수들의 계속된 수비 실수로 13:14로 역전되고 말았다. 한 점을 더 주면 경기는 끝이 나고 팀은 패하게 된다. 당신이 감독이라면 당연히 작전타임으로 선수들을 불러들여 분위기를 바꿔주어야 할 것이다. 그렇다면 이때 당신은 어떠한 이야기를 하겠는가?

작전타임은 단 30초!

A 감독은 고개를 푹 숙이고 둘러선 선수들에게 이렇게 고함을 지른다.

"니들 뭐하는 거야? 수비를 그렇게밖에 못해! 이럴 거면 다 때려쳐! 니들이 그러고도 프로라 할 수 있어?"

반면, B 감독은 둘러선 선수들과 눈을 맞추며 조근조근 이렇게 말한다.

"○○아, 아까 진짜 잘 받고 잘 띄웠어. 이번 수비는 운이 좀 안 좋았던 거야. 너희들 지금까지 아주 잘해왔어. 쟤들도 지쳐서 수비가 낮아지고 있으니까, 마지막까지 집중하는 거야! ○○팀 화이팅!"

당신이라면 이렇게 기죽은 선수들에게 어떤 감독이 되어야 하는지 알 것이다. 특히 스포츠에서 리더, 즉 감독의 말은 선수들에게 지대한 영향을 미친다. 그러므로 리더의 말 한마디에 따라 결과가 달라짐을 잊지 말아야 한다.

김 대리는 맡은 업무를 아직 끝맺지 못한 상태에서 부서회의에 참석했다. 조마조마한 마음으로 앉아있던 김 대리는 아니나 다를까 최 부장과 눈이 마주쳤다.

"김 대리, 지난번 지시한 업무는 어떻게 됐어? 왜 아직 보고를 안 하는 건가?"

"조금만 더 하면 마무리됩니다, 부장님. 그렇잖아도 오늘 중으로 보고 드리려고 했습니다."

"뭐야, 아직도 못 끝냈단 말이야. 뭐하느라 꾸물거려. 빨리빨리 처리해야지. 이렇게 느려 터져서 경쟁사를 이길 수 있겠어?"

김 대리는 무안해져서 얼굴이 붉어진 채 아무 말도 못 하고 있었다. 이를 눈치챈 한 과장이 최 부장을 진정시키려 했다.

"부장님, 김 대리가 그래도 꼼꼼하게 일은 하잖아요. 조금만 기다려보시죠. 오늘 완벽하게 준비해서 보고 할 겁니다. 그렇지 김 대리?"

"야, 빨리빨리 해야지. 얼마나 어려운 일이라고. 에~~이 알아서 해!" 하며 부장이 문을 벌컥 열고 나가버렸다. 부장이 문을 '쾅' 닫고 나가자, 김 대리 마음의 문도 굳게 닫혀 버렸다. 전쟁 같았던 부서회의를 마치고 자리로 돌아온 김 대리는 이렇게 생각한다. '과장님이 빨리 부장님이 되어야 할 텐데…'

이렇듯 한 조직의 리더가 어떠한 표현을 사용하는가에 따라 그 조직의 이미지와 성장이 좌우된다. 우리의 마음속에는 두 가지의 내가 존재한다. 긍정적인 나와 부정적인 나. 우리는 두 존재 중 어떤 쪽을 잡고 어떤 쪽을 놓을지 알고 있다. 그렇다면 너무나 잘 아는 그 사실을 당신은 잘할 수 있을까? 지금부터 OK리더십을 통해 당신의 마음속 또 다른 나와 대결을 시작한다.

Leadership

OK리더십
뇌의 긍정 스위치를 켜라

-

OK리더십은 '긍정의 O'와 '부정의 L'을 손으로 표현하여 긍정을 캐치하는 프로그램으로 짝꿍끼리 진행하고, 팀별로 진행하고, 팀 대표자끼리 진행한다. 내 안의 긍정과 부정을 스스로 컨트롤하는 연습을 통해 자신의 긍정마인드를 키워보는 프로그램이다.

- -

준비사항 두 손

요　약 1단계
　① 짝꿍끼리 마주 보고 손가락으로 왼손은 긍정을 뜻하는 'O'와 오른손은 부정을 뜻하는 'L'을 만든다.
　② 상대방의 'O'에 나의 'L'을 집어넣는다.
　③ 진행자의 '하나, 둘, 셋' 구령에 맞춰 왼손의 'O'는 잡고 오른손의 'L'은 빼야 한다.
　④ 같은 방식으로 팀 대항 및 팀 대표자 대결을 진행한다.

　2단계
　① 화면에 긍정적 단어가 나오면 1단계와 같이 'O'는 잡고 'L'은 빼야 한다.
　② 화면에 부정적 단어가 나오면 움직이면 안 된다.
　③ 같은 방식으로 팀 대항 및 팀 대표자 대결을 진행한다.

진행 방법

[1단계 OK리더십]

1) 2인 1조로 짝꿍을 정한다.

"파트너끼리 마주 봅니다. 서로 하이파이브를 하며 인사 한 번 해보겠습니다. 파트너와 왼손으로 하이파이브하며 '안녕하세요.' 오른손 하이파이브하며 '반갑습니다.' 두 손 하이파이브하며 '잘해봅시다.'라고 인사하시면 됩니다. 네, 좋습니다. 그럼 얼마나 파트너와 호흡이 잘 맞는지 간단한 테스트를 해보겠습니다. 눈을 감으세요. 지금부터 파트너끼리 마주 보고 두 손을 올려 하이파이브를 하겠습니다. 두 손이 잘 맞는지 보겠습니다. 눈 감고 '하나, 둘, 셋' 파트너와 합이 잘 맞으셨나요?"

2) 프로그램 방법을 설명한다.

"여러분, 왼손으로 'O'를 만들어보겠습니다. 'O'는 뭐라고 생각하세요? 네, 그렇죠. 돈이라고 생각하시는 분, 숫자 3을 떠올린 분도 계셨습니다. 보통 OK라고 생각하시던데 창의적인 분들이 많이 계시네요. OK 하면 바로 긍정적인 느낌이 드시죠? 반대로 오른손을 'L'로 만들어 봅니다. 이건 총이라는 이미지나 남에게 삿대질할 때 많이 사용하므로 부정적인 느낌이 들 것입니다. 이렇게 우리 마음에는 'O'와 'L'처럼 긍정과 부정이 존재합니다."

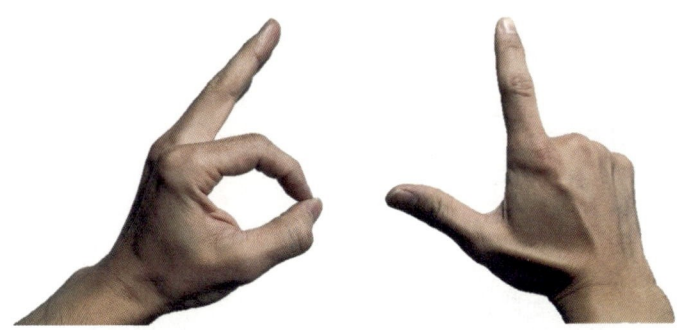

3) OK리더십 1단계 프로그램을 진행한다.

"서로 마주 보시고 왼손 'O', 오른손 'L' 상대방 긍정의 'O' 동그라미 안에다 부정의 'L'을 넣어주세요. 모두 넣으셨죠? 하나, 둘, 셋에 맞춰서 왼손 'O'는 잡고 오른손 'L'은 빼도록 합니다. 긍정은 잡고 부정은 빼면 됩니다. 어떤 분들은 남이 행복한 꼴은 못 본다고 'O(동그라미)'를 아주 작게 하시는 분이 계십니다. 또 'L' 자의 검지 손가락을 마디 하나만 걸치신 분이 계신데 정확하게 넣어주셔야 합니다. 'O'는 500원 정도 크기로 만드셔야 하고, 'L'은 세 번째 마디까지 넣어주셔야 합니다. 준비! 하나, 둘, 셋! 성공하신 분 손 들어주세요. 축하드립니다."

※ 반복해서 5회 진행한다.

[2단계 OK리더십]

1) OK리더십 2단계 프로그램 진행한다.

"1단계와 마찬가지로 1:1로 마주 봅니다. 이번엔 긍정의 단어와 부정의 단어를 구분하고 행동으로 옮기는 방식입니다. 화면에 긍정의 단어가 나오면 'O'는 잡고 'L'은 빼면 됩니다. 하지만 부정의 단어가 나오면 움직이면 안 됩니다. 움직이면 지는 프로그램입니다. 하나, 둘, 셋에 맞춰 진행하겠습니다. 준비! 하나, 둘, 셋! '친절' 좋습니다. 그럼 다시 하겠습니다. 준비! 하나, 둘, 셋! '야근' 몇 분은 움직이시는 분들이 계시네요. 이제 마지막입니다. 준비! 하나, 둘, 셋! '행복' 5번 중 3번 이상 성공하신 분 계신가요? 박수 보내주세요."

※ 반복해서 5회 진행한다.

2) 팀별로 진행한다.

"이번엔 팀원들이 원을 이루어 팀별로 진행하겠습니다. 역시 긍정의 단어와 부정의 단어를 구분하고 행동으로 옮기면 됩니다. 긍정의 단어가 나오면 'O'는 잡고 'L'은 빼면 됩니다. 하지만 부정의 단어가 나오면 움직이면 안 됩니다. 움직이면 지는 프로그램입니다. 하나, 둘, 셋에 맞춰 진행하겠습니다. 화면을 보시고 준비! 하나, 둘, 셋! '월요병' 다시 하겠습니다. 준비! 하나, 둘, 셋! '칼퇴' 준비! 하나 둘 셋! '희망' 잘하셨습니다."

※ 반복해서 5회 진행한다.

[3단계 OK리더십]

1) 팀 대표 대결을 진행한다.

"팀 내에서 가장 긍정캐치가 빠른 팀원 한 명은 앞으로 나오시길 바랍니다. 왼손 'O', 오른손 'L'을 만들어주세요. 화면의 단어를 보고 전과 같은 방식으로 진행하면 됩니다. 하나, 둘, 셋에 맞춰 진행하겠습니다. 준비! 하나, 둘, 셋! '불만고객' 성공한 팀만 남습니다. 움직이거나 실패한 분은 들어가주세요. 준비! 하나, 둘, 셋! '갑질' 움직이거나 실패한 분, 들어가주세요. 준비! 하나 둘 셋! '할 수 있다' 마지막까지 남은 1팀에게 300점을 드리겠습니다."

※ 1:1 맞대결로 진행하거나 팀별 대표 대결로 진행한다.
최종 1인을 선정하고 점수 300점을 최종 1인이 속한 팀에 부여한다.

👍 클로징 멘트

"OK리더십 프로그램은 내 안의 긍정은 잡고, 부정은 빼는 프로그램이었습니다. 생각보다 쉽지 않으셨을 것입니다. 'O'와 'L'을 동시에 빼는 경우도 있고, 한 손만 움직였던 분들도 계셨습니다. 긍정을 잡으려는 욕심에 부정의 'L'을 빼지 못하는 경우였죠.

반대로 부정을 먼저 피하려는 심리 때문에 긍정을 잡지 못하는 경우도 있었습니다. 잡고 빼야 한다는 '생각'은 쉽지만, '행동'으로 옮기는 것은 이렇듯 어렵습니다.

이 프로그램을 처음 접했을 때는 힘들었지만 반복해서 해보면 점점 쉬워지는 것처럼 긍정적인 표현도 마찬가지입니다. 처음이 어렵지 자꾸 반복할수록 긍정의 표현이 쉬워질 겁니다. 그렇다면 오늘, 우리도 긍정의 표현으로 마무리해보고자 합니다. 왼손 들어서 'O' 해주세요. 제가 여쭤보면 긍정의 'OK'라고 표현해 주시면 되겠습니다. 오늘 이 프로그램이 좋았습니까? 다 같이 하나, 둘, 셋! OK"

이럴 땐 이렇게

1) 만약 생각했던 테이블 형태가 아니라면
   OK리더십 프로그램은 스쿨식 형태이든, 팀 형태이든 상관없이 진행이 가능하다.

2) 만약 상대가 나이 차이가 있어 순발력이 부족한 경우라면
   유리한 조건을 만들어 진행하도록 한다.
   예) 부정의 'L' 손가락은 마디 하나만 걸치도록 한다.

3) 만약 리더십 외 다른 의미를 부여하고 싶다면
   - 업무 중 2가지를 모두 잘해야 할 때
   "음식 맛은 좋은데 불친절하면 어떨까요? 한 가지를 놓쳐서 문제가 될 때가 있죠."

- 부자가 되는 방법을 이야기할 때
  "왼손을 100원 'O', 오른손을 100원 'L' 이렇게 해보겠습니다. 들어오는 돈은 잡고 내가 가지고 있는 돈은 나가지 않도록 해야겠죠? 그래야 부자가 될 수 있습니다."

- 건강한 다이어트를 이야기할 때
  "다이어트를 할 때 건강은 잡고 체지방은 빼줘야겠죠? 그럼 건강을 'O'로 체지방은 'L'로 해보겠습니다."

1) 프로그램을 재미있게 진행하고자 할 때
- '준비! 하나, 둘, 셋'에서 '준비'라는 단어에 악센트를 주면 모두 다 놀라 움직이게 된다. 워밍업으로 두 번 정도 하고 난 후 진행하면 재미와 긴장감을 높일 수 있다.
- "꺾지 마세요! 꺾지 마세요! 상대의 손가락을 꺾으려고 하는 프로그램이 아닙니다. 잡아야 합니다."

2) 긍정의 표현을 실습하고 싶을 때
프로그램에서 성공하신 분에게는 긍정적인 표현으로 칭찬하겠습니다. "순발력 최고! 우와! 대단해요."

3) 팀 대항을 하고 싶을 때
각 팀원 중 가장 긍정캐치를 잘하는 팀원 한 명을 선정하여 토너먼트 대항전으로 진행해도 좋다.

긍정마인드 테스트 정답

상황 1
당신의 남편이 술을 마시고 늦게 들어왔다.

긍정

택시 잡기 힘들지 않았어?
전화 주지. 내가 나갔을 텐데.
내일 일찍 나가야 할 텐데 피곤하겠다.
밥은 챙겨 먹고 한잔한 거지?

위 내용은 많은 남편들이 만족했다는 대답을 모은 것이다.

단, 당신에게는 물어보지 않았다.
당신은 동의하지 않을 수도 있겠다.

상황 2
당신의 아내가 주문한 홈쇼핑 제품이 배달되었다.

긍정

오늘은 어떤 선물이 도착했으려나?
내가 선물하려고 했는데 당신이 벌써 주문했구나.
진짜~ 잘 어울린다. 잘 샀네.
우와~ 예쁘다. 얼마라고?
가격보다 훨씬 고급스러워 보이네.

위 내용은 철저히 아내들이 듣고 싶어 하는 대답만을 모아보았다.

단, 당신은 들어보지 못했을 수도 있다.
남편을 대신해 진심으로 사과한다.

뇌에 VR을 씌워라
생생하게 상상하면 싱싱하게 살아난다

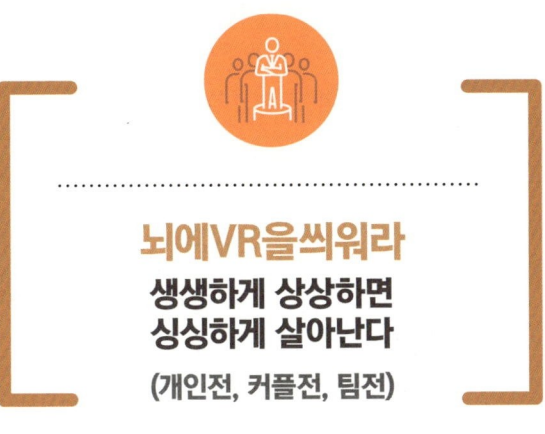

뇌에 VR을 씌워라
생생하게 상상하면 싱싱하게 살아난다
(개인전, 커플전, 팀전)

🖉 두려움을 이기는 이미지 트레이닝

많은 청중 앞에서 발표한다는 것은 결코 쉬운 일이 아닐 것이다. 우리가 익히 알고 있는 유명한 스타강사나 프레젠테이션의 대가들도 처음에는 땀만 뻘뻘 흘린 채 청중들 앞에서 제대로 말도 못했던 실수의 시간이 있었다고 한다. 그러한 실수를 발판삼아 수많은 리허설과 경험을 쌓으며 지금과 같은 실력과 명성을 갖게 되었던 것이다. 그렇다면 프레젠테이션 경험이 많지 않거나 리허설을 해볼 기회가 없는 경우에는 어떻게 해야 할까? 가장 좋은 방법이 바로 '이미지 트레이닝'이다. 이미지 트레이닝이란, 몸은 움직이지 않고 뇌만 움직여서 어떤 일을 경험해보는 것을 의미한다. 그러므로 이미지 트레이닝을 하면 마치 그 일을 직접 경험한 것 같은 효과가 나타나게 되는데 이는 뇌를 살짝 속이는 셈이 된다.

> **이미지 트레이닝 (Image training)**
>
> 멘탈트레이닝, 멘탈리허설, 멘탈프랙티스 등으로도 불리는 운동 연습법의 하나. 머릿속에서 이미지를 그리면서 연습을 하는 것이다. 이 방법은 실제의 연습과 병용함으로써 효과를 나타내나, 단독으로는 효과가 적다. 이 방법의 장점은 피로가 적으며 공포심을 수반하지 않으면서 실시할 수 있기 때문에 기술의 향상을 위해서만이 아니라 그 밖의 효과도 큰 것이다. 이미지 트레이닝에 최면 암시를 쓰는 방법도 있다.
>
> *출처: 『체육학대사전』 2000. 2. 25. 민중서

대학 졸업 후 회사에 입사하여 처음으로 맡은 업무는 인건비를 다루는 일이었다. 비용에 관련된 일이라 선배로부터 한 치의 오차도 없어야 한다는 말을 귀에 못이 박히게 듣게 되니 업무에 대한 부담감이 이만저만이 아니었다. 그러나 선배의 조언대로 모든 업무를 신중하게 수행해나갔고, 보고에 대비해 사전준비도 철저히 했다. 함께 일하는 동료들이 인건비에 대해 질문해오면 부연설명까지 곁들여가며 자세히 답변해줄 정도로 업무에 자신감을 갖게 되었다. 그런데 유독 새로 오신 팀장님 앞에만 가면 머릿속이 새하얘졌다. 보고를 하는 나를 쳐다보며 가끔 탐탁지 않다는 듯 입을 꾹 다물고 무표정하게 책상을 톡톡 치곤 하셨는데, 이런 팀장님을 볼 때면 숙지해간 업무 내용이 하나도 기억나지 않았다. 보고를 마치고 나오면 나 자신이 한없이 작고 초라하게만 느껴졌다. 점점 떨어져가는 자신감을 회복하기 위해서라도 해결책이 시급해졌다. 곰곰이 생각해보니 대학생 시절 학생회 임원으로 큰 행사를 맡았을 때 행사를 잘 치르기 위해 머릿속으로 이미지 트레이닝을 했던 것이 떠올랐다. 이 방법을 그대로 팀장님에게 보고하는 상황에 적용해보기로 했다. 만약 팀장님에게 보고하러 간다면, 팀장님은 테이블 어느 쪽에 앉고, 나는 어느 쪽에 앉을까 생각했다. 그리고 세부내용에 대해 어떤 순서로 설명할 것인지를 상상해보면서 보고의 순간을 준비하기 시작했다. 이때, 보고 중간 중간, 혹은 보고가 끝난 후, 팀장님의 예상 질문에 대해서도 미리 고민하고 답변을 준비했다. 그렇게 이미지 트레이닝하면서 보고에 대한 두려움도 극복하게 됐고, 실제 팀장님 앞에 섰을 때 떨지 않고 프레젠테이션을 할 수 있게 되었다. 끝내 이러한 노력을 통해 업무에 대한 자신감과 전문성을 향상시킬 수 있었다.

이렇듯 이미지 트레이닝은 자신의 수행 모습을 머릿속에 상상하거나, 수행에 대한 긍정적인 상상을 함으로써 그 효과를 극대화할 수 있는 대표적인 심리기술 훈련인 셈이다. 그래서 많은 전문가들도 성공적인 프레젠테이션을 위해 좌석 구조, 청중, 분위기, 발표하는 내 모습까지도 구체적인 상상을 통해 연습하고 있으며, 실제로도 큰 효과가 있다고 한다. 이 뿐만이 아니라 편안하고 자신감 있게 발표하는 자신의 모습, 그리고 발표를 성공적으로 끝마치고 청중들에게 열렬한 환호를 받는 상황까지 상상하면 연습의 효과 외에 자신감 향상에도 도움이 된다고 하였다. 운동선수들 또한 실제 훈련 시 이미지 트레이닝을 적극적으로 활용하고 있다. 그 예로 육상선수들은 자신이 목표를 이뤘을 때의 모습, 승리하는 모습 등을 상상하거나, 컨디션이 좋았을 당시의 잘했던 기술이나 전술 등을 회상해보는 등의 이미지 트레이닝을 많이 하는 것으로 나타났다.

생생한 상상은 현실이 된다

스포츠분야에서 과거에는 '지도자가 발휘하는' 리더십을 통해 선수의 경기력을 향상시키고자 했었다. 그러나 최근에는 '선수 스스로' 리더십을 발휘하여 경기력의 향상을 꾀하는 노력이 증가되고 있다고 한다. 선수가 자신의 행동과 사고를 조절하고 동기를 부여하기 위해 스스로에게 영향력을 발휘하는 것이 바로 '셀프리더십'이다. 육상선수의 셀프리더십에 관해 연구한 논문에 따르면, '셀프리더십'에는 '행동 지향적 전략, 자연적 보상 전략, 건설적 사고전략'의 3가지 구성요소가 있다. 그중 '건설적 사고전략'은 사람들이 심리적으로 어려움을 경험하거나 외부적으로 다양한 문제가 발생할 때 자신의 사고를 조절하여 극복하기 위한 심리적 기술들을 말한다. 그러므로 '셀프리더십'은 최고의 성과를 내기 위한 심리적 근본이며, 이를 위한 효과적인 방법이 바로 '이미지 트레이닝'이라 하겠다.

*출처: 『HRD용어사전』 2010. 9. 6. (주)중앙경제

> **셀프리더십 (Self-Leadership)**
>
> 자율적 리더십 또는 자기 리더십이라고도 하며, 개인이 스스로를 이끄는 리더십을 의미한다. 즉, 리더의 입장에서는 팔로워들이 스스로를 통제하고 규제하며 행동에 필요한 의사결정을 하고 리드하는 능력을 촉진하도록 지원하는 과정이 슈퍼리더십이라면, 팔로워의 입장에서는 타인이 리더가 아니라 자기 자신 스스로가 자신의 리더가 되어 스스로 통제하고 행동하는 것을 셀프리더십이라고 말한다.
>
> *출처: 학술논문 「자기관리와 리더십 관점에서 본 육상선수의 셀프리더십 (김선옥, 2012, 한국체육대학교)」

 영화에서도 주인공이 '셀프리더십'을 사용해 위기를 극복한 사례가 있다. 2003년에 개봉한 박찬욱 감독의 스릴러 영화 『올드보이』 속 주인공 오대수가 바로 그러하다. 그는 영문도 모른 채 사설감옥에 15년이나 감금된다. 처음에는 당황스러움과 슬픔으로 몸부림치지만, 시간이 흐를수록 그 마음을 바꾸기 시작했다. 갇혀 지내는 동안 이미지 트레이닝을 하며 격투 실력을 키우고 체력을 단련한다. 이후 15년이 지나 감옥에서 풀려난 오대수는 조직폭력배 18명과 맞서 싸우게 됐을 때, 그들을 모두 제압할 힘을 키운다. 물론 18대 1로 싸워 모두를 제압하는 것은 영화에서나 볼 수 있는 일이지만, 실제 복싱 선수들도 이미지 트레이닝을 통해 지속해서 연습하고 있다.
 앞의 조직의 예에서도 이미지 트레이닝은 매우 효과적임을 알 수 있었다. 중요한 프레젠테이션이나 발표, 강의뿐만 아니라 업무를 수행함에 있어 실수를 줄이거나 업무 프로세스를 익히는 방법이기 때문이다. 중요한 업무일수록, 연습이 필요할수록, 또는 아예 연습을 할 수 없는 여건이라면 수차례의 이미지 트레이닝을 통해 업무 완성도를 높여야 한다. 그뿐만 아니라 자신이 과거에 이미 성공했던 프로젝트나 업무를 수행했던 사례를 떠올린다면 긴장감을 줄이고 더욱 자신감을 가질 수 있다.
 인간의 뇌는 '생생한 상상'과 '현실'을 구분하지 못한다고 한다. 이미지 트레이닝을 통해 현실과 똑같은 효과를 낼 수 있음을 「뇌에 VR을 씌워라」를 통해 지금부터 함께 증명해보고자 한다.

Leadership

뇌에VR을씌워라
생생하게 상상하면 싱싱하게 살아난다

〈뇌에VR을씌워라〉는 머릿속으로 건물을 그려보고, 각 층수에 맞게 박수를 치는 프로그램이다. 팀원들과 박자에 맞추어 다 함께 박수 치는 연습을 통해 '이미지 트레이닝' 하는 방법을 익힐 수 있다.

준비사항   건물 그림 PPT 파일

요 약
① 화면 속의 3층 건물에 올라갔다 내려오는 것을 상상하며, 각 층수에 맞게 다 같이 박수를 친다.
"(1층)짝-(2층)짝짝-(3층)짝짝짝-(2층)짝짝-(1층)짝"
② 화면 속의 4층 건물에 올라갔다 내려오는 것을 상상하며, 각 층수에 맞게 다 같이 박수를 친다.
"(1층)짝-(2층)짝짝-(3층)짝짝짝-(4층)짝짝짝짝-
(3층)짝짝짝-(2층)짝짝-(1층)짝"
③ 화면을 보지 않고, 머릿속으로 5층 건물에 올라갔다 내려오는 것을 상상하며 각 층수에 맞게 다 같이 박수를 친다.
"짝-짝짝-짝짝짝-짝짝짝짝-짝짝짝짝짝-짝짝짝짝-
짝짝짝-짝짝-짝"
④ 제한시간 내에 틀리지 않고 박자에 맞추어 다 같이 박수를 치면 점수를 획득한다.

진행 방법

1) 프로그램의 진행 방법을 설명한다.

"지금부터 함께 해볼 '뇌에VR을씌워라'는 건물을 오르내리는 모습을 머릿속에 그리면서 각 층에 도착할 때마다 층수에 맞게 다 같이 박수를 치는 프로그램입니다. 먼저 화면을 함께 보겠습니다. (스크린을 통해 2층 계단을 보여준다.) 지금부터 여러분은 택배 기사가 되실 겁니다. 그런데 안타깝게도 태풍으로 인해 이 지역 전체가 정전되었습니다. 그래서 여러분은 오늘 하루 그 어떤 엘리베이터도 이용할 수 없고, 오직 계단을 이용해 택배를 배송하셔야 합니다. 과연 여러분은 무사히 배송을 마무리할 수 있을까요? 그럼, 첫 번째 배송 출발합니다. 배송지는 건물의 2층입니다."

"건물 앞에 도착했습니다. 몇 층일까요? 바로 1층입니다. (짝) 한 층 올라가면, 2층입니다. (짝짝) 배송을 마치고 다시 한 층을 내려오면, 1층입니다. (짝) 어렵지 않으셨죠? 첫 번째 배송 성공했습니다."

※ 다음 화면에 3층의 계단을 보여주며 설명한다.

"자, 이번 배송지는 3층입니다. 다 같이 해볼까요?
　준비 시작! 짝(1층), 짝짝(2층), 짝짝짝(3층), 짝짝(2층), 짝(1층). 네, 맞습니다. 잘하시는데요? 이런 식으로 화면을 보며 팀원들과 함께 층수에 맞게 정확하게 박수를 치면 미션 성공, 100점을 획득하게 됩니다. 자, 본격적으로 1라운드부터 시작해볼까요? 화면으로 배송지를 보여드리겠습니다."

2) 1단계를 진행한다.

"우리가 가야 할 배송지는 몇 층일까요? 화면 보시죠! 목적지는 4층입니다. 먼저 도전할 팀은 '도전'이라고 외쳐주시기 바랍니다. (도전!) 네, 2팀이 먼저 도전해볼까요? 2팀원 모두 자리에서 일어나주십시오.
　준비! (얍!) 시작!"

"짝, 짝짝, 짝짝짝, 짝짝짝짝, 짝짝짝, 짝짝, 짝"
"2팀! 성공하셨습니다. 100점 가져갑니다."

3) 화면을 보여주지 않은 채 2단계를 실시한다.

"모든 팀이 1단계를 수월하게 마치셨습니다. 그래서 바로 2단계로 넘어가 보도록 하겠습니다. 2단계에서는 화면을 보지 않고 배송지의 층수에 맞게 박수를 정확하게 쳐야 하는데요, 제한시간이 있습니다. 제한시간 안에 정확하게 박수를 쳐서 미션에 성공하면 300점을 드립니다. 빠르게 '도전'이라고 먼저 외치는 팀부터 기회를 드리겠습니다. 다음 배송지는… 5층입니다! (도전!) 네, 1팀이 먼저 외치셨네요. 자리에서 일어나주세요. 제한시간은 10초입니다. 다 같이 박수준비! '얍!' 시~작!

(짝, 짝짝, 짝짝짝, 짝짝짝짝, 짝짝짝짝짝, 짝짝짝짝, 짝짝짝, 짝짝, 짝!)

※ 이어서 6층, 7층도 진행한다.
 (제한시간은 6층 13초, 7층 15초로 정하면 적절하다.)

👍 클로징 멘트

"여러분, 오늘 일일 택배 기사님이 되어 프로그램을 진행해보셨는데 어떠셨습니까? 이미지 트레이닝을 처음 해보신 분도 계셔서 처음에는 어려웠겠지만, 반복하고 상상하다 보니 조금씩 쉬워진다고 느꼈을 것입니다. 이때 구체적일수록! 반복할수록! 이미지 트레이닝에 효과적이라는 점을 꼭 기억하시기 바랍니다. 여행을 떠나기 전, 짐을 쌀 때도 마찬가지 아니겠습니까? 여행지에 도착해서 짐을 풀 때를 머릿속에 떠올리면서 짐을 싸면,

빠뜨리는 짐 없이 즐거운 여행을 할 수 있게 되죠. 회사에서 업무를 할 때도 마찬가지입니다. 업무의 목표를 먼저 정하고, 업무를 수행하기 위해 내가 맨 처음 무엇을 해야 할지, 그리고 그다음으로는 무엇을 해야 하는지, 사전에 머릿속으로 이미지 트레이닝을 해본다면, 실수도 줄이고 더욱 효과적으로 목표에 도달할 수 있을 것입니다."

이럴 땐 이렇게

1) 만약 박수 대신 다른 방법으로 진행하고 싶다면
- 박자에 맞춰 두 손으로 책상을 치는 방법으로 진행할 수 있다.
- 두 다리로 계단을 오르는 상상을 하며 발소리를 내는 방법으로도 진행할 수 있다.
- 다만, 소리가 나지 않는 액션을 이용하면, 팀원들이 박자를 잘 맞추고 있는지 확인하기 어려우므로, 소리가 나는 액션을 이용하는 것이 좋다.

2) 만약 교육대상자들이 어려워한다면
- 낮은 층수를 선택하여 난이도를 조절할 수 있다.
- 박수 치는 속도를 늦추어 난이도를 조절할 수 있다.

3) 만약 이미지 트레이닝을 가장 잘하는 사람을 뽑고 싶다면
팀별로 먼저 대결을 해서 팀에서 가장 잘하는 대표자를 뽑고 배송지 8층(상황에 따라 난이도 조절)에 누가 가장 빠르게 다녀오는지 결정할 수 있다.

 꿀Tip

1) 진행 방법에 변화를 주고 싶을 때

배송목적지 층에 도달했을 때 '전달' 혹은 '배송', '띵동'이라는 단어를 추가로 외치도록 해도 좋다. 팀별로 본인들만의 단어를 정하도록 하고 아이디어 상을 주는 것도 좋다.

2) 교육생들이 층수를 말하며 박수를 치려고 할 때

말로 소리 내어 층수를 카운팅하지 못하도록 한다. 본 프로그램은 이미지 트레이닝 훈련을 목표로 하기 때문에 카운팅을 들으며 박수를 친다면, 이미지 트레이닝의 효과를 제대로 볼 수 없기 때문이다.

3) 박수 치는 방법을 이해하기 어려워할 때

프로그램 방법을 쉽게 익힐 수 있도록 처음에는 개인전으로 연습해본다.

브레인캔버스
리더에겐 광각렌즈가 필요하다

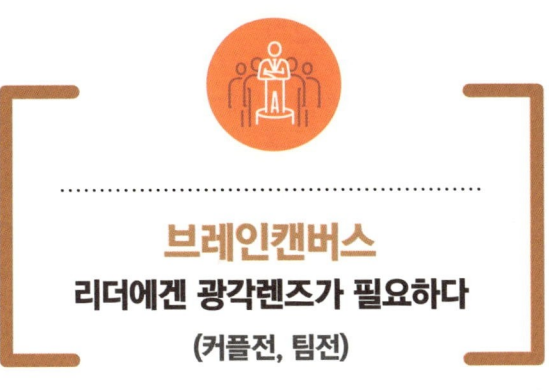

브레인캔버스
리더에겐 광각렌즈가 필요하다
(커플전, 팀전)

🖊 일단 직진해

우리가 운전하면서 내비게이션을 이용할 때를 떠올려보자. 내비게이션을 켰을 때 최종 목적지를 입력하라는 메시지가 가장 먼저 뜨는 것을 볼 수 있다.

이렇게 내비게이션은 경로에 대한 설명보다 목적지를 먼저 입력해야 한다. 종종 아버지 혹은 상사들과 함께 차를 타고 가다 보면 길을 알려줄 때 목적지는 말하지 않고, '일단 직진해', '어~ 저 앞에서 우회전한 다음, 저기 저 앞에서 다시 좌회전해봐~.'라는 상황을 겪게 된다. 이런 상황에 닥치면 운전하는 입장에서는 답답할 수밖에 없다. 어디로 가고 있는지 목적지를 모르기 때문에 급하게 방향을 바꾸거나 차선변경을 해야 하니까 불안한 상태에서 운전을 하게 된다.

목적지를 알 수 없는 '일단 직진해'와 헤드라인부터 이야기해주는 뉴스는 어떤 차이가 있을까? 바쁜 아침 출근 버스 안에서 들었던 라디오 뉴스 기사는 쉽게 기억해낼 수 있다. 잘 생각해보면, 앵커는 뉴스를 전할 때 맨 처음 무엇에 관한 뉴스인지 밝힌다. "오늘 OO에서 XX하는 사건이 발생했습니다."라고 말한 후, 누가 언제 어떻게 왜 등 상세한 정보를 알려주거나 현장에 나가 있는 기자와 연결해 자세한 상황을 전달한다.

뉴스를 전하는 앵커만 이렇게 말하는 것은 아니다. TV 토크쇼에 나온 연예인의 화법도 이와 마찬가지다. 말을 잘한다거나 이야기를 재미있게 한다는 연예인들은 자신이 겪은 에피소드를 전할 때 "제가 드라마 OOO을 촬영할 때 겪은 일인데요."라며 이야기의 큰 틀을 먼저 말한 후 상세한 설명을 한다. TV를 보던 시청자들은 시간이 지난 후에도 '아, 그때 그 연예인이 드라마 촬영할 때 이런 일을 겪었었지.' 하며 그 내용을 떠올린다. 이렇듯 '이해하기 쉬운 전달'을 위해 그들은 '큰 틀'부터 이야기한 것이다.

✏️ 일단 만들어봐

교육부서에서 근무하는 허 과장은 얼마 전 황당한 일을 겪었다. 점심시간이 지나고 오후 업무를 시작하려는 허 과장은 팀장님의 갑작스런 호출을 받게 되었다.

"네, 팀장님! 부르셨습니까?"
"어, 허 과장. 현장코칭 기획안을 한번 만들어볼 수 있을까?"
"……네?" 갑작스런 팀장님의 제안에 허 과장은 머릿속이 멍해졌다.
"새로운 현장코칭 방안이 있어야 할 것 같은데…."
"현장코칭… 현장코칭이라 하시면 지금 현장에서 하고 있는 협력사원에 대한 서비스 코칭을 말씀하시는 건가요?"
"어어, 그렇지. 서비스품질을 좀 더 향상시킬 수 있도록 하는 새로운 방안을 찾아보면 되는 거지. 허 과장이라면 멋진 기획안이 나올 거라 믿어."

결국, 팀장님의 의중을 제대로 알지 못한 채, 허 과장은 자신의 자리로 돌아오게 되었다. '다짜고짜 새로운 방안이라니.' 허 과장은 몹시도 당황스러웠다. 현재의 현장 코칭이 왜 문제인지, 어떤 목적으로 새로운 방안을 찾으라는 건지, 그 어떤 설명도 없이 내려진 갑작스러운 업무지시였다. 막막한 상태에서 3일간 고민하면서 겨우 기획안을 완성해냈다. 허 과장이 기획안을 팀장님에게 보여드리자 기획안을 끝까지 다 읽지도 않고 버럭 화를 냈다.

"아니, 대체 이게 뭔가? 새로운 기획안을 가져오랬더니… 3일이나 걸려서 만든 게 이거야?"

"……." 허 과장은 깜짝 놀라서 눈만 껌뻑거리며 서있었다.

"지금 전사적으로 모든 부서가 서비스혁신 T/F에서 준 과제를 해결하기 위해 한창이란 걸 모르나? 우리가 지금 하려는 건 이게 아니라고!"

"네? 서…서비스혁신 T/F…요?"

곰곰이 생각해보니 몇 달 전, 회사 내에 서비스혁신 T/F가 발족했다는 것이 떠올랐다. 하지만 허 과장은 회사가 향후 어떤 방향으로 서비스를 혁신할 것인지, 서비스혁신 T/F에서 진행하는 프로젝트의 내용이 무엇인지, 자신의 팀 외에 다른 팀에서는 어떤 과제를 계획하는지에 대해 아는 바가 없었다. 그렇기 때문에 전사적 프로젝트의 방향이나 목적도 모른 채 단순히 '지금과 다른 새로운 기획안'을 혼자 끙끙거리며 고민했으니, 팀장님과 회사가 원하는 기획안이 나올 리 만무했던 것이다.

그런데 이 잘못된 기획안이 꼭 허 과장만의 책임은 아니다. 만약 처음부터 팀장님이 새로운 기획안의 방향을 허 과장에게 알려주었다면 결과는 판이하게 달랐을 것이다. 이것이 바로 리더 커뮤니케이션의 핵심이다. 리더는 회사의 중요한 정보를 수집할 기회가 부하직원들보다 훨씬 많다. 그러므로 그렇게 수집한 정보를 각각 담당 직원들에게 전달하고, 그에 따른 업무지시를 내리는 것이 바로 리더의 역할인 셈이다. 부하직원들이 각자 무엇을 해야 하는지 알게 하고, 최종적으로 도달해야 하는 목표점이 무엇인지, 직원들이 해낼 일의 합계(sum)가 어떤 모양인지부터 알려준 후, 세부적인 업무지시를 해야 한다. 즉, a-b-c의 업무지시보다 A-a-b-c-A'의 업무지시가 더욱 효과적인 방법이다.

이때 리더는 자신만큼 직원들이 지시 내린 업무의 배경이나 다른 여러 정보를 알지 못한다는 것을 유념해야 한다. 그렇기 때문에 업무 지시 전에 왜 이러한 일을 해야 하는지, 현재까지의 진행 상황은 어떤지, 그리고 우리가 어느 방향으로 가고 있는지 충분히 이해시켜야 한다. 코앞만 내다보며 업무지시를 한다면, 그 업무는 코앞에서 끝나게 된다. 더 멀리 가기 위해서는 목적지를 먼저 알려주어야 함을 잊지 말아야 한다.

> 뇌 과학자 존 메디나(John Medina)의 말에 따르면, 뇌는 큰 그림을 보도록 만들어졌다고 한다. 다시 말해 인간의 두뇌는 세부사항 이전에 큰 그림의 정의를 요구한다는 것이다. 그러므로 전달하려는 정보를 상대방의 머릿속에 넣으려면 우리는 특정한 공간이나 범주를 먼저 만들어주어야 한다. 그렇지 않고 세부사항을 말하려는 것은, 잔도 없이 커피를 들이붓는 것과 같다.
>
> *참고도서: 카마인 갈로 『스티브 잡스 프레젠테이션의 비밀』

Leadership

브레인캔버스
리더에겐 광각렌즈가 필요하다

〈브레인캔버스〉는 주어진 카드의 그림을 보고 그 그림을 말로 설명하여 똑같이 그린 사람에게 점수를 부여하는 프로그램이다. 또한, 정확하게 그린 사람을 더 많이 배출한 출제자가 속한 팀도 점수를 획득한다. 이러한 활동을 통해 리더의 커뮤니케이션 습관이나 업무 지시 방식에 대해 다시 생각해볼 수 있도록 도와준다.

준비사항
① 그림카드 (도형, 사물 등 난이도별 인원수에 따라)
② 정답을 보여줄 PPT
③ 볼펜, A4 용지

요 약
① 팀별로 그림을 설명할 팀장을 먼저 정한다.
② 첫 번째 팀의 팀장이 주어진 그림을 전체 인원에게 설명한다.
③ 나머지 사람들은 설명을 듣고 각자의 종이에 그림을 그리고 확인한다.
④ 같은 방법으로 나머지 팀의 팀장들도 주어진 그림을 설명하고, 교육생들은 그림을 그린다.
⑤ 그림을 가장 잘 설명한 팀장과 똑같이 그린 팀원에게 각각 점수를 부여한다.

📋 진행 방법

1) 각 팀의 팀장을 선발한다.

"자, 지금부터 '브레인캔버스' 프로그램을 시작하겠습니다. 먼저 각 팀의 팀장을 정하겠습니다. 우리 팀에서 가장 리더십이 뛰어난 사람을 손으로 가리켜주십시오. 각 팀의 팀장님, 축하드립니다."

2) 진행 방법을 설명한다.

"먼저 1팀부터 시작합니다. 1팀 팀장님, 앞으로 나와주십시오! 여러분, 격려의 박수 부탁드립니다. 제가 그림카드 한 장을 팀장님께 드릴 것입니다. 팀장님은 출제자가 되어 그림을 보고 자세히 설명해주셔야 합니다. 여기 앉아 계신 여러분은 출제자의 설명에 따라 카드 속 그림과 똑같이 그려주셔야 합니다. 여기서 주의하실 점은 출제자는 다른 분들이 그림을 그리는 모습을 봐서는 안 됩니다. 말로만 설명할 수 있고, 어떤 동작도 사용할 수 없습니다. 나머지 분들은 설명을 듣고 그림을 그리는데 궁금한 점이 있어도 절대로 질문하실 수는 없습니다. 듣고 그리기만 하시는 겁니다. 혹시라도 그림을 그리다가 틀려도 지우고 그릴 수는 없지만, 새로운 용지에 다시 그릴 수는 있습니다. 자, 1팀 팀장님께서는 먼저 카드 속 그림을 천천히 살펴보시고, 설명할 준비를 해주시기 바랍니다."

※ 30초간 출제자가 그림을 관찰하고 설명할 준비를 한다.

"이제 준비되셨나요? 좋습니다. 그렇다면 지금부터 팀장님이 문제를 설명하겠습니다. 가장 설명을 잘한 팀장님 1명과 팀장들의 설명을 듣고 가장 그림을 많이 맞힌 팀에는 큰 점수를 드립니다. 설명시간은 2분 드리겠습니다. 준비~ 시작!"

3) 프로그램을 진행한다.

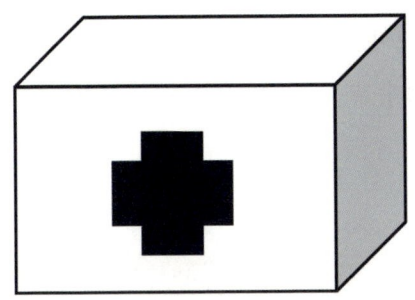

"지금부터 여러분은 팀장님의 설명을 듣고 각자의 종이에 그림을 그리시면 됩니다. 그림을 그리다가 틀리면, 새로운 용지에 처음부터 다시 그릴 수 있습니다. 제한시간이 종료되면, 몇 분이 그림을 정확하게 그렸는지 확인하겠습니다."

"자, 시간이 다 되었습니다. 모두 볼펜을 내려놓으시고, 지금 그리신 그림을 머리 위로 높이 올리시기 바랍니다. 잘 보이게 높이 올려주세요. 지금부터 맞게 그리셨는지 확인하도록 하겠습니다. 1팀 두 분, 2팀 세 분…, 6팀 네 분이었습니다. 인원수 곱하기 100점씩 드리겠습니다."

4) 같은 방법으로 나머지 팀도 진행한다.

"다음으로 2팀 팀장님 나오셔서 동일한 방법으로 진행하겠습니다."

※ 6팀까지 진행한다.

5) 추가 점수를 부여한다.

"자 이제 팀별 그림 설명이 모두 끝났습니다. 각 설명을 가장 잘한 팀장의 팀에게 추가 점수를 드리겠습니다. 우리 팀의 팀장님이 얼마나 쉽게 설명했는지 확인해볼까요? 1팀이 설명했을 때에는 몇 명이 맞게 그렸나요? (2명이요.) 2팀은요? (1명이요.) 3팀은요? (5명이요.) 4팀은요? (4명이요.) 그렇다면 3팀의 팀장님이 가장 설명을 잘 하셨군요. 3팀에 500점의 추가점수를 드리겠습니다. 박수 부탁드립니다!"

👍 클로징 멘트

"나무를 보지 말고 숲을 보라는 말, 들어보신 적 있으실 겁니다. 넓은 숲을 보지 않고 숲 안의 나무만 본다면, 내가 숲의 어디쯤에 와있는지, 어느 방향으로 가야 하는지 알 수 없게 됩니다. 많은 기업에서는, 해가 바뀔 때마다 CEO가 그해의 신년사를 통해 경영목표를 발표하곤 합니다. 이는 우리가 함께 가야 할 방향이 어디인지 비전을 공유함으로써, 사원들에게 이 일을 왜 하는지 스스로 납득할 수 있도록 해줍니다. 이것이 바로 리더의 역할인 것입니다. 조직의 리더라면, '일단 십자가부터 그려.'라고 말하는 것이 아니라 '이제부터 우리는 구급함을 그릴 거야.'하고 큰 틀을 먼저 알려준 후 세부적인 업무지시로 팀원들을 설득할 수 있어야 합니다. 부분보다 전체가 먼저라는 것, 꼭 기억해두시기 바랍니다."

📋 이럴 땐 이렇게

1) 만약 팀 구성이 어렵다면

팀 대항이 아닌 '1:多'의 방법으로 다 함께 실시할 수 있다. 이때 상황에 따라 3명을 선발하여 그림을 설명하게 한다.

2) 만약 전체 인원수가 매우 많아 채점이 어렵다면
맞게 그렸는지 확인하는 방법을 바꿀 수 있다. 설명이 끝난 후 팀원들이 그린 그림을 모두 모아서 다른 팀의 그림과 바꾼다. 정답 그림과 비교하여 다른 팀의 그림들이 정확히 그려졌는지 확인한다.

3) 만약 각 팀의 인원수가 다르다면
진행자의 진행에 맞춰 다 같이 실시하는 것이 아니라 2명씩 '1:1'의 방법으로, 혹은 팀 단위로 각각 진행할 수 있다. 팀 안에서 대표자 한 명이 그림을 설명하고, 다른 사람들이 설명에 따라 그림을 그리게 한다.

4) 만약 난이도를 조절하고 싶다면
- '사물 그림'일수록 설명하기 쉬워 난이도가 낮아지고, '도형 그림'일수록 빗대어 설명할 대상을 찾기 어려우므로 난이도가 높아진다.
- 설명을 준비하는 시간과 설명하는 시간의 변화를 통해서도 난이도 조절이 가능하다.

5) 만약 문제 출제자에 대한 점수 부여방법을 달리하고 싶다면
정답자의 인원수에 따라 100점씩 더하여 출제자 점수를 부여한다.

1) 설명하는 사람이 자꾸 손으로 표현하려 할 때
"어~ 손은 사용할 수 없습니다. 말로 표현이 어려우니 자꾸 손으로 설명하시네요."라고 설명자의 행동을 묘사하면 유쾌하게 주의를 줄 수 있다.

2) 옆 사람의 그림을 보려고 할 때
"옆에 있는 사람도 정답을 몰라요~ 친구 따라 하다 같이 틀리면 서로 사이가 서먹서먹해집니다."라며 강하게 부정행위를 규제하기보다 부드러운 유머로 부정행위를 방지한다.

3) 피드백이 필요할 때
한 문제가 끝날 때마다 '설명하는 사람이 어떤 설명을 더 해주었더라면 그림 그리기가 쉬웠을지'에 대해 그림을 그린 사람들이 피드백을 하게 한다.

체인지캐치
변화를 캐치하라 마음을 캐치한다

체인지캐치
변화를 캐치하라 마음을 캐치한다
(개인전, 단체전)

✏️ 달라진 그림을 찾아보세요!

달라진 그림을 찾아보세요!

✏️ **나 뭐 달라진 거 없어?**

　내가 사는 아파트 정문 앞 골목 안에는 허름해 보이는 바(bar)가 있다. 간판은 낡아서 가게 이름도 잘 보이지 않았고, 출입문은 사람 한 명이 겨우 들어갈 수 있을 만큼 작았다. 아침저녁 출·퇴근할 때마다 그 바(bar)

앞을 지나게 되는데, 그때마다 '장사를 하긴 하는 거겠지?', '저렇게 낡아서 야 누가 술이나 마시러 들어가겠어', '가게 유지도 어려워 보이는데… 문만 열어놓고는 괜찮은 건가?' 하는 생각이 절로 들었다. 들어가보지 않았어도 보나 마나 때가 탄 낡은 소파에 촌스러운 인테리어로 꾸며졌을 것이라 짐 작할 수 있는 가게였기 때문이다.

그러던 어느 날, 회사에서 같은 부서의 상사인 과장님과 점심식사를 하게 되었다. 이런저런 이야기를 하던 중에 문득 그 바(bar)가 떠올랐다.

"과장님, 저희 집 근처에 아주 오래돼 보이는 허름한 바(bar)가 하나 있 거든요. 간판이 무지 낡았는데 가게 이름은 엄청 촌스럽고, 게다가 출입문 은 어찌나 작은지 사람 한 명은 지나갈 수 있으려나 싶은 곳이에요. 저라 면 그런 곳에 가고 싶지 않을 것 같은데, 그런 바에도 손님이 있을까요?"

그러자 과장님이 껄껄 웃으며 의외의 답을 하셨다.

"그 가게가 왜 걱정이 되냐? 그렇게 낡고 허름한 가게에서 생활비나 벌 릴까, 아니 매달 임대료나 제때 내고는 있나 궁금하지? 그런데 실제로 우 리 동네에도 그런 가게가 하나 있어. 나도 처음엔 김 대리와 똑같은 생각 을 했었어. 그러다 몇 달 전에 오랜만에 일찍 퇴근하게 된 날이 있었거든? 이상하게 집에는 들어가기 싫고, 혼자 가볍게 맥주 한 잔이 하고 싶은 거 야. 어디로 갈까 잠시 고민하다가 그 바(bar)가 생각났어. 분명히 그런 시 간엔 손님도 없을 테니 조용히 혼술[1]하기 좋겠다 싶었거든. 그냥 호기심에 한 번 들어간 곳이었는데 아이러니하게도 지금은 일주일에 한 번씩은 방문 하고 있는 최고의 단골집이야!"

"네? 단골집이라고요? 뭐 그 가게에서 특별한 술이라도 팔던가요? 아니 면 혹시… 바텐더가 굉장한 미인이던가요."

"아니. 특별한 술도 없고, 심지어 바텐더는 나이 지긋한 남자분이었어. 다만 신기하게도 썰렁할 줄만 알았던 가게 안은 이미 손님들로 가득 차 북 적거렸다는 거야."

---

1) 혼술: '혼자 마시는 술, 혹은 혼자 술을 마시는 행위'를 뜻하는 신조어

"손님들로 가득 차 있었다고요?"

"응. 나도 그 모습이 너무 신기했었는데, 두 번째로 그 가게에 갔을 때 바로 그 이유를 알게 됐어."

"손님들이 가득 찼던 이유가 뭐였나요?"

"첫날 들어갔을 때, 혼자고 처음이라 그런지 어색하고 불편해 쭈뼛거리고 있었지. 그런 나를 발견한 바텐더가 '어서 오세요.'라며 환하게 미소 지으며 반겨주는 거야. 그 덕분에 금세 마음이 편안해졌고 여유롭게 한 잔의 맥주를 즐길 수 있었지. 그리고는 그 다음 주쯤인가, 다시 방문했는데 바텐더가 자꾸 내 얼굴을 살피는 거야. 그러더니 '무슨 일 있으세요? 오늘은 지난번 봤을 때보다 표정이 좀 어두우십니다.'라며 걱정스러운 목소리로 묻는 거야. 사실 그때 어머니 건강이 많이 안 좋아지셔서 병원에 입원 중이셨거든. 내내 어머니 걱정이 머릿속을 떠나지 않고 있었는데, 그걸 바텐더가 눈치챈 거였어."

"아 이런, 그런 큰일이 있었는데 옆에서 아무런 눈치도 못 채고 있었다니. 과장님, 정말 죄송합니다."

"개인적인 일인데 뭘 그래, 죄송할 것 하나 없어. 그런데 그날 더 놀라웠던 게 뭔 줄 알아? 어느새 바텐더에게 나도 모르게 어머니 병환에 대한 고민을 시시콜콜 털어놓고 있더라는 거야. 겨우 두 번 만난 사이였는데 말이야."

그렇게 덤덤하게 미소 지으며 말하는 과장님을 보니 더욱 죄송한 마음과 민망한 기분이 들었다. 매일 그것도 하루 24시간 중 1/3에 달하는 시간을 옆자리에서 마주 보고 함께 일하면서도 과장님이 힘든 일로 수심 가득한 얼굴을 하고 있었을 때조차 눈치도 못 채고 있었다는 것에 자책하게 되었다. 그리고 한참 동안 생각한 후에야 매일 만나는 나보다 겨우 두 번 만난 바텐더가 과장님의 근심 어린 표정을 읽을 수 있었던 이유를 깨달을 수 있었다. 그것은 바로 '관심의 차이'였던 것이다. 매일 출근해서 볼 수 있었던 과장님의 얼굴, 목소리, 감정 등에 대해서 나는 깊은 관심을 두지 않았던 것이다. 당연히 매일 만나는 사람이니까 그 사람의 말이나 행동을 무심결에 보고 들었을 뿐, 자세히 살피지 못했었다. 그것을 깨닫고 나니, 더더욱 죄송하고 민망함에 얼굴이 붉어졌다.

일반적으로 가까운 사람일수록 관심을 갖고 살피는 것에 소홀해지기 마련이다. 많은 남성이 아내와 여자 친구의 질문 중 가장 두려워하는 것이 바로 '자기야, 나 뭐 달라진 거 없어?'라고 한다. 남성들은 그러한 질문을 받음과 동시에, 눈이 커지면서 머릿속 톱니바퀴가 급하게 돌아가기 시작한다. '과연 무엇이 달라졌을까? 꼭 찾아내야 해!' 하지만 아무리 애를 쓰고, 눈을 씻고 살펴봐도, 하루 사이에 무엇이 달라졌는지 변화된 모습을 찾아낼 길은 없다. 달라지기 전 그녀의 모습을 제대로 기억하지 못하기 때문이다. 어제의 그녀가 어떤 모습이었는지 알아야만 오늘 그녀가 어떻게 변화되었는지 알 수 있는 법이다. 변화를 캐치하기 위해 필요한 요소는 바로 원래 상태에 대한 '관심'인 것이다.

✏️ 머리 하셨네요?

신조어 중에 '파데유목민'이라는 단어가 있다. '파운데이션(foundation)'과 '유목민'의 합성어로, 자신의 피부에 맞는 파운데이션을 정하지 못하고 여러 브랜드의 상점을 돌아다니며 자신에게 맞는 제품을 찾으려는 사람들을 말한다. 여성들이 자신에게 딱 맞는 화장품을 찾는다는 것은 그만큼 힘든 일이다. 언젠가 백화점 앞에서 친구와 만나기로 하고 기다리던 중, 약속 시간에 여유가 있어 백화점 1층의 화장품 매장 한 곳에 들른 적이 있었다. 그곳에서 우연히 피부 타입과 색상에 딱 맞는 파운데이션을 찾게 되었다. 좀처럼 쉬운 일이 아니었기에, 기쁜 마음으로 그 파운데이션을 구입해 갔다. 제품이 마음에 들어 한 달 후 다시 그 매장을 방문했을 때, 직원 한 명이 미소 지으며 다가와 이렇게 인사를 건넸다.

"어머, 머리를 짧게 자르셨네요! 손님한테 너무 잘 어울리세요! 구입해

가신 파운데이션은 잘 사용하고 계시구요?"

최근 날씨가 더워지면서 몇 년 동안 기르던 머리를 짧게 잘랐었는데 한 번 방문했음에도 내 변화를 알아챈 그 직원의 관찰력이 마냥 놀라울 따름이었다. 그런데 놀라움은 여기서 그치지 않았다. 그곳에 머물렀던 15분 동안 매장에 들어선 사람이 나를 포함해 세 명이 더 있었는데, 그 직원은 그때마다 각기 다른 인사말을 건네고 있었다.

"어머 고객님, 중국은 잘 다녀오셨어요?"
"오랜만에 오셨네요. 이번에 아드님 시험은 잘 보셨나요?"
"고객님, 찾으시던 컬러의 립스틱이 마침 입고됐답니다."

후에 확인한 결과, 그 직원은 S백화점 OO매장에서 전국 Top 3 안에 드는 판매 사원이라고 했다. 남다른 관찰력과 디테일을 갖추었던 그 직원이야말로 최고의 판매 사원인 것이다.

제니휴먼리소스 김소진 대표는 13년간 커리어 컨설턴트로서 최고의 핵심인력들과 수차례 만나본 후, 『성공하는 남자의 디테일』이라는 책을 출간했다. 그녀는 성공하는 사람들의 공통점을 단 한 문장으로 정리하고 있다. "당신이 지나쳐버리는 디테일이 주목받는 그 남자의 핵심 경쟁력이다." 실제로 김소진 대표가 만난 주목받는 비즈니스맨들은, 사소할 수도 있는 본질적인 차이를 바로 '디테일'이라 강조한다.

관심을 보여 상대방의 마음의 문을 열 것인가, 관심을 없애고 마음의 문에 빗장을 걸 것인가.

> **관심: 關** 관계할 관 **心** 마음 심
> 어떤 것에 마음이 끌려 주의를 기울임. 혹은 그런 마음이나 주의.
>
> *출처: 표준국어대사전

'관심'의 '관'은 한자로 '관계할 관(關)' 자이다. 이는 關의 본 자로, 문(door)을 나타내는 門(문)과 빗장을 나타내는 關(관)으로 이루어져 있으며, 문을 닫아거는 빗장을 뜻한다. 앞서 말한 백화점 화장품 매장의 사례처럼 고객을 대면하는 직원뿐만 아니라 부부간의 관계, 혹은 가까운 친구와의 만남에서도 '관심'은 중요한 사항이다. 개인적으로 일상에서 다른 사람을 만나거나, 업무적인 일을 할 때 가장 중요한 것이 바로 '디테일한 관심'이다. 평소에 관심도 없었던 값비싼 선물을 받는 것보다, 언젠가 내가 무심코 내뱉은 말을 기억했다가 준비해서 건네는 꽃 한 송이가 더 감동적일 수 있음을 알아야 한다. 자신이 사주고 싶은 것을 선물하는 것이 아니라, 상대방이 원했던 것을 선물하기 위해서 반드시 '디테일한 관심'이 필요하다. 이는 상대방에 대한 호감을 바탕으로 하기 때문에 그 관계를 긍정적으로 이끌 수 있기 때문이다.

하물며 조직 내 리더와 구성원들 사이의 관심이라면 두말할 필요도 없다. 그러나 리더가 관심의 대상을 성과나 목표에만 두어서는 안 된다. 바람직한 리더십을 가진 리더라면, 반드시 조직 구성원들 또한 관심의 대상에 포함시켜야 한다. 조직이 성과를 창출하기 위해서는 리더가 구성원 각자의 강점을 찾아내어 최대한 발휘할 수 있도록 해야 하기 때문이다. 그런데 강점을 잘 찾아내는 리더가 있다면 그 대척점에 그렇지 못하는 리더 또한 분명히 존재한다. 그 차이의 시작은 바로 조직 구성원들에 대한 '디테일한 관심'에서 비롯된다. 그러므로 리더는 구성원들의 단편적인 부분만을 봐서는 그들이 가진 강점을 파악하기 힘들다는 것을 항상 염두에 두고, '디테일한 관심'을 통해 변화를 알아차리는 연습을 이제부터라도 시작해야 한다.

체인지캐치

변화를 캐치하라 마음을 캐치한다

●

〈체인지캐치〉는 그림, 사진, 실제 모습의 변화 전, 후를 보여주고 어떤 점이 바뀌었는지 맞히는 프로그램이다. 이 프로그램을 통해 상대방을 관심의 눈으로 바라보고 작은 변화까지 '캐치'할 수 있는 세심한 리더십을 키울 수 있다.

●●

준비사항	① PPT 이미지 1, 2 (변화 전, 변화 후) ② 의자 (인원수에 따라 개수 조정) ③ 타이머 ④ 팀별 대항으로 실시할 수 있도록 책상은 팀으로 구성한다. 　(5명씩 5개 팀 구성)
요　약	① 그림의 변화 전후 모습을 보고 맞히도록 한다. ② 사진의 변화 전후 모습을 보고 맞히도록 한다. ③ 실제 모습의 변화 전후 모습을 보고 맞히도록 한다. ④ 실제 모습의 변화 전후 모습을 보고 맞히도록 한다. ⑤ 맞힌 개수에 따라 점수를 부여한다.

진행 방법

[1단계 체인지캐치]

1) 1단계 프로그램 방법을 설명한다.

먼저 가장 쉬운 난이도의 이미지를 보여주고 변화된 부분을 관찰하여 맞히게 한다.

"지금부터 화면에 그림을 보여드리겠습니다. 그러고 난 후, 그림에 변화를 주어 보여드리면 그 변화된 것을 맞히면 됩니다. 이때 첫 번째 그림을 관찰할 수 있는 시간은 딱 10초입니다."

2) 1단계 프로그램을 진행한다.

"시작합니다. 10, 9, 8, 7, 6, 5, 4, 3, 2, 1, 그만!"

(그림1을 10초간 보여준 후 Black screen으로 만든다.)

"관찰 하셨나요? 그렇다면 이번에는 어딘가 변화된 그림을 보여드리겠습니다. 어떤 부분이 변화됐는지 가장 빨리 찾는 팀에게 점수를 드립니다. 준비 시작!"(그림2를 보여준다.)

"정답? ○○팀, 맞습니다! 변화된 부분을 잘 찾으셨습니다. 점수 200점 드리도록 하겠습니다."

[그림 1]   [그림 2]

[2단계 체인지캐치]

1) 2단계 프로그램 방법을 설명한다.

　난이도를 조금 높여, 복잡한 사진 한 장을 10초간 보여준다.

　"이번에는 두 번째 문제입니다. 첫 번째와 마찬가지로 10초 동안 사진을 관찰하신 후, 다음 사진에서 어떤 부분이 달라졌는지 찾으시면 됩니다. 정답을 아시는 분은 큰 소리로 팀 이름을 외치시기 바랍니다."

2) 2단계 프로그램을 진행한다.

　"그럼, 지금부터 시작합니다! 10, 9, 8, 7, 6, 5, 4, 3, 2, 1, 그만!"

(타이머로 10초를 잰 후 Black screen으로 만든다.)

"사진을 잘 보셨나요? 첫 번째 사진보다 조금 복잡하지만 잘 관찰하셨으리라 믿습니다. 이제 머릿속에 사진을 떠올려보며 기억하시기 바랍니다. 그렇다면 이번에는 변화된 사진을 보여드릴 것입니다. 처음 사진과 어느 부분이 달라졌는지 찾으시기 바랍니다."

"OO팀이 먼저 손을 드셨네요. 네, 맞습니다! 그런데 이번에는 정답이 하나가 아닙니다. 두 개 더 남아있습니다."

"OO팀, 정답? 아, 아닙니다. 아쉽습니다."

"OO팀, 손을 들었습니다. 네, 맞습니다."

"OO팀도 정답을 외쳤습니다. 마지막 변화된 부분이 맞습니다! 잘하셨습니다. 맞힌 세 팀에게는 각각 200점씩을 드리도록 하겠습니다."

[3단계 체인지캐치]

1) 3단계 프로그램 방법을 설명한다.

이번에는 교육생 중 일부가 직접 현장에서 문제를 출제하도록 한다. (공정성을 위하여) 팀별로 한 명씩 앞으로 나와 각자 특색 있는 포즈를 취하게 한다(소품 이용 가능). 그리고 남아있는 교육생들은 출제자들의 포즈를 꼼꼼히 관찰하고 기억하게 한다(제한시간 30초).

"이번에는 3단계의 난이도입니다. 사진이 아니라, 지금 이 자리에서 여러분이 직접 문제를 출제하고 맞혀보도록 하겠습니다."

2) 3단계 프로그램을 진행한다.

"각 팀에서 한 분씩 앞으로 나오시기 바랍니다. 지금 여기 서 계신 분들이 이번 문제의 출제자입니다. 각자 고민해서 특색 있는 포즈를 한 가지 정해서 문제로 출제하는 겁니다. 제가 제한시간을 1분 드리면, 앉아계신 분들은 출제자들의 포즈와 모습을 꼼꼼하게 관찰하시고, 30초 후 변화된 모습이 무엇인지 찾아내시면 되겠습니다. 자, 지금부터 30초 카운트다운 시작합니다!"

(타이머로 30초를 재고, 시간이 종료되면 출제자를 제외한 교육생 모두에게 뒤를 돌아보라고 한다.)

"자, 30초가 경과되었습니다! 모두 뒤를 돌아 눈을 감아주세요! 지금부터 출제자 다섯 분은 상의를 하시고, 그중 세 분에게 변화를 줄 겁니다. 시작하세요!"

(다섯 명이 서로 상의하여 어디에 변화를 줄 것인지 결정하고, 포즈를 바꾼다. 이때 강사도 정답을 미리 공유 받아야 하며, 강사는 포즈를 바꾸기 전과 후의 모습을 사진으로 찍어둔다.)

"준비가 끝났습니다. 그렇다면 이번에는 변화된 모습을 보여드리도록 하겠습니다. 제가 '하나, 둘, 셋' 하고 외치면 여러분 모두 다시 앞으로 돌아보시고 어떤 부분이 달라졌는지 찾아내시기 바랍니다. 자! 준비하시고, 하나, 둘, 셋, 돌아주세요!"

3) 팀별로 상의할 시간을 준다.

"어떤 변화가 있었는지 팀별로 상의하신 후, 포스트잇에 2장씩 작성하여서 그중 한 장씩을 제출해주시면 됩니다. 회의시간 3분 드리겠습니다."

※ 이때 강사는 변화 전과 후의 사진을 PPT로 준비한다.

4) 정답을 확인한다.

"자, 모두 제출하셨으니, 이제 팀별로 점수체크 해주시기 바랍니다. 정답을 공개합니다! 변화 전 이미지를 먼저 보고 계십시다. 그럼 1팀 출제자는 어떤 변화를 줬을까요? 변화 후 이미지를 보겠습니다. 1팀은 넥타이를 뺐네요." (2~5팀까지 확인한다.)

"팀별로 몇 개를 맞히셨는지 확인해주세요! 1개당 100점씩 드리겠습니다."

※ 교육시간과 교육대상자에 따라 문제의 수와 난이도를 조절하며 프로그램을 진행해 나간다.

이럴 땐 이렇게

1) 만약 교육대상자 전체 인원수가 10명 미만이라면
- 팀별 대항이 아니라 '1:多'의 방법으로 모두가 다 함께 프로그램을 실행할 수 있다.
- 교육생이 한 명 한 명 돌아가며 문제를 출제해도 되고, 진행자가 직접 출제할 수도 있다.
- 출제자가 한 명이라면, 복수의 변화점을 두어도 좋다. (난이도 향상)

2) 만약 교육대상자의 평균 연령대가 높다면
동작의 크기를 키워서 난이도를 낮게 조절할 수 있다.

3) 만약 문제의 난이도를 조절하고 싶다면
- 첫 문제를 출제하여 진행해보고 교육생에 대한 문제 난이도를 측정한다.
- 다양한 난이도의 문제를 충분히 준비하여 선택적으로 문제를 출제한다.
- 달라진 부분을 먼저 찾아낸 사람에게만 점수를 부여하는 것이 아니라, 달라진 부분을 팀원들과 상의하여 작성하게 하고, 맞힌 팀 모두에게 점수를 부여할 수 있다.

4) 만약 고객을 대면하는 서비스업 종사자라면
프로그램을 실시한 후, 고객의 변화를 캐치하여 고객의 신뢰도와 만족도를 높인 사례를 공유하며, 본 프로그램이 주는 메시지를 상기시킬 수 있다.

👍 클로징 멘트

"'나 뭐 달라진 것 없어?' 하는 상대의 질문이 두려우신가요? 이런 질문을 받기 전에 먼저 '헤어스타일 바꿨네? 너무 잘 어울린다.' 하고 자신 있게 말을 건네기 위해서는 두 눈만 크게 뜬다고 되는 것은 아닙니다. 마음의 눈까지 크게 뜨고 디테일한 관심을 가져야만 합니다. 이렇게 항상 나와 관계된 상대를 눈으로 살피고 마음으로 관심을 갖는다면 그에게 언제 어떤 변화가 일어나도 쉽게 알아차리실 수 있을 것입니다. 관심이 관계를 만듭니다."

 꿀Tip

1) **출제자들의 변화 정도가 너무 작을 때?**
   문제를 공개하기 전, 강사가 미리 조정해주는 것이 좋다.

2) **변화를 관찰하는 시야를 넓혀주고 싶을 때?**
   정답의 개수를 미리 알려주지 않는다. 자칫하여 정답을 맞히는 데에만 급급하게 되어서는 안 되며, 디테일을 관찰하는 연습을 충분히 할 수 있도록 도와주자.

🎓 달라진 그림 정답

 본 프로그램을 소개하기에 앞서, 사진 한 장과 함께 '변화된 부분을 찾아보라'는 문제를 제시했다. 당신은 과연 변화된 부분을 찾아낼 수 있었는가? 물론 불가능했을 것이다. 그 이유는 달라지기 전의 사진을 보지 못했기 때문이다.

자, 이번에는 변화된 부분을 찾았는가? 처음과 달리 쉽게 찾을 수 있었을 것이다. 원래 어떤 사진이었는지 알아야, 어디가 어떻게 달라졌는지 알 수 있기 때문이다. 변화를 캐치하기 위해서는 원래 상태에 대한 '관심(關心)'이 있어야 한다. 이제부터는 마음의 눈을 크게 뜨고 상대방을 관심 있게 관찰하자. 그것이 바로 변화 캐치의 시작이다.

컬러플레이
안경을 쓸 것인가 편견을 쓸 것인가

컬러플레이
안경을 쓸 것인가 편견을 쓸 것인가
(개인전, 팀전)

✏️ 이것은 파이프가 아니다

르네 마그리트 「이미지의 반역」 (1929년)

　이 작품은 벨기에의 초현실주의 화가 르네 마그리트의 「이미지의 반역」이라는 작품이다. 당신은 이 그림이 무엇으로 보이는가? 맞다. 누가 봐도 파이프이다. 그런데 이 평범해 보이는 그림이 한때 예술계를 비롯해 다양한 영역에 큰 파장을 일으켰었다. 그 이유는 파이프 그림 아래에 불어로 "이것은 파이프가 아니다. (Ceci n'est pas une pipe)"라고 쓰여 있었기 때문이다. '파이프를 그려놓고, 파이프가 아니라고? 뭐지?' 우리는 이 그림을 보면 혼란스러워진다. 르네 마그리트는 이 작품을 통해 무엇을 이야기하고 싶었던 것일까.

다양한 철학적 해석이 존재하는 이 작품에 대해 또 다른 해석을 덧붙일 생각은 없다. 다만 이 사진을 본 사람들이 혼란스러움을 느끼는 이유에 대해 말하고자 한다. 대다수의 사람들은 본인이 알고 있는 지식에 반대되는 정보가 들어오면 불편해한다. 그리고 '다름'을 인정하기보다 '틀림'으로 보려는 경향도 있다. 어쩌면 마그리트는 파이프 그림을 통해 무엇인가에 대해 '하나의 틀'에서만 보는 것을 지적하려 했는지 모른다. 파이프는 꼭 파이프여야만 하는 것일까? 의자를 보고 침대라고 이야기하는 창의성을 발휘하면 큰일이 나는 것일까? 물론 '말도 안 돼!'라고 반기를 드는 사람도 있다. 하지만 이 그림은 하나의 생각에 빠지면 다른 정보는 받아들이기 어렵다는 것을 경고한 것이다.

심리학에 '프레임(frame)'이라는 개념이 있다. 다양한 해석이 가능한데, 보편적으로 '어떠한 것을 바라보는 시선', '세상을 바라보는 마음의 창문', '액자의 틀'로 해석된다. 즉, 무엇을 바라볼 때 사방이 뻥 뚫린 공간에서 보는 것이 아니라, 각자의 기준으로 만든 하나의 창문을 통해 선택적으로 보는 것을 의미한다. 그러니 그 기준에 따라서 자신이 바라보는 것의 해석은 완전히 달라질 수밖에 없다. 세상을 바라보는 시선이 무조건 긍정적일 필요는 없다. 하지만 기준이 지극히 개인적인 편견에 의한 것이고, 그 기준으로 본 것만을 나만의 정당한 해석으로 고집할 때 문제가 될 수 있다. 특히, 한 조직의 리더가 조직원을 편견에 사로잡혀 평가했을 때 더욱 크나큰 문제가 발생한다.

🖉 당신의 편견 시력은?

김 대리는 퇴근 시간만 되면 벌떡 일어나 회사를 나선다. 부서에 매우 바쁜 프로젝트가 진행되더라도, 김 대리는 본인이 맡은 일만 끝내면 무조건 정각에 퇴근을 했다. 이러한 일이 반복되다 보니 상사인 한 부장은 김 대리가 공동체 생활에 맞지 않는 이기적인 직원이라는 편견이 생겨, 김 대리의 작은 실수에도 호통을 치며 혼을 냈다. 부서 동료들도 부장과 김 대리와의 갈등을 모두 김 대리 탓으로 여겼다. 그러다 보니 부서의 분위기 또한 좋을 리 없었다. 이런 분위기를 보다 못한 김 대리와 입사 동기인 옆 부서의 강 대리가 조심스러워하며 입을 열었다. 이야기인즉슨, 김 대리에게는 몸이 아픈 아들이 있었다. 김 대리가 '칼퇴'[1]를 하는 것은 퇴근 후에 아들과 더 많은 시간을 함께하고 아들에게 최선을 다하고 싶었기 때문이었다. 그러므로 퇴근을 제때 하기 위해서는 업무시간에 쉬엄쉬엄 하는 법 없이 일에만 몰두해야만 했다. 커피 마시는 시간을 줄이고, 담배도 끊어야 했다. 이야기를 마친 강 대리는 동료들에게 김 대리가 커피 한잔 마시면서 여유를 부리며 수다를 떠는 모습을 본 적이 있느냐고 물었다. 김 대리가 '칼퇴'를 하는 이유를 알게 된 순간 모두 입을 다물었다. 이렇게 책임감 강한 김 대리를 칼퇴한다는 것만 문제 삼아 한 부장은 '무책임한 직원', '이기적인 직원'으로 평가한 것이다.

살아가면서 편견을 갖게 되는 경우는 또 있다. 필자는 주로 회사의 구내식당에서 점심을 먹는다. 이 건물은 우리 회사만 상주하던 건물이 아니었기에 다른 회사 사람들과 점심식사를 함께 했다. 점심시간 때마다 자주 보게 되는 남성이 있었는데, 어쩐 일인지 마주치기만 해도 기분이 안 좋아졌다. 왜 그런가 생각해보니 그 남자는 항상 얼굴에 온갖 인상은 다 쓰고 다녔다. 직접적인 피해를 준 것은 아니지만, 항상 미간을 찌푸리며 인상을 쓰고 있는 모습을 볼 때면 '진짜, 이상한 사람이네! 성격이 정말 안 좋아 보여. 우리 상사가 아닌 게 얼마나 다행이야.'라고 생각했다. 며칠 뒤, 그 남성의 회사 동료와 이야기를 나눌 기회가 있었다. 그 남성은 회사에서 자상하기로 소문난 사람으로 성격도 매우 온화해서 사람들에게 짜증 내는 것을 본 적이 없다고 했다. 다만 시력이 많이 나빠서 평소에 인상을 쓰고 다

---

[1] 칼퇴근의 줄임말로 퇴근 시간이 되자마자 조금도 지체 없이 바로 퇴근함.

닌다고 했다. 그제서야 그 남성에 대한 것이 나만의 편견임을 알게 되었다. 인상을 쓴다는 이유로 성격이 안 좋겠다고 단정한 편견이 부끄러워진 순간이었다.

이렇듯 편견으로 바라보는 것은 많은 부작용을 야기한다. 특히, 한 조직의 리더라면 한 면만 보고 단정 짓기보다 다르게 바라보고, 다르게 해석하려는 시도가 필요하다. 파이프 그림을 보고 파이프가 아니라고 하더라도 '뭐야! 작가가 장난치나?'라고 생각할 것이 아니라, '작가의 의도는 무엇일까?'라고 다르게 해석하려는 마음의 여유와 다름을 인정하려는 연습이 필요하다.

당신은 다름을 보는 안경을 쓸 것인가? 편견을 보는 안경을 쓸 것인가? '컬러플레이'를 통해 당신의 편견시력을 점검해보려고 한다.

Leadership

컬러플레이
안경을 쓸 것인가? 편견을 쓸 것인가?

이번 〈컬러플레이〉는 3단계로 구성된 프로그램이다. 한 가지 색을 보고 '보이는 색'과는 다른 색을 생각하며 말하고, 행동함으로써, 고정관념을 깨는 것이 얼마나 힘든지 느낄 수 있다. 반복적인 연습을 통해 고정관념과 편견을 깰 수 있도록 도와주는 프로그램이다.

준비사항
① 1단계 미션 PPT (컬러 단어 ex. 파랑 빨강 초록)
　　－ p.285~291 워크북 참조
② 2단계 컬러판 세트 (조별 1세트)
　　－ 제작 필요(하드보드지+색종이 또는 OX판+색종이)
③ 3단계 컬러컵 세트 (조별 1세트)

요　약
① 색이 다른 6개의 컵을 책상에 무작위로 놓아둔다.
② 팀원 중 한 사람이 컵 하나를 들면서 컵의 색과 다른 색을 외친다. (단, 놓여있는 컵 중의 한 가지 색깔을 외쳐야 한다.)
③ 다음 사람은 앞사람이 외친 색에 해당하는 컵을 들면서 또 다른 색깔을 외친다.
④ 이런 방식으로 팀원 전원이 돌아가며 자신이 들고 있는 컵과 다른 색깔을 외친다.
⑤ 팀원 모두가 틀리지 않고 미션을 성공하면 점수를 획득한다.

진행 방법

[1단계 (스크린 이용)]

1) 1단계 방법을 설명한다.

"자, 지금부터 집중하셔야 합니다. 하나, 둘, 셋 구령에 맞춰서 화면에 단어 하나가 뜰 것입니다. 이때, 단어를 읽는 것이 아니라 단어의 컬러를 말씀해주셔야 합니다. 화면을 함께 보시죠. '파랑'이라고 적혀있지만 보시는 것처럼 글자의 색은 '노랑'입니다. 그러므로 '파랑'이 아닌 '노랑'을 외쳐주셔야 정답입니다.

파랑

반대로 '노랑'이라고 적혀있지만, 단어가 '파랑' 색이라면 '파랑'이라고 외치는 겁니다.

모두 이해하셨나요?"

노랑

2) 1단계를 연습한다.

"그럼 먼저 연습을 해보겠습니다. '하나, 둘, 셋!' 하면 모든 팀원이 함께 큰소리로 외쳐야 합니다. 하나! 둘! 셋! (스크린에 '노랑' 색으로 쓰인 '파랑'이라는 단어를 띄운다.) 노랑이라고 외치신 분도 계시고, 파랑이라고 외치신 분도 계십니다.

파랑

정답은 노랑이었습니다. 아무것도 외치지 못하신 분들은 자동 탈락입니다. 아시겠죠? 두 번만 더 진행해보겠습니다. 이번에는 연속으로 보여드립니다. 준비되셨습니까? 하나! 둘! 셋! (스크린: 빨강이라고 적힌 파란 글씨 빨강) 정답! 파랑! 네, 잘하고 계십니다. 다시, 하나! 둘! 셋! (초록이라고 적힌 빨간 글씨 초록) 정답! 빨강! 모두 잘하셨습니다. 곧바로 1단계를 진행하겠습니다."

3) 1단계를 진행한다.

빨강이라고 적힌 파란 글씨   초록이라고 적힌 빨간 글씨

"이제는 팀별로 진행하겠습니다! 팀당 5개의 컬러 문제가 출제됩니다. 팀원 모두 눈에 보이는 컬러를 힘차게 외치는 겁니다. 다른 컬러를 말하는 팀원이 있으면 1문제당 100점씩 감점됩니다. 모두 동일한 정답을 외쳤을 때, 총 500점을 획득할 수 있습니다. 그렇다고 아무 답도 안 하는 분이 계신데, 그럴 때도 감점 100점입니다. 아시겠죠? 자, 그럼 1팀부터 진행해보겠습니다. 준비!"

※ 팀별로 돌아가면서 진행한다.

4) 1단계를 마무리하고, 2단계를 안내한다.

"자! 1단계 점수를 확인해보겠습니다. 1팀 몇 점을 획득하셨죠? 축하드립니다. (모든 팀의 점수를 한 번 체크하고 다음 단계로 넘어간다.) 어떠셨나요? 눈에 보이는 컬러만 크게 외치면 되는 프로그램이었는데도 생각보다 쉽지는 않으셨을 겁니다. 그래도 모든 팀이 좋은 점수를 받으셨습니다. 이번에는 난이도를 조금 더 업그레이드해보겠습니다."

[2단계 (스크린, 컬러판 이용)]

1) 2단계 방법을 설명한다.

"이번에는 각 팀에 대표 한 명씩 일어나서 나눠드린 컬러판을 이용해 팀별 대결을 펼쳐보겠습니다. 지금 갖고 있는 컬러판은 빨강, 파랑, 초록, 노랑, 검정 다섯 개입니다. 1단계에서는 단어가 아닌 단어의 컬러를 외치는 것이었다면, 이번 단계에서는 스크린에 띄운 단어를 보고 '단어에 해당하는 컬러판'은 오른손, 단어의 '컬러에 해당하는 컬러판'은 왼손에 드는 겁니다. 예를 들어 스크린에 빨강이 나타나면 오른손에는 빨간색 컬러판, 왼손에는 파란색 컬러판을 들어주시면 되겠습니다.

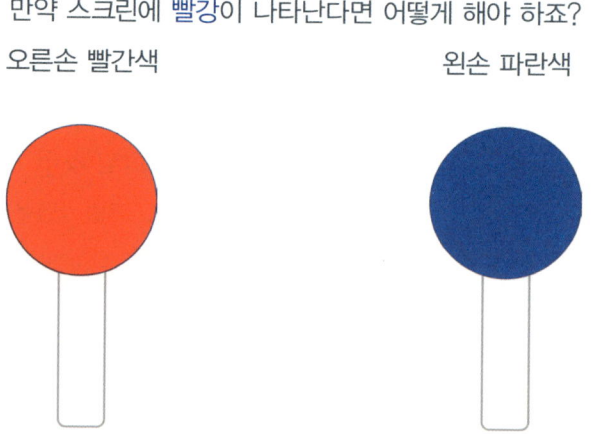

만약 스크린에 초록이 나타난다면 어떻게 해야 하죠? (팀원 오른손 초록, 왼손 빨강 컬러판을 든다.) 네, 맞습니다. 지금처럼 오른손에는 초록색 컬러판, 왼손에는 빨간색 컬러판을 들면 됩니다."

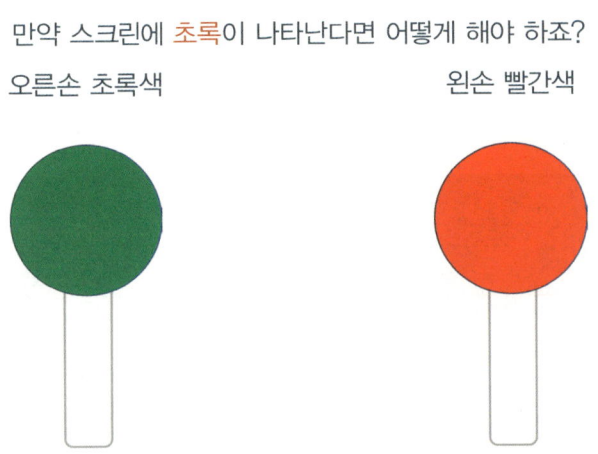

2) 2단계를 진행한다.

"자! 그럼 각 팀의 대표 한 명씩 일어나주십시오. 컬러판 5개는 자신의 앞에 겹치지 않도록 나란히 놓아줍니다. 스크린에 띄워진 단어를 보고 컬러판을 들어주시면 됩니다. 준비, 첫 번째 단어는 이것입니다."

(빨강)이라는 단어를 띄워주고 어느 팀의 대표가 가장 빨리 컬러판을 드는지 확인한다.

"2팀의 대표가 가장 빠르고 정확하게 컬러판을 들어주셨네요. 2팀에 100점을 드립니다."

※ 여러 번 대결이 필요한 경우에는 두 번째 대표, 세 번째 대표 등 계속해서 다음 대표자를 뽑아서 진행한다.

3) 2단계를 마무리하고, 3단계를 안내한다.

"자! 2단계 점수를 확인해보겠습니다. 1팀 몇 점을 획득하셨죠? 축하드립니다. (모든 팀의 점수를 한 번 체크하고 넘어간다.) 이제 마지막 단계인 컬러컵을 이용한 프로그램을 함께해 보겠습니다."

[3단계 (컬러컵 이용)]

©pixabay

1) 3단계 방법을 설명한다.

"이번에는 스크린을 보면서 하는 것이 아니라 여러분에게 나눠드린 컬러컵을 이용해서 해보겠습니다. (팀별로 컬러컵 1세트씩 나눠준다.) 방법은 간단합니다. 팀원 모두가 돌아가면서 컬러컵을 차례대로 하나씩 들어올리면 되는 프로그램입니다. 단, 중요한 것은 내가 잡은 컵과 다른 컬러를 외치면서 들어 올려야 한다는 것이고요, 컬러컵을 반복해서 들 수 없습니다. 만약 내가 빨간색 컵을 잡았다면, 빨간색 컵을 제외한 나머지 컵 중 한 컬러를 선택해 외치면 됩니다. 그다음 순서의 사람은 앞사람이 말한 그 컬러의 컵을 들어 올리면서 아직 선택하지 않은 다른 컬러를 외쳐야 합니다. 그다음 사람은 어떻게 하면 될까요? 역시 같은 방법으로 앞사람이 외친 컬러컵을 들어 올리면서 남아있는 다른 컬러를 외치면 됩니다. 이렇게 모든 팀원이 컵의 컬러를 말하며 1바퀴를 돌면 500점을 획득하게 됩니다."

2) 3단계를 연습한다.

"그럼, 연습해보겠습니다. 처음 시작은 팀장님이 하시고, 게임 진행 방향은 팀장님을 기준으로 오른쪽으로 돌아가겠습니다. 모든 팀 동시에 연습해 보겠습니다. 준비되셨습니까? 연습 시간은 3분입니다. 준비, 시~작!"

※ 3분간 연습을 한다.

"연습하는 모습을 보니 어려워하시는 분들이 계셨습니다. 다시 설명해드리겠습니다. 처음 시작하는 팀장님이 파란색 컵을 들었다면, 파란색을 제외한 나머지 컵의 컬러 중 한 가지 색을 외쳐야 합니다. 이때 '노랑'을 외쳤다고 가정해보겠습니다. 그럼 팀장님 오른쪽에 계신 다음 사람은 팀장님이 외친 '노랑'과 같은 컬러의 컵을 들어 올리면서 다른 컵의 컬러를 외쳐주시면 됩니다. 팀별로 자유롭게 다시 한 번 연습해보겠습니다. 준비, 시~작!"

3) 3단계를 진행한다.

"자, 이제 본격적으로 시작하겠습니다. 제가 여러분들이 연습할 때 지켜보니까 다음 순서의 사람이 빨리 진행해야 하는데 한없이 생각하고, 천~천히 컵을 들어 올리는 모습이 보였습니다. 제가 규칙 한 가지를 추가하겠습니다. 박수를 두 번 치고, 세 번째 박자에는 무조건 어떤 컵이라도 들어 올리셔야 합니다. 따라 해볼까요? 짝! 짝! 파랑!/ 짝! 짝! 노랑!/ 짝! 짝! 분홍! 이런 식입니다. 1차 시도에 성공하면 500점이 주어지지만, 실패하면 그때마다 100점씩 감점됩니다. 그리고 중간에 한 명이 틀리면 처음부터 다시 시작해야 합니다. 1팀부터 시작하겠습니다. 준비, 시~작!"

※ 팀별로 돌아가면서 진행한다.

👍 클로징 멘트

"여러분 어떠셨나요? 내가 기존에 인식했던 컬러와 다른 컬러를 말하거나 두 가지의 컬러를 분리해서, 말함과 동시에 컵을 든다는 것이 쉽지는 않으셨죠? 평소에 생각하던 대로 말하는 것은 쉽지만, 다르게 말하는 것은 매우 어렵습니다. 그런데 다행인 것은 계속 반복했을 때 점점 쉬워지는 것을 느꼈다는 것입니다. 처음에는 어렵겠지만 실생활에서도 꾸준하게 반복한다면 우리의 고정관념과 편견에서 벗어나 자유로운 사고를 할 수 있게 될 것입니다."

📋 이럴 땐 이렇게

1) 프로그램의 난이도를 조절하고 싶다면?

[1단계]

조금 쉽게 진행하고 싶다면 화면을 보고 정답을 외칠 시간을 "하나, 둘, 셋!" 3박자 정도 충분히 주면서 진행한다. 반대로 더 어렵게 진행하고 싶다면 정답 외칠 시간을 최대한 짧게 주도록 한다.

[3단계]

돌아가면서 컬러를 외치는 타이밍(속도)을 빠르게 혹은 느리게 조절하면서 진행한다.

2) 1단계 프로그램을 다양하게 진행하고 싶다면?

화면 전체 배경에 하나의 컬러로 채우고, 그 화면 안에 글씨를 적은 다

음 배경색을 외치도록 진행한다. (분홍: 노랑/ 빨강: 파랑/ 파랑: 초록)

3) 적은 인원으로 진행하고 싶다면?

[1단계]

팀별로 돌아가면서 함께 정답을 외치는 것이 아니라, 개인별로 연속된 문제를 풀면서 틀리지 않고 몇 번을 맞히는지 기록해 가장 많은 단계를 통과한 사람에게 점수를 부여하는 방법으로 진행한다.

[2단계]

팀별 대표를 뽑아 대결할 필요 없이 개인전으로 먼저 컬러판을 정확히 드는 사람이 승리하는 방법으로 진행한다. 토너먼트 방식으로 최종 1인을 뽑아도 좋다.

[3단계]

팀별로 돌아가면서 하나씩 외치는 것이 아니라 1:1 대결을 하여 둘 중 한 명이 틀릴 때까지 하는 방법으로 진행한다. 또는 토너먼트 방식으로 최종 1인을 뽑아도 좋다.

꿀Tip

1) 3단계 진행 중 하나의 컵을 여러 가지 이름으로 말할 때

3단계를 진행하다 보면 하나의 컵을 여러 가지 이름으로 말하는 경우가 발생한다. 예를 들면 초록색 컵을 '초록', '녹색', '그린' 등등 여러 이름으로 부를 가능성이 높다. 이렇게 되면 프로그램의 진행이 원활하지 않게 된다. 이를 막기 위해 프로그램 시작 전, 미리 교육생들과 함께 컬러 이름을 정하고 시작하는 것이 좋다.

2) 다른 팀이 프로그램을 진행할 때 집중하도록 하고 싶을 때

다른 팀이 진행할 때 본인 팀원끼리 연습하는 상황이 벌어질 수 있다. 이렇게 되면 집중도가 떨어지고 형평성에도 어긋난다. 게임을 진행하지 않는 나머지 팀은 컵을 모두 중앙에 쌓아둔다. 컵을 터치하는 팀은 감점이라고 언급하면 좋다.

3) 프로그램 진행하는 모습을 다 함께 보고 싶을 때

다른 팀이 프로그램을 진행하는 모습을 실시간으로 큰 화면에 공유할 수 있게, 휴대폰 카메라와 노트북을 연결하여 스크린에 중계하는 방법이 있다. 만약 이것이 어렵다면 팀별로 나눠준 컵을 멀리서도 볼 수 있도록 큰 사이즈의 컵을 사용하는 것이 좋다.

4) 3단계 프로그램의 점수를 다른 방법으로 주고 싶을 때

한 바퀴 돌 때마다 점수를 부여하는 방식이 아니라, 제한된 시간 안에 가장 많은 단계를 연속해서 통과하는 팀에게 점수를 줄 수도 있다.
ex) 1분 안에 6명이 연속으로 틀리지 않고 말했다면 600점

핑거플레이
이기려고만 하는 뇌 이기려고만 하는 나

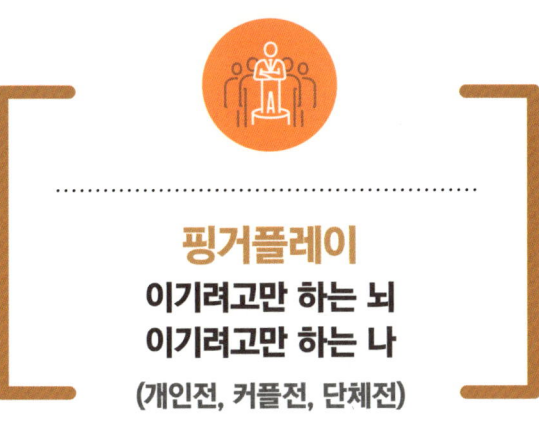

핑거플레이
이기려고만 하는 뇌
이기려고만 하는 나
(개인전, 커플전, 단체전)

🖉 가장 강력한 라이벌

누구나 살아가면서 이루고 싶은 목표 한두 개쯤은 가지고 있을 것이다. 물론 목표를 세울 때 이에 도달하기 위한 목표의 내용이 무엇인가는 매우 중요한 사항이다. 그런데 그보다 중요한 것은 목표를 끝내 달성했는가 아닌가의 여부다. 이러한 점을 고려한다면 목표 달성에 결정적인 영향을 주는 요소는 무엇일까? 얼마 전 원격평생교육기관인 '에듀윌'에서 흥미로운 조사를 실시했었다. '합격에 꼭 필요한 요소가 무엇이냐'는 물음에 대해 공무원 시험을 준비하는 수험생들과 합격생들은 저마다 다른 요소를 답으로 내놓았다고 한다.

초시생들과 수험생, 합격생들이 합격에 영향을 미치는 요소에 대해 각각 다르게 생각하는 것을 알 수 있었다. 초시생의 경우 공무원 합격에 꼭 필요한 요소로 41%가 강사, 인지도(브랜드)를 28%로 손꼽았다. 반면 6개월 이상 공무원시험 공부를 한 수험생은 41%가 자기 자신과의 싸움, 33%가 절대적 학습량을 꼽았다. 합격생은 무려 74%가 자기 자신과의 싸움을, 17%가 절대적 학습량을 꼽았다는 것이다.

(스포츠동아, 2018-07-04, 이수진 기자)

이러한 결과를 살펴봤을 때 결국, 목표를 이룬 합격생들은 '자기 자신과의 싸움'을 가장 중요한 요소로 생각했음을 확인할 수가 있다.

필자 역시 새벽 수영에 도전했을 때 앞의 조사 결과와 비슷한 생각을 한 적이 있었다. 수영을 배우려 스포츠센터에 등록하기 전에는 '어떤 수영장을 다닐까? 스포츠센터의 전체적인 분위기는 괜찮을까? 이왕이면 강사는 유명한 사람이 좋겠어.' 등등 외부적인 요소가 중요하다 싶었다. 그래서 이러한 것들을 까다롭게 따져본 후, 스포츠센터에 등록했었다. 그러나 정작 등록을 하고 수영을 배우러 가기 위한 첫날, 더 중요한 것을 깨달았다. 이른 새벽 스포츠 센터에 가기 위해 침대에서 눈을 뜨는 순간부터 나와의 싸움이 시작되었던 것이다. 아직 덜 깬 정신으로 몸을 일으키면서 '다시 누울까? 그냥 오늘은 가지 말고, 내일부터 시작할까?' 같은 생각들이 밀려왔기 때문이다. 진정 중요한 것은 시설이 좋은 수영장이나 유능한 강사가 아니라 '자기 자신과의 싸움'에서 이겨야 한다는 것을 깨닫는 순간이었다. 커다란 도전은 아니었지만 새벽 수영을 꾸준히 다니면서 바로 '나 자신과의 싸움'에서 이기는 방법을 터득할 수 있었다.

우리는 흔히 경쟁자라는 말을 들으면 '내'가 아닌 '남'을 먼저 떠올리곤 한다. 그래서 상대방과 경쟁에서 이기려 하고, 결과적으로 이겼을 때 '위대한 승리'라는 커다란 의미를 부여한다. 그러나 우리는 살아가면서 진정한 승리는 남을 이기는 것이 아니라 '나'를 이겨내야 한다는 것을 순간순간 확인하게 된다. 작게는 아침 운동을 위해 일어나는 것, 시험이나 대회를 준비하는 것에서부터 병마와 싸우고 있는 환자들에게도 가장 필요한 것은 '본인과의 싸움에서 이기려는 마음, 극복하려는 의지'인 것이다. 남다른 기록을 가진 세계적인 스포츠 선수들도 진정한 라이벌은 옆에 있는 선수가 아니라 '자신의 기록, 나와의 싸움'이라고 입을 모은다. 한국 피겨스케이팅의 새로운 역사를 썼던 김연아 선수 또한 "내가 극복하고 이겨야 할 대상은 다른 누군가가 아니라 내 안에 존재하는 또 다른 나인 것이다."라는 인터뷰를 한 적이 있다.

 반드시 나를 이겨야만 다른 대상을 이길 수 있다면, 나를 이기는 것이 개인적인 영역에만 필요한 요소일 수는 없다. 개개인이 모여 만들어진 조직이야말로 더욱 필요한 요소라 할 수 있겠다. 한 조직의 힘은 개인이 모여 이룬 합에서 나오게 된다. 자기관리가 철저한 리더가 이끄는 조직은 그렇지 못한 조직과 모든 면에서 차이를 보일 수밖에 없다. 이에 세계적으로 성공한 기업인들 모두 '자신과의 싸움에서 이기는 것'을 가장 중요한 성공 요소라 말한다. 이것은 구성원의 입장에서도 마찬가지이다. 자기와의 싸움에서 이길 수 있는 구성원이 모인 집단이라면 어떤 일의 성과든 좋게 나오게 되어있다. 즉, 리더의 영역이든 개인적인 영역이든 자기 자신과 싸워 이기는 힘은 영역에 상관없이 반드시 필요함은 두말할 필요가 없는 것이다.

 아무것도 발명하지 않고 세상을 바꿨다는 찬사를 듣고 있는 애플의 창립자 스티브 잡스는 그의 창조적인 성과의 가장 큰 힘을 "단순함, 그리고 나에게로의 집중"이라고 말했다. 그에게는 다른 회사의 새로 출시될 신제품이 경쟁 상대가 아니었다. 스티브 잡스가 이끄는 애플이 넘어야 할 산은 단순히 기술적인 스펙이 아니라, 오직 애플만의 정체성에 집중하여 세계를 놀라게 하는 혁신적인 제품들을 지속적으로 만들어내는 것이었다. 이러한 혁신의 원동력이야말로 '나에게로의 집중' 즉, 나를 이기는 힘이라고 하겠다.

 '핑거플레이'는 자기 자신과의 싸움을 재미있는 활동을 통해 미리 연습해보면서 느끼고 생각해볼 수 있도록 구성된 교육 프로그램이다.

핑거플레이

이기려고만 하는 뇌! 이기려고만 하는 나!

〈핑거플레이〉는 가위바위보를 3단계로 진행한다. 1단계에서는 상대를 이겨야 하고, 2단계에서는 상대에게 져야 하고, 3단계에서는 나에게 이겨야 승리하는 프로그램이다. 진정한 승리를 위해서는 상대가 아닌 '내 속의 나'부터 이겨야 한다는 것을 핑거플레이를 통해 배울 수 있다.

준비사항 두 손

요 약
① 진행자에게 '이기는' 가위바위보를 한다.
② 진행자가 내는 것을 보고 '지는' 가위바위보를 한다.
③ 나의 오른손이 왼손에게 이기는 가위바위보를 한다.
④ 끝까지 살아남는 사람에게 점수를 준다.

진행 방법

[1단계 가위바위보]

1) 진행자와 참가자 전원이 가위바위보 대결을 한다.

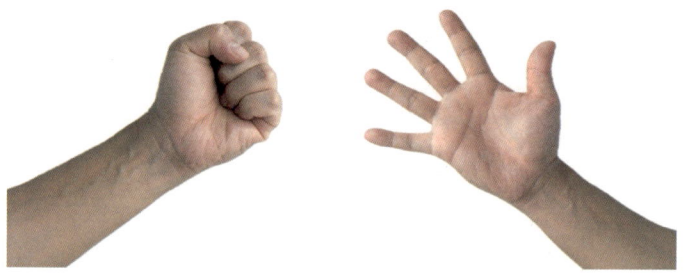

"여러분 지금부터 저와 가위바위보 대결을 해보겠습니다. 저를 이기는 최종 한 분에게 보너스 점수를 드리겠습니다. 이제 마음의 준비 되셨지요? 오른손 들어주세요. 대결을 시작하겠습니다. 가위바위보! (진행자가 바위를 냈을 때) 보만 남아주시고, 가위와 바위를 내신 분은 손을 내려주세요. 이런 방식으로 진행됩니다. 지금부터 본격적으로 대결하겠습니다."

※ 대결을 진행한다.

"이제 열 분 정도 남았습니다. 남아있는 분들 자리에서 일어나보도록 하겠습니다. 여러분! 응원의 박수 한번 보내주세요. 대결을 계속 진행하겠습니다! 가위바위보! (진행자가 보를 냈을 때) 가위 내신 분은 남고, 바위와 보를 내신 분들은 내려주세요. 최종적으로 이기신 OO 님에게 점수 100점 드립니다. OO 님 축하드립니다. 여러분, 축하의 박수 부탁드립니다."

※ 한 명이 남을 때까지 반복한다.

2) 1단계 가위바위보에 대한 설명을 한다.

"가위바위보를 해봤는데 아주 적극적인 분들이 많이 계셨습니다. 가위를 내시고는 나도 모르게 바위로 바꾸려는 분들이나 바위를 내고 가위로 바꾸려는 분들이 계셨는데, 왜 그럴까요? 우리가 어릴 때부터 이기려는 승부에 집착해왔기 때문입니다. 이런 분을 보셨더라도 너그러운 마음으로 이해해주세요. 그분도 그러고 싶어서 하는 행동은 아닐 거예요. 이처럼 우리는 늘 이겨야 한다는 생각에 내 안에 또 다른 나를 만날 때가 있죠. 이제 그런 분들을 위해서 져야 이기는 '지는 가위바위보'를 해보겠습니다."

[2단계 가위바위보]

1) 2단계 방법을 설명한다.

"이번에는 다른 방법의 가위바위보를 하겠습니다. 제가 내는 것을 본 후, 지는 것을 내야 살아남을 수 있습니다."

2) 연습을 통해 방법을 인지시킨다.

"연습 한번 해보겠습니다. 머리 위로 손 들고 다 함께 가위바위보! 보! 아직 이해를 못하신 분이 계시네요. '가위바위보'라고 외친 후, 한 번 더 '보'를 말할 때 앞에 있는 진행자에게 져야 승리하는 겁니다. 다시 정리해드리겠습니다.

가위, 바위, 보(1), 보(2). 첫 번째 보(1)에서는 제가 가위바위보를 먼저 냅니다. 두 번째 보(2)에서는 제가 낸 것을 보고, 여러분이 가위바위보 중 하나를 선택해 지면 됩니다."

3) 프로그램을 진행한다.

"모두 이해하셨죠? 이제 지는 가위바위보를 시작하겠습니다. 모두 손을 높이 들고, 시작하겠습니다. 가위바위보, 보! (진행자가 바위를 냈을 때) 보, 바위는 내려주시고. 가위만 남겠습니다. 대결을 계속 진행합니다. 가위바위보, 보! (진행자가 가위를 냈을 때) 바위, 가위는 내리고, 보만 남습니다. 열 분 정도 남았네요. 살아남은 분은 자리에서 일어나주세요. 최종 한 분께는 100점을 드리겠습니다."

※ 최종 한 명이 남을 때까지 진행한다.

4) 2단계 가위바위보에 대한 설명을 한다.

 "지는 가위바위보를 해보니 어떠셨나요? 먼저 낸 것을 보고 내는 거니까 쉬울 거라 생각하셨겠지만, 생각처럼 되지는 않고, '이기는 가위바위보'보다 어려웠죠? 성격 나오는 분도 계셨는데, 왜 그랬을까요? 져야 이긴다고 했지만 우리는 늘 이겨야 한다는 생각에 자신도 모르게 평소처럼 '이기는 가위바위보'를 내는 거죠. 우리가 의식은 하고 있지만 행동으로 옮기기가 쉽지 않았을 겁니다. 그렇다면 진짜 이겨야 하는 대상은 누구일까요? 바로 나 자신입니다. 남을 이기기에 앞서 먼저 나 자신을 이기는 것이 중요합니다. 여러분은 얼마나 자신을 이겨낼 수 있는지, 3단계 '나에게 이기는 가위바위보'를 통해 알아보겠습니다."

[3단계 가위바위보]

1) 3단계 방법을 설명한다.

 "이번에는 나를 이기는 가위바위보입니다. 여러분 내 속에는 또 다른 내가 살고 있지는 않습니까? 아침부터 저녁까지 늘 또 다른 나를 만나게 되는 것입니다. 아침에 일어날 때 '일어나야 돼, 출근은 해야지!'라고 하는 나와 '10분만 더 잘래.'라고 하는 다른 내가 존재합니다. 퇴근 후에도 '건강이 최고야! 운동하러 가자! 건강 챙겨야지.' 하는 내가 있다면, 또 다른 나는 '혈액순환에는 술이 최고지, 운동은 무슨! 소주나 한잔하러 가자.'라며 싸우게 됩니다. 자, 나를 이기는 가위바위보를 위해 손을 정해보도록 하겠습니다. 긍정적이고 착한 나는 오른손이라고 하겠습니다. 부정적이고 나쁜 나는 왼손입니다. 오른손은 뭐라고 했죠? 착한 나! 왼손은 무엇이었죠? 나쁜 나! 여기서 착한 내가 나쁜 나를 이겨야 하므로 오른손이 왼손을 이겨야 합니다."

2) 연습을 통해 방법을 인지시킨다.

"양손을 들어주세요. 이번에는 가위바위보 구령에 맞춰서 동시에 내야 합니다. 이때 '착한 나'인 오른손이 '나쁜 나'인 왼손을 이겨야 한다는 것, 잊지 않으셨죠? 한번 해보겠습니다. 왼손이 보를 내면 오른손은 가위! 왼손이 가위를 내면 오른손은 바위! 왼손이 바위를 내면 오른손은 보를 내는 것입니다. 벌써 짜증 난다는 분이 계시는데 아직 포기하기에는 이릅니다. 그러면 여러분 편하시도록 오른손을 기준으로 가위-바위-보 순서대로 진행을 해보겠습니다. 오른손이 가위-바위-보를 내면 왼손은 차례대로 보-가위-바위를 내면 됩니다. 천천히 한번 해보겠습니다. '가위!' 왼손은 '보'를 내야 합니다. '바위!' 왼손은 '가위'입니다. '보!' 왼손은 '바위'가 맞습니다. 자신의 양손을 보면서 천천히 다시 해보겠습니다. 원래 두 손을 동시에 내야 하는데 지금 번갈아 내는 분들이 많이 보입니다. 양손을 사용하면서 이기고 진다는 것이 쉽지 않으실 겁니다. 그래서 지금부터 연습시간을 갖겠습니다. (2분 뒤) 연습해보셨나요? 한 번 더 반복해 보겠습니다. '가위!' 왼손은 '보!' '바위!' 왼손은 '가위… 보!' 왼손은 '바위'입니다. 아직도 내가 왜 이러는지 모르겠다는 분들 계신가요? 천천히 다시 해보겠습니다. 가위-바위-보!"

3) 프로그램을 진행한다.

"자, 지금부터 본격적으로 해보겠습니다. 너무 무리하면 손에 마비가 올 수 있습니다. 손 한번 풀어주시고요. 양손을 동시에 내시는 겁니다. 시작하겠습니다. 가위! 바위! 보! 탈락하시는 분들이 많으시네요. 남아있는 열

분, 자리에서 일어나주세요. 다시 진행합니다. 가위! 바위! 보! 마지막 세 분이 남으셨습니다. 나를 가장 잘 이기는 분은 누가 될까요? 가위! 바위! 보! ○○님 축하합니다. 점수 200점을 드립니다."

👍 클로징 멘트

"여러분, 오늘 해보신 '가위바위보' 대결, 어떠셨나요? 나를 이기는 것이 이렇게 어려운지 모르셨을 것입니다. 어떻게 해야 하는지, 방법은 아는데 행동으로 옮긴다는 것이 쉽지 않았을 겁니다. 지금까지 살아오면서 자신을 이겨야 할 때가 많았는데, '왜 이렇게 힘들지.'라는 생각이 드는 것은 당연합니다. 그렇다면 '가위바위보'조차 어려운데 자신의 삶을 바꾸는 도전은 당연히 더 어려울 수밖에 없겠지요. 하지만 이런 '가위바위보'도 처음에는 어려웠지만 반복하다 보니 조금은 쉬워졌던 것처럼, 나를 이긴다는 것은 순간에 결정되는 것이 아니라 계속된 반복으로 결정된다고 볼 수 있겠습니다. 오늘의 '핑거플레이'를 통해 여러 대결을 해보았습니다. 진짜 이긴다는 말의 의미는 남을 이기는 것이 아닌 '나를 이기는 것'임을 반드시 기억해야 할 것입니다."

📋 이럴 땐 이렇게

1) 만약 인원수가 적다면

프로그램이 너무 빨리 끝날 수 있기 때문에, 이기거나(1단계) 지는(2단계) 사람 외에 비기는 사람들도 생존으로 처리할 수 있다.

2) 만약 대상자의 연령이 높다면

게임의 속도를 천천히 진행한다. 예를 들면 가위바위보를 하고 나서 한 템포 쉬었다가 '보'를 하는 것이다. 이렇게 대상을 고려해서 진행할 때 참여율이 높아진다.

3) 만약 진행 중 탈락자가 없다면

진행 속도를 빠르게 해 어렵게 만든다.

4) 만약 승부가 결정되지 않는다면

남아있는 모든 사람에게 점수를 부여한다.

 **꿀Tip**

1) 3단계 '나를 이기는 가위바위보'에서 진행자가 시범을 보여주고 싶을 때 뒤로 돌아서서 교육생의 손 위치와 같은 방향에서 보여주도록 한다.

스크린을 흰색으로 만들고(키보드 영문 W버튼) 빔의 조명을 받으면서 시범을 보여주면 좋다.

2) 공정하게 진행하고 싶을 때

10명 미만이 남을 경우 일어나서 대결을 진행하면 좋다.

3) 결승전 경기에 모두를 집중시키고 싶을 때

2~3명이 남았을 경우 앞으로 나와 등을 맞대고 진행하면 좋다.

Eduplay 실전대본

2

커뮤니케이션
Communication

Part 2 Communication

KEPA카드 공감편
내 마음을 맞혀봐

메이즈톡
소통의 눈높이를 맞춰라

뷰포인트
내가 아닌 상대방의 시각으로 바라보라

브레인헤르츠
뇌의 주파수를 맞춰라

블라인드리스닝
너에게 나를 맡긴다

카운트톡
꼰대가 되지 않는 법 '경청 경청 또 경청'

KEPA카드 공감편
내 마음을 맞혀봐

KEPA카드 공감편
내 마음을 맞혀봐
(팀전)

📝 공감 스위치를 켜라

　세일즈를 하는 두 남자의 경우를 보자. 여자 친구가 회사에서 속상한 일을 겪어 눈물 흘릴 때, 함께 직장 상사를 욕해주는 남자와 여자들은 조직생활을 안 해봐서 문제라며 군대를 갔다 와야 한다는 남자. 이때 두 남자 중에서 누구의 영업 실적이 더 좋겠는가? 아마 여자 친구의 감정에 공감해 주는 남자의 성과가 더 좋을 것이다. 왜냐하면, 누군가를 설득해야 하는 세일즈의 세계에서 '공감'은 반드시 갖추어야 할 능력이기 때문이다.

　설득은 '머리에서 시작해 가슴으로 끝난다'고 한다. 그만큼 이성적인 설득도 중요하지만 결국에는 감성적인 설득이 되지 못하면 성공할 수 없다는 의미이다. 흔히 일반적인 인간관계에서 이성적으로는 이해하지만, 감성적으로 확실한 느낌을 받지 못할 때 '이해는 되지만, 용서가 안 돼!', '사람은 좋지만, 별로 안 끌려.'라는 말을 종종 한다. 이는 물건을 구입할 때도 마찬가지다. '좋은 상품인 것은 알겠는데, 음… 확 끌리지가 않아.'라는 말 역시 감성적으로 그 물건에 끌리지 않는 것이다. 결국 상대방의 마음을 움직여야 하는 세일즈 영역에서는 감성적인 부분을 반드시 건드려줘야 한다. 이때 감성까지 움직이게 하는 필수요소가 바로 '공감'이다. 사람은 자신과 비슷한 사람에게 동질감을 느끼고 호감을 갖는다. '마음이 서로 통한다',

'무슨 일이라도 털어놓고 말할 수 있다', '말한 것이 충분히 이해된다', '나를 완벽하게 이해해주고 있다'라는 생각이 든다면, 두 사람 사이에는 공감적인 인간관계가 형성된 것이다. 이것을 심리학 용어로 라포(Rapport)라고 한다.

보험업계에는 '고아 고객'이라는 말이 있다. 부모를 잃은 고아처럼, 보험을 계약시켰던 담당자가 퇴직하여 담당자가 사라진 고객을 부르는 용어이다. 처음 계약 당시, 보험설계사를 믿고 계약서에 서명을 한 고객으로서는 결코 유쾌한 일은 아니다. 이렇게 담당자가 사라지면 새로운 담당자가 배정되는데, 그 담당자는 고객에게 전화를 걸어 자초지종을 설명한다. 이때 다짜고짜 다음과 같이 말하는 담당자가 있다고 생각해보자.

"고객님, 고객님 담당자가 회사를 그만둬서요. 앞으로는 제가 담당하게 되었습니다. 무슨 일이 생기면 연락 주세요." 이런 식의 말을 듣고 기분 좋을 고객은 단 한 명도 없다. 황당하고 서운한 감정에 보험마저 해약할 생각을 할 것이다. 이럴 경우, 이렇게 먼저 말을 건네야 한다. 이때 새 담당자는 반드시 고객의 감정을 헤아린다는 것을 보여줘야 한다.

"고객님, 안녕하세요. OO보험 최공감입니다. 다름이 아니라, 제가 고객님의 새 담당자로 배정되었기에 인사차 연락드렸습니다. 담당자가 갑자기 바뀌어서 매우 당황스러우셨죠? 그럼에도 불구하고 저희 OO보험을 계속 유지해주셔서 회사를 대신해 감사드립니다. 사실은 저도 예전에 다른 회사 보험을 가지고 있었는데, 설계사가 갑자기 그만둬서 고객님과 비슷한 경험을 한 적이 있었습니다. 처음에는 아무 말 없이 갑자기 그만둔 그 설계사에게 서운함도 느끼고, 남겨진 보험을 어떻게 해야 하나 고민도 했었죠. 지금 고객님의 마음 또한 그렇지 않을까 싶습니다. 고객님 마음을 제가 잘 알고 있으니 더욱 신경 써서 고객님을 챙기겠습니다."

이러한 말을 듣고 보험을 해약하겠다는 고객은 많지 않을 것이다. 이렇듯 고객과의 커뮤니케이션에서 '공감'은 매우 중요하다. 그런데 고객과의 커뮤니케이션뿐만 아니라 가장 가까운 사람과의 커뮤니케이션에서도 공감은 반드시 필요하다.

✏️ 친구야 같이 가자

30여 년간 우정을 이어온 5명의 여고 동창생은 오랜 세월을 만났지만 한 번도 함께 여행을 가보지 못했다. 그래서 이번만은 함께 떠나자며 적금을 들어 여행비용을 마련하고 있었다. 어느덧 5명의 여행비용이 모이고 여행지를 정하는 날이 되었다. 여행이란 단어에도 설렘을 느끼며 모두 흥분하기 시작했다. 여행이란 말이 나오자마자 지민이는 "여행은 시간도 돈도 아까우니 일정을 **빡빡하게 짜야 해**."라고 단호하게 말했다. 그러자 미영이가 "얘는, 무슨 소리야! 여행은 조용한 곳에서 편안하게 쉬다 오는 거지."라며 반박을 했다. 두 사람의 생각은 좀처럼 좁혀지지 않았다. 그 모습에 다른 친구들은 누구 편도 들지 못하고 있었다. 두 친구가 서로의 상황을 잘 모르며 다투는 중이라 이렇게 계속 끌면 안 되겠다 싶어 내가 나섰다.

먼저 지민이에게 미영이의 상황을 설명했다. "미영이가 자궁암 3기 진단을 받고 얼마 전 수술을 한 상태야. 현재 호전되고는 있지만 강행군하는 여행은 무리라고 봐." 이 말을 들은 지민이는 미영이에게 자기 생각만 했다며 미안해했다. 그리고 미영이에게도 지민이의 상황을 이야기해주었다. "지민이가 시부모님을 모시고 살다 보니 여행할 기회가 거의 없었어. 그래서 이번 여행 때 최대한 많은 곳을 가보고 싶었대." 미영이 역시 자기의 아픔만을 생각했다며 지민에게 사과를 했다.

이렇게 서로의 입장을 공감한 후, 그들은 '여고 동창생 5명이 함께 떠나는 여행'에 의미를 두고 편안한 마음으로 여행 계획을 세웠다. 여행지는 시간을 효율적으로 사용할 수 있는 가까운 곳으로 정하고, 지민이와 미영이의 입장을 고려하여 스케줄을 짰다. 3박 4일 동안의 여행 중 하루는 관광을 하고 하루는 호텔에서 쉬면서 주변의 맛집을 탐방하기로 했다. 서로의 입장을 이해하고 보니 더욱 즐거운 여행을 할 수 있었다. 중요한 것은 함께 한 오랜 시간보다 서로 공감하고 배려하는 마음으로 그들의 우정은 더욱 깊어질 수 있었다.

🖉 컴플레인 소화기

직장 내에서도 공감은 중요한 역할을 한다. 필자가 외식기업의 한 점포에서 매니저로 근무했을 때의 일이다. 본사에서 개선된 영업시스템을 도입했는데, 그 과정에서 실제로 본사와 점포 간에 마찰을 빚는 사건이 생겼다. 기존에는 각 점포의 식재발주 기한이 입고일 하루 전 17시였으나 새로운 영업시스템에 의해 입고일 이틀 전 17시에 식재발주가 마감되었다. 즉, 기존 시스템에서 목요일 영업에 필요한 식재를 받으려면, 하루 전인 수요일 17시까지 발주가 가능했으나, 새 시스템은 이틀 전인 화요일 17시까지 발주를 마쳐야 했다. 그렇기 때문에 새로운 시스템이 적용되던 날, 각 점포는 이틀치의 식재 사용량을 예측해 미리 발주해야 했다. 하지만 당시 본사의 업무방식은 늘 '급하게'와 '갑자기'였다. 새로운 시스템을 '내일 갑자기' 적용하고, '오늘 갑자기' 공지를 하는 악습 때문에, 이때도 역시 전국 수백 개의 점포는 대혼란 상태였다. 스테이크에 필요한 소고기가 부족하거나 샐러드

용 드레싱이 입고되지 않았으며, 커피 머신의 우유가 바닥났지만, 그마저도 배송받을 수 없었다. 갑작스럽게 공지된 시스템 변경으로 식재 발주를 제때 못했기 때문이었다.

갑자기 마음을 바꾸는 특정 임원과, 급하게 업무를 처리하는 본사의 조직문화가 고객을 직접 대하는 점포에 업무적인 차질을 빚게 만든 것이다. 결국, 내가 근무했던 점포 역시 혼란 속에서 메뉴 품절, 고객 대기시간 지연, 컴플레인 등이 발생했다. 화가 머리끝까지 올라 이 사태에 대한 책임을 물으려 본사에 전화를 걸었다. 그런데 전화를 받은 담당자의 태도에 당황했다.

"죄송해요, 매니저님. 오늘 점포 상황이 너무도 혼란스러우시죠? 얼마나 바쁘고 정신없으실지 상상도 안 됩니다. 저였으면 벌써 점포 밖으로 도망쳤을 거예요. 본사로서 점포 영업에 도움을 드리지는 못할망정, 이렇게 폐를 끼쳐서 너무나 죄송합니다."

씩씩거리며 전화를 걸었던 나였지만, 막상 이렇게 말하는 담당자에게 뭐라 쏘아붙일 말이 생각나지 않았다.

"하… 또 그렇게 말씀을 하시니, 저도 더 드릴 말씀이 없네요. 지금 점포가 난리도 아니거든요. 여기저기 계속해서 컴플레인이 발생하고 있어요. 이렇게 현장 상황도 고려하지 않고 갑자기 시스템을 바꾸면, 고객님들을 직접 상대하는 저희는 너무 힘들어요."

"네, 그럼요. 맞는 말씀이십니다. 본사가 미리 의사결정을 받아서 공지했어야 했는데, 아시다시피 위에서 결정된 내용이 여러 번 번복되다 보니 이런 상황까지 발생하게 되었네요. 제가 담당자로서 사과드립니다."

"하긴… 최 과장님도 힘드시겠어요…. 담당자라고 오늘 전국 점포의 컴플레인 전화를 혼자서 다 받으셨겠네요."

참으로 신기한 일이 벌어졌다. 씩씩대던 나는 어느샌가 수그러들었고 오히려 본사 담당자를 위로하고 있었던 것이다.

이처럼 커뮤니케이션의 방법에 따라 문제가 더 커지기도 하고 최소화되기도 한다. 커뮤니케이션의 달인은 말을 잘하는 것이 아니라 공감을 잘하는 사람인 것이다.

지금부터 'KEPA카드 공감편'을 통해 자신의 공감력을 확인해보자.

KEPA카드 공감편

내 마음을 맞혀봐

〈KEPA카드 공감편〉은 그림카드를 이용해 공감 미션을 수행하는 프로그램이다. 1단계에서는 진행자가 보여주는 몇 장의 그림카드로 주제를 맞혀야 하며, 2단계에서는 진행자가 정한 주제에 맞게 그림카드를 찾아야 한다. 이번 프로그램을 통해 나의 공감력을 테스트해보고 공감지수를 높일 수 있다.

준비사항
① KEPA카드
② 말판
③ 봉투
④ 포스트잇
⑤ 펜
⑥ 빔프로젝트, 노트북
⑦ 휴대전화
⑧ 초시계

요 약
① 1단계에서는 진행자가 제시한 네 장의 그림카드를 보고, 팀원들과 상의하여 공감 단어를 맞혀야 한다.
② 2단계에서는 진행자가 제시한 주제에 맞는 카드를 각자 한 장씩 고르고, 왜 그 카드를 골랐는지 이유를 설명한다.
③ 팀원들의 공감을 가장 많이 얻은 카드를 대표 카드로 선정하고, 진행자의 카드와 일치한 팀이 점수를 획득한다.
④ 각 팀 대표가 공감스피치를 실시하고, 가장 공감을 많이 얻는 팀이 추가 점수를 획득한다.

진행 방법

[1단계 KEPA카드 공감편]
1) 프로그램을 설명한다
  ※ 6인으로 구성된 6개 팀 기준으로 설명

"지금부터 여러분의 공감력을 테스트해볼 것입니다. 본 프로그램은 1단계와 2단계로 진행됩니다. 1단계는 진행자가 키워드를 머릿속으로 정하고, 그 키워드를 맞힐 수 있도록 관련이 있는 카드를 보여드릴 겁니다. 그러면 여러분은 카드만 보고 키워드를 맞혀야 합니다. 2단계는 먼저 팀별로 그림카드 35장씩 (카드 총 70장) 나눠드립니다. 그다음 진행자가 정한 제목에 가장 잘 어울린다 생각되는 카드를 팀별로 1장씩 선택합니다. 이때 팀원들은 자신의 카드 중 제목과 가장 어울리는 것을 공감스피치를 통해 논의합니다. 논의 후 제목에 가장 잘 맞는 카드 한 장을 선택하여 다른 팀이 보지 못하도록 봉투에 넣어서 진행자에게 주시면 됩니다. 이때 진행자는 자신이 선택한 카드도 함께 섞어 화면에 보여드릴 텐데요, 여러분께서 맞힐 카드는 진행자가 선택한 카드입니다. 팀별로 의논하여 진행자의 카드라고 생각되는 번호를 포스트잇에 써서 제출해주시면 됩니다. 여러분이 진행자의 카드를 맞히면 300점, 못 맞히면 점수는 없습니다. 여기서 여러분이 제출한 카드에 다른 팀이 투표하면 표를 받게 된 팀은 한 표당 100점씩의 점수를 가져가게 됩니다.

만약 여러분이 진행자가 제출한 카드에 투표를 한 표라도 하면 진행자는 300점의 점수를 받게 됩니다. 단, 진행자는 2표 이상을 받더라도 300점만 인정됩니다. 표가 없으면 진행자 점수도 없습니다. 여기서 전략이 매우 중요합니다. 가장 좋은 방법은 여러분의 팀이 진행할 때 다른 팀이 골고루 투표하도록 해야 합니다. 그렇다고 그 카드 이미지와 너무 어울리지 않는 제목을 말하면 진행 팀으로서 한 표도 얻지 못할 수도 있습니다."

2) 팀별 임무 정하기 (팀장, 배송, 작성, 촬영/전송, 카드, 공감)

"그럼 팀별 각자의 임무를 정하겠습니다. 모두 오른손을 들어주시고요. 하나, 둘, 셋! 하면 우리 팀에서 가장 공감력이 뛰어나 보이는 분을 가리키며 '공감마스터!'라고 외칩니다. 서로 얼굴 쳐다보신 후, 하나, 둘, 셋! '공감마스터!' 뽑히신 분은 손을 들어주세요. 네, 이 분이 우리 팀의 공감마스터, 바로 팀장님입니다. 박수 주세요. 이분들은 회의 진행과 팀원 통제 그리고 발표를 하게 됩니다. 팀장님의 오른쪽에 계신 분, 손 들어주세요. 이분들은 '배송 담당'(카드, 포스트잇)입니다. 배송 담당은 카드와 포스트잇을 제출하는 담당으로 오늘 제일 바쁜 분들입니다.

팀장님의 오른쪽 두 번째 계신 분, 손 들어주세요. 이분들이 '작성 담당(제목, 번호)'입니다. 이분들은 본인 팀 진행 시 제목을 쓰고, 본인 팀이 참여할 때는 번호를 쓸 것입니다. 오른쪽 세 번째 계신 분, 손 들어주세요. 이분들은 '촬영/전송 담당'입니다. 촬영/전송 담당들은 우리 팀이 진행할 때 다른 팀이 제출한 카드를 나눠드린 용지에 올려서 사진 촬영 후 강사에게 전송해주는 역할입니다. 팀장님의 통제를 잘 따라주시면 되겠습니다.

오른쪽 네 번째 계신 분, 손 들어주세요. 이분들은 '카드 담당'(카드 수령, 반납)입니다. 카드 담당은 11장의 카드를 강사에게 받고 반납하는 일을 합니다. 카드는 이분들 담당이니 끝까지 책임져야 합니다. 마지막 오른쪽 다섯 번째 계신 분, 손 들어주세요. 마지막 이분들은 너무나 중요한 역할입니다. 바로 우리 팀의 '공감 담당'입니다. 누군가 이야기할 때 이분들이 공감되는 리액션을 해주셔서 우리 팀의 공감 분위기를 이끌어주시면 됩니다. 자~ 그럼 시작하겠습니다."

3) 1단계 프로그램을 진행한다.

"총 70장의 카드 중에서 진행자가 선택한 카드 4장을 스크린으로 보여드립니다. 각 팀은 4장의 카드를 보고, 연상되는 단어를 화면에 있는 진행자의 카톡 아이디로 '전송 담당'이 보냅니다. (전송 담당자에게 미리 진행자의 카톡 아이디를 등록할 시간을 준다.) 한 팀당 단어를 한번에 3개씩 보낼 수 있습니다. 보내실 때 몇 팀인지 먼저 쓰고 단어 3개를 작성해주시면 되겠습니다. 예를 들어 '1팀: ○○, ○○, ○○○' 이렇게 쓰시면 됩니다. 시간은 2분을 드립니다. 진행자가 생각한 단어를 바로 맞히는 팀에게는 400점, 첫 번째 힌트 후 맞히면 300점, 두 번째 힌트 후 맞히면 200점을 받게 됩니다. 세 번째 힌트 후 맞히면 100점입니다. 자! 그럼 4장의 카드를 보여드리겠습니다. 4장의 카드를 보시고 어떤 단어가 연상되나요? 회사에서 일어나는 일을 생각하면 됩니다. 자, 이젠 팀별로 회의해주세요. 회의시간은 2분입니다."

©pixabay

(2분 후) "팀별로 3개씩 답을 보내주셨습니다. 그런데 진행자가 생각한 답은 아직 오지 않았습니다. 첫 번째 힌트를 드리겠습니다. '한 시간에 한 줄이라니'입니다. 다시 회의하시고, 정답일 것 같은 단어 3개씩 카톡으로 보내주세요. 정답을 맞힌 팀에게는 300점의 점수를 드리겠습니다. (2분의 회의시간 후) 아직 정답이 나오지 않았습니다. 그럼 두 번째 힌트를 드리겠습니다. 힌트는 '내일까지 제출해야 하는데 오늘도 야근이네.'입니다. 다시 회의하시고, 카톡으로 3개의 답을 보내주시기 바랍니다. (2분의 회의시간 후) 드디어 정답을 맞힌 팀이 나왔습니다. 1팀과 4팀에게 점수 200점씩 드리겠습니다. 아직 정답을 못 맞힌 팀을 위해 마지막 힌트 드립니다. 'ㅂ, ㄱ, ㅅ'입니다. 카톡 보내주세요. 네 모두 맞히셨습니다. 2팀, 3팀은 100점씩 가져갑니다. 정답은 '보고서'였습니다."

[2단계 KEPA카드 공감편]

1) 2단계 프로그램을 진행한다

 "2단계를 진행하겠습니다. '카드 담당'은 앞으로 나와 주세요. KEPA 카드 35장씩 드리겠습니다. 카드를 중앙에 펼쳐주시면 됩니다. 35장의 KEPA 카드를 보시고 진행자가 제목을 공개하면 제목에 맞는 카드 한 장을 각자 선택하시길 바랍니다. 그럼 제목을 공개합니다. 제목은? '회사생활 성공법칙'입니다. 각 팀원은 제목에 맞는 카드를 각각 한 장씩 뽑겠습니다. 카드 선택 시간은 1분입니다.

 (1분 뒤) 한 장씩 뽑으셨나요? 지금부터 공감마스터는 공감스피치를 진행해주십시오. 각 팀원은 왜 그 카드를 골랐는지 그 이유를 설명하시면 됩니다. 공감스피치는 한 명당 30초의 시간이 주어집니다. 어느덧 각 팀의 공감스피치가 마무리되었습니다. 공감마스터는 팀원이 선택한 사진을 한 줄로 정렬해주시길 바랍니다. 지금부터 각 팀원들은 주제에 가장 맞는 공감력을 이끌어낸 카드 한 장을 가리키면 됩니다. 준비되셨나요? 하나, 둘, 셋! 그럼 선택된 카드를 각 팀의 배송 담당자는 상대 팀이 보지 못하게 봉투에 넣어서 진행자인 저에게 제출하시면 됩니다. 자, 5개 팀의 카드를 모두 받았습니다. 잠시 후 스크린에 카드를 보여드리겠습니다. 그리고 진행자가 카드를 정렬하는 동안 공감마스터는 왜 우리 팀은 이 카드를 선택하게 되었는지 1분 공감스피치를 준비해주시길 바랍니다. 5장의 카드가 정리되었습니다. 지금부터 공개하겠습니다. 화면을 보세요.

 이제 여러분은 팀별로 어떤 카드가 진행자의 카드인지 포스트잇에 번호를 적어서 제출하시면 됩니다. 조건이 있습니다. 본인 팀의 카드에는 투표할 수 없습니다. 과연 '회사생활 성공법칙'에 어울리는 카드는 몇 번일까요? '작성 담당'들은 포스트잇 상단에 본인 팀을 OO팀이라고 써주시고 아래쪽에 투표할 카드번호를 써주시면 됩니다. '배송 담당'들은 그 포스트잇을 제출해주십시오. 5장의 포스트잇을 모두 받았습니다.

 그럼 스크린에 포스트잇을 붙여보겠습니다. 결과는 1번에 0표, 2번에 2표

(3, 5팀), 3번에 1표(2팀), 4번에 0표, 5번에 1표(4팀), 6번에 1표(1팀)입니다.

카드/팀	1번(4팀)	2번(1팀)	3번(진행자)	4번(2팀)	5번(3팀)	6번(5팀)
투표	0	3팀, 5팀	2팀	0	4팀	1팀
점수	0	1팀 200점	2팀 300점 진행자 300점	0	3팀 100점	5팀 100점

그렇다면 진행자의 카드는 몇 번이었을까요? 진행자가 작성해둔 포스트잇을 공개합니다. '회사생활 성공법칙' 카드는 3번이었습니다. 이렇게 되면 3번 카드를 투표한 2팀이 300점을 받습니다.

2번 카드는 2표를 받았네요. 2번 카드를 제출한 팀은 어떤 팀인가요? 손 들어주세요. (1팀이 손을 든다.) 1팀이었습니다. 축하드립니다. 2장의 공감투표를 받아 200점을 가져갑니다. 5번 카드는 몇 팀인가요? (3팀이 손을 든다.) 3팀은 한 표를 받아 100점입니다. 다음은 6번 카드는 몇 팀인가요? (5팀이 손을 든다.) 5팀은 한 표를 받아 100점입니다. 아쉽게 한 표도 받지 못한 1번, 4번 카드를 제출한 팀은 손 들어주세요. 4팀과 2팀입니다. 4팀은 아쉽게 점수가 없습니다. 2팀은 선택받지 못했지만 정답을 맞혀서 300점을 가져갑니다."

2) 공감스피치를 진행한다.

"자! 이제 각 팀에서 낸 카드가 어떻게 '회사생활 성공법칙'과 관련 있는지 각 팀의 스피치 대표들은 1분 동안 말씀해주셔야 합니다. 다섯 팀의 스피치가 모두 끝나면 팀들은 공감을 가장 잘 이끌어낸 두 팀에게 투표를 해주시면 되겠습니다. 이번에도 본인 팀에게는 투표할 수 없습니다. 각 팀의 '전송 담당'들은 스마트폰 카카오톡으로 공감되었던 두 팀을 작성해서 보내주시길 바랍니다. 공감을 가장 많이 받은 팀에게 100점의 보너스 점수를 드리겠습니다. (집계 후) 공감을 가장 많이 받은 팀을 발표하겠습니다. 가장 공감을 잘 이끌어낸 팀은 2팀이었습니다. 2팀에 보너스 점수 100점을 드리겠습니다."

3) 팀별 게임을 진행한다.
같은 방법으로 1팀부터 5팀까지 다른 주제를 선정하여 진행한다.

👍 클로징 멘트

"여러분의 공감력에 점수를 준다면 몇 점 정도라고 생각하시나요. 80점? 90점? 50점? 높게 평가한 분도 계시고 낮게 평가한 분도 계십니다. 공감력의 점수를 계산하는 공식이 있는데 알고계세요? (스스로 평가하는 공감점수 +상대방이 평가하는 공감점수) ÷ 2를 해야 한다고 합니다. '내가 상대방을 얼마나 공감시켰는가?'도 중요하지만, '상대방이 얼마나 공감했는가?'를 놓치면 안 되겠죠? 상대방이 평가하는 공감점수가 올라간다면 나와 상대의 관계 점수도 올라갈 수 있지 않을까요?"

📇 이럴 땐 이렇게

1) 만약 교육대상자가 서로 잘 모르는 상황이라면
서로 모르는 상황인 경우, 누구나 공감할 수 있는 쉬운 주제를 선정하는 것이 좋다.

2) 만약 교육생들이 처음부터 질문을 많이 하는 경우라면

잠시 중단시키고 전체가 궁금해할 만한 부분인지 확인한다. 만약 프로그램에 방해되는 부분이라면 '첫 프로그램 종료 후 알려드리겠다'고 궁금증을 남겨두는 것도 좋다.

3) 만약 인원이 많지 않다면

소그룹(팀별로)으로 진행할 때 진행자가 생각하는 주제를 말하고 각자 자신의 카드 중 해당되는 카드를 다른 사람이 보지 못하게 진행자에게 준다. 그 뒤 점수를 체크하는 방식으로 진행하는 것도 좋다.

4) 만약 참여자의 연령대가 높다면

연습프로그램을 통해 충분히 이해할 수 있도록 두세 번 진행하며, 공감 주제는 연령대에 맞는 것으로 준비해 참여도를 높이는 것이 좋다.

# 꿀Tip

1) 진행자가 카드를 분배할 때

진행자가 카드를 잘 섞는 모습을 보여주고 공정하게 분배됨을 참여자에게 보여준다. 또한, 몇 팀으로 구성되어 있는지 확인하고 1/N로 분배한다.

2) 주제 설정 기준이 힘들 때

- 프로그램을 진행하기 전에 미리 담당자와 회의를 통해 주제를 설정한다.
- 프로그램 진행 초 오픈채팅방을 설정하여 참여자에게 회사에서 가장 중요한 것이 무엇인지 받아보고 가장 많은 의견이 나온 주제를 설정하여 진행한다.
- 회사의 Key Word가 무엇인지 미리 체크하고 주제로 설정한다.

3) 질문의 방식을 다양하게 하고 싶을 때

- 질문의 난이도를 높이려면 다섯 글자 질문법을 활용한다.
  (예: 우리 회사 일?)
- 질문을 상대팀은 모르게 포스트잇에 써서 진행자에게 전달하고 답변을 듣는다.

4) 투표방식을 다양하게 하고 싶을 때

오픈채팅방을 통해 '전송 담당'이 동시에 번호를 입력하여 진행자가 확인하는 방법이 있다.

5) 공감스피치 발표 선정 방법

어플 '이플'에 있는 공감버튼을 활용해 자신의 팀 사진을 제외한 가장 공감되는 사진을 선택하여 BEST 카드를 선정한다.

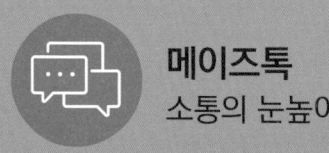

메이즈톡
소통의 눈높이를 맞춰라

메이즈톡
소통의 눈높이를 맞춰라
(커플전, 팀전)

 들리는 말 vs 안 들리는 말

　국내 최대 대형 복합몰 주차장에서 당신의 차를 찾아가야 한다고 가정해보자. 그런데 당신은 어디에 차를 주차했는지 전혀 기억나지 않는다. 그나마 불행 중 다행인 것은 주차구역의 컬러는 기억하고 있다는 것이다. 마침 건너편에 있던 주차요원에게 주차구역의 컬러를 이야기하고 안내해달라고 한다. 그런데 이러한 대답이 돌아왔다.

　"쭈~욱 직진하시다가 레드존에서 왼쪽으로 꺾어서 올라가다 보면 우측으로 빠지는 길이 있습니다. 그 길로 가다 보면 그린존이 나오는데 계속 직진하시면 됩니다. 마지막에 왼쪽으로 꺾으면 말씀하신 블루존이 보일 겁니다."

　이것은 필자가 직접 경험했던 일이다. 누가 이런 설명을 듣고 쉽게 본인의 차를 찾을 수 있을까? 필자도 차를 찾아 2시간을 넘게 고생했던 기억이 난다. 그날은 소개받은 분과 처음으로 데이트를 하는 날이었다. 즐거운 데이트 대신 긴 시간 동안 그분과 함께 주차장을 돌아다닌 끝에 겨우 차를 찾을 수 있었다. 그래서 필자는 주차장에서 차량 번호만 입력하면 자신의 차를 찾아주는 기기를 대한민국 최고의 발명품으로 꼽는다. 그 기기는 마치 내 마음을 잘 알아주는 절친 같았기 때문이다.

전업주부인 유미 씨는 아이들이 등교하고 난 후 TV를 켰다. 마침 홈쇼핑 채널에서 노트북을 판매하고 있었다. 최근에 아이들의 학교 과제 때문에 노트북을 사려는 중이었기에 관심을 갖고 보게 되었다. 그런데 유미 씨는 지독한 컴맹이라 컴퓨터와 관련된 용어에 대해 아는 것이 없었다. 그때 홈쇼핑 쇼 호스트의 목소리가 들렸다.

"오늘, 아주 특별한 조건으로 OO노트북을 들고 왔습니다. 한 달에 99,900원이면 놀라운 속도와 넓은 저장 공간을 자랑하는 OO노트북으로 바꾸실 수 있습니다. 8GB 메모리와 1TB 저장 공간! 이제 빠르고 넉넉한 컴퓨터로 바꾸세요. 지금 바로, 전화 주세요."

유미 씨는 전문용어를 사용하는 쇼호스트의 말을 제대로 이해할 수가 없었다. 결국, 남편과 상의해서 사야겠다고 생각하며 채널을 돌려버렸다.

오전 시간대에 주부를 대상으로 판매하는 쇼 호스트였다면 주부들이 이해할 수 있도록 멘트를 해야 한다.

"처음 이사했을 때 싱크대가 5칸이라도 넉넉하셨죠? 그런데 식구가 한 명씩 늘고, 살림도 늘어나면서 싱크대 공간 5칸이 더 있으면 좋겠다고 생각한 적 있으셨을 겁니다. 그래서 이 노트북은 처음부터 5칸이 아니라 10칸의 수납공간을 만들어드렸습니다. 노트북의 저장 공간도 500GB라면 조금만 써도 부족하게 느껴질 겁니다. 처음부터 10칸짜리 1TB로 저장 공간을 만들어 스트레스를 받지 않도록 해드렸습니다. 그리고 아침에 바쁘게 출근하는데 엘리베이터가 위층에서 내려오지 않아 짜증 날 때 있으시죠? 500세대가 사는데 엘리베이터가 4대면 얼마나 답답하겠어요. 걱정하지 마세요. 이제 엘리베이터를 8대까지 늘려서 기다릴 필요 없이 바로바로 움직일 수 있습니다. 4GB 메모리가 아니라 8GB 메모리로 속도까지 빠르게 만들어 드렸으니 스트레스 걱정 없을 겁니다. 수납장 10칸처럼 저장 공간 1TB로 넉넉하게, 엘리베이터 8대처럼 8GB 메모리로 빠르게 만들었습니다. 지금! 전화 주세요."라며 쇼 호스트가 전문용어를 일상생활의 물건에 빗대어 설명했다면 상황은 달라졌을 것이다.

TV 방송에서 아빠와 엄마가 아이에게 눈높이에 맞춰서 퀴즈를 내는 프로그램이 진행 중이었다. 아이가 엄마에게 설명해야 하는 정답은 고무장갑이었다.

"엄마, 엄마, 우리 밥 먹고 나서 쓰는 거 있잖아."

"휴지!"

"아니고, 엄마가 밥상 치우고 나서 하는 거?"

"행주!"

"그거 말고, 설거지할 때마다 쓰는 거야."

계속 정답을 틀리자 엄마는 답답했다. 그 모습을 보던 다른 게스트가 이렇게 말했다.

"태화? 마미손?"

"아~ 고무장갑!"

상대편의 처지나 입장에서 먼저 생각하고 이해하라는 '역지사지(易地思之)'처럼 상대의 입장에서 상대의 언어로 이야기하는 것은 매우 중요하다.

커뮤니케이션을 잘하는 사람을 만나면 예시를 드는 내용이 신기하게도 내가 경험한 것과 비슷하다거나, 설명이 간단해서 머릿속에 그림이 그려지는 것을 느낄 수 있다. 이렇게 커뮤니케이션의 가장 기본적이면서 중요한 스킬은 상대의 언어로 이야기하는 능력이다. 이러한 능력을 '메이즈톡'을 통해 테스트해보자.

Communication

메이즈톡
소통의 눈높이를 맞춰라

●

〈메이즈톡〉은 2인 1팀이 되어 한 명은 눈을 감은 상태에서 다른 한 명이 인도해주는 설명만 듣고 주어진 미로의 목적지까지 빨리 찾아가는 프로그램이다. 상대방의 입장에서 먼저 생각해보고 이해할 수 있는 역지사지를 직접 느낄 수 있다.

● ●

준비사항 ① 미로 페이퍼 (1인당 1장씩 준비) ⋯▶ 워크북 293페이지 참조
② 볼펜

요 약 ① 2인 1팀으로 짝꿍을 정한다.
② 누가 설명하고 누가 눈을 감고 미로를 빠져나갈지 역할을 정한다.
③ 서로 신체접촉 없이 빠져나가는 길을 설명한다.
④ 선에 닿지 않고 미로를 정확하게 빠져나온 팀에게 점수를 부여한다.

진행 방법

1) 2인 1팀으로 짝꿍을 정한다.

　※ 이 프로그램의 목적을 먼저 말하지 않는 것이 중요함.

"여러분 재미있는 프로그램을 진행해 보겠습니다. 빠르게 미션을 수행한 팀에게 점수(혜택)가 있습니다.

　그럼 먼저 짝꿍이 필요합니다. 2인 1팀으로 짝꿍을 만들어주세요."

2) 프로그램 방법을 설명한다.

"이제 새로운 방법의 미로찾기를 해보겠습니다. 한 사람은 눈을 감은 채 상대가 설명해준 대로 볼펜을 들고 미로 출발점에서 도착점까지 길을 그려가게 됩니다. 이때 설명하는 사람은 상대의 몸, 볼펜뿐 아니라 종이도 만질 수 없습니다. 오로지 말로만 설명이 가능합니다. 그리고 눈을 감은 사람이 눈을 뜨면 실패입니다. 1등으로 들어온 팀이 500점, 2등은 300점, 3등은 100점을 가져갑니다. 미로에 선이 닿거나 미로 밖으로 나가지 않고 정확하게 미션을 성공한 팀은 보너스로 500점을 받습니다. 주어진 시간 안에 미로 도착점까지 먼저 도착한 팀은 조용히 손을 들어주시면 됩니다. 시간은 3분 드리겠습니다."

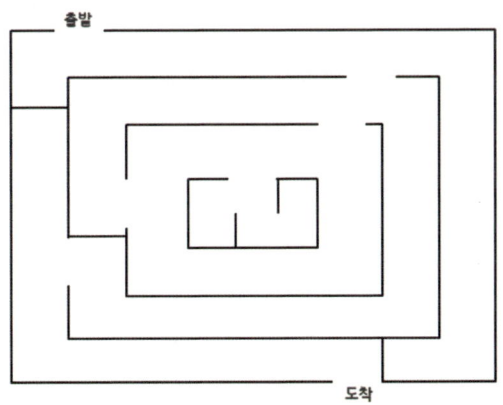

3) 역할을 정한다.

"2인 1팀을 정하셨다면 두 분이 가위바위보를 하겠습니다. 가위바위보에서 이긴 사람, 손 들어주세요. 이긴 사람이 볼펜을 잡아주시면 됩니다. 진 사람, 손 들어주세요. 이분들이 설명할 사람입니다. 나와서 미로 종이를 한 장씩 가져갑니다. 종이를 뒤집어서 미로가 보이지 않는 흰색으로 만들어두세요. 준비하시고 이긴 사람은 종이를 뒤집어 미로 그림으로 바꾸고 '출발' 지점에 볼펜을 올려주세요. 이제 눈을 감습니다."

4) 프로그램을 진행한다.

"지금부터 시작하겠습니다. 설명하는 분의 안내에 따라 진 사람은 눈을 감은 채 도착지로 가는 길을 그리면서 이동하겠습니다. 눈 뜨시면 안 됩니다. 그리고 설명하는 분들은 어떠한 터치도 해서는 안 됩니다. 출발하겠습니다. (3분 후) 자, 이제 마무리합니다. 제일 먼저 1등으로 들어왔던 팀 500점, 2등 300점, 3등 100점 드립니다. 여러분 중에 선이 미로에 닿거나 튀어나가지 않은 분이 계시면 손을 들어주세요. 그럼 미로 그림을 들어주십시오. 이 팀은 보너스로 500점을 드립니다."

※한번 다 하고 나서 서로 임무를 바꿔서 진행한다.

👍 클로징 멘트

"간단한 미로찾기를 통해 커뮤니케이션을 진단해봤습니다. 어떤 분은 자리에서 일어나 상대의 뒤로 가서 설명하기도 하고, 어떤 분은 마주 보고 앉아서 자꾸 왼쪽 오른쪽을 본인의 입장에서 설명하는 경우도 있었습니다. 자신의 기준에서는 오른쪽이지만 상대의 기준에서는 왼쪽이겠지요. 자신의 기준에서는 위쪽이지만 상대의 기준에서는 아래쪽이 될 수 있습니다. 또 설명을 할 때의 표현에서도 차이가 컸습니다. 어떤 분은 칭찬을 계속하면서 상대가 더 참여하고 싶도록 만들어주는 반면 어떤 분은 '아니, 아니 오른쪽이라니까. 오른쪽인데 왜 왼쪽으로 가는 건데? 스톱! 스톱! 서라고 하면 서야지 왜 가?'라며 일단 화부터 내셨습니다. 지금 찔리시는 분들도 계실 겁니다. 우리가 절대로 해서는 안 되는 일 중에 하나가 바로 남편이 아내에게 운전을 가르쳐주는 것이라고 합니다. 남편이 아내에게 운전을 가르쳐주다 보면 많이 다투게 된다고 합니다. 그렇다면 왜 이렇게 다투게 될까요. 인류학자들은 남자와 여자가 서로 다르게 진화되었기 때문이라는 연구결과를 내놓곤 합니다. 남자들이 멀리 떠나 사냥을 하고는 다시 집으로 돌아오기 위해 하늘의 별을 보며 찾아오면서 방향 감각이 여자보다 더 발달하게 되었다고 합니다. 반면 여자는 살림을 꾸리며 한 번에 여러 가지 일을 처리하다 보니 멀티태스킹 능력이 남자보다 더 발달되었다고 하네요. 서로가 다르게 진화되어온 우리가 같지 않은 것은 당연합니다. 그렇기 때문에 내 입장에서만 생각한다면 소통은커녕 문제가 시작될 것입니다. 오늘 해본 '메이즈톡'을 통해 서로의 입장을 조금 더 생각하고 소통하는 법을 이해하셨기를 바랍니다."

이럴 땐 이렇게

1) 만약 1:1이 아닌 1:多로 진행한다면
미로를 한 명이 나머지 모두에게 설명하는 방법도 있다. 리더 대상으로 진행할 때 한사람이 모두에게 방향을 이야기하여 서로 다른 길을 가고 있는 상황을 느끼도록 한다.

2) 만약 연령에 따라 어렵거나 쉽다고 한다면
쉬운 미로와 어려운 미로 두 가지를 준비해둔다.

3) 만약 한 번도 진행해보지 않았다면
내가 먼저 진행해보고 시간을 정해두는 것이 좋다.

4) 만약 시간적인 여유가 있다면
팀원 간 느낌이 어떠했는지 피드백을 들어보며 공감하도록 한다.

5) 만약 자꾸 눈을 뜨는 사람이 있으면
고개를 들도록 중간중간 말하는 것이 좋다.

1) 멘트를 재미있게 하고 싶을 때
본 교육프로그램을 진행해보면, 재미있는 상황이 나타나는데 그 부분을 잘 살려주면 재미있으면서 의미 있는 메시지를 전할 수 있다.
"여러분 미로찾기 프로그램을 하면서 상대의 신뢰를 한 번에 잃어버리는 특별한 단어가 있습니다. 무엇이었을까요? 이 팀의 미로를 잠시 보겠습니다. 괜찮으시죠? (길을 잘못 들어서 다시 빠져나온 미로) 바로 'BACK'이라는 단어입니다. 설명하는 사람이 '빽빽빽' 하는 순간 '아… 이 사람도 잘 모르는구나.' 하고 안내자로서 신뢰를 잃게 됩니다. 안타깝게도 오늘 몇 분이 그러셨습니다. 급하게 도착지점까지 가야 한다는 생각에 자신이 경험하지도 못한 것을 상대방에게 설명하려는 자신을 만나셨을 겁니다.
회사에서도 마찬가지 상황이 일어날 때가 있습니다. 상대에게 자신도 정확히 모르는 것을 전달하고 있지는 않으셨나요? 그런데 'BACK'보다 더 재미있는 단어를 쓰는 분이 계셨습니다. 오늘 여러분 중에 반려견을 키우는 분이 누군지 정확히 알 수 있었습니다. 바로 '기다렷! 스읍.'입니다. '멈출게요, 잠시만, 정지' 이런 여러 가지 표현을 두고 왜 하필이면 '기다렷! 스읍'을 쓰셨을까요? OO님! 웃으실 때가 아닌 것 같습니다." 이렇게 상황을 이야기하면 재미를 주면서 의미 있게 문제를 풀어갈 수 있다.

2) 매직을 쓰려고 할 때
미로찾기에서 가끔 네임펜, 매직 등을 사용하는 경우가 있다. 선이 굵은 펜을 사용하면 잘 보이기는 하지만 미로 선에 닿는 경우가 많아 볼펜처럼 얇은 펜을 사용해서 성공률을 높여주는 것이 좋다.

3) 확실히 눈을 가리고 싶을 때
눈을 가릴 수 있는 안대를 미리 준비한다.

뷰포인트
내가 아닌 상대방의 시(詩)각으로 바라보라

뷰포인트
내가 아닌 상대방의 시(詩)각으로 바라보라
(개인전, 커플전, 팀전)

 청소 끝 vs 청소 시작

우리가 살아가면서 처음 만난 사이라도 오래 알고 지낸 사이처럼 말이 통하고 마음이 맞는 경우가 있다. 반대로 수십 년을 함께 살아도 서로 무슨 생각을 하는지 도통 모르는 경우도 있다. 이러한 상황이 왜 일어날까. 그것은 어떤 일에 대한 '관점' 때문이라 할 수 있다. '관점'의 사전적 의미를 보면 다음과 같다. 그러므로 관점에 따라 관계 형성에도 큰 차이를 보인다 할 수 있다.

> **관점:** 觀 볼관 點 점점
> 사물이나 현상을 관찰할 때, 그 사람이 보고 생각하는 태도나 방향 또는 처지.
>
> *출처: 표준국어대사전

3년 차 맞벌이 부부인 대충 씨는 아내를 위해 집안일을 자주 하는데, 집안일 중에서도 특히 청소하기를 좋아한다. 겨울시즌 프로모션을 앞둔 아내는 신상품 개발 준비로 일주일째 파김치가 되어 밤늦게 귀가한다. 그러던 어느 날, 평소보다 일찍 귀가한 대충 씨가 여유롭게 저녁식사를 하던 중, '바쁜 아내를 위해 오늘은 내가 청소를 좀 해놔야지' 하는 생각을 했다. 깨끗해진 집을 보며 기뻐할 아내의 모습을 떠올리니, 마음이 금세 들떴다. 서둘러 저녁식사를 마친 대충 씨는 거실부터 안방까지 청소기를 돌렸다. 전쟁과도 같았던 오늘 아침의 옷가지와 잔해들도 물론 말끔히 정리했다. 청소가 마무리될 때쯤, 현관문이 열리며 아내의 반가운 목소리가 들렸다.

"자기야, 청소하고 있었네!"

"응, 이제 막 끝냈어!"

신발을 벗고 들어선 아내의 눈에는 서둘러 출근하느라 치우지 못했던 옷가지와 수건이 곱게 접혀 있는 것이 보였다.

"우와, 집이 정말 깨끗해졌네!"

아내의 칭찬에 대충 씨는 어깨가 으쓱해졌다. 이내 시원하게 한잔하자며 기분 좋게 맥주를 사러 현관을 나섰다. 아내는 대충 씨가 편의점에 간 틈을 이용해 서둘러 청소기를 다시 돌렸다. '분명 청소를 했다고 했는데, 대체 어딜 청소한 거지? 결국 내가 다시 하잖아.'

대충 씨는 물건들이 제자리를 찾고 나면 청소가 완료되었다고 생각했던 것이다. 하지만 아내가 원하는 청소는 달랐다. 구석구석 먼지 하나까지도 청소기로 빨아들였으면 했던 것이다. 아내는 청소기를 돌리며, 낮에 회사에서 여직원들과 휴게실에서 나누었던 이야기를 떠올렸다. 서로 남편이 집안일을 얼마나 도와주는가에 대한 이야기였다.

"우리 남편은 집안일 도와주는 걸 좋아해."

"우리 남편은 꼭 무엇을 어떻게 도와달라고 정확하게 말을 해야 움직여."

"우리 남편은 청소를 열심히 했다는데, 꼭 내 손이 한 번 더 가야 해."

남자가 생각하는 청소와 여자가 생각하는 청소의 차이. 즉 '관점'이 서로 다른 것이다.

아빠의 나비 vs 아이의 나비

　6살인 준이의 엄마, 아빠는 맞벌이 부부로 한 달에 두 번, 각자가 원하는 날에 자신의 취미를 위한 시간을 갖는다. 오늘은 엄마가 외출하고 아빠가 준이와 하루를 보내야 했다. 비가 온 뒤라 바람은 차갑고 기온이 뚝 떨어져 집에서 시간을 보내야 했다. 그런데 아이와 집에만 있자니 무엇을 해야 하는지 갑자기 막막해졌다. 그때 준이가 한 손에 색연필을 들고 뛰어오며 큰 소리로 아빠를 불렀다.
　"아빠, 아빠 어디 있어요?"
　"응, 준아! 아빠 주방에 있어."
　"아빠, 준이 그림 그릴래요."
　한 손에 색연필을 높이 들고는 그림을 그리고 싶다며 종이를 달라고 한다. 스케치북을 꺼냈더니 준이는 아빠의 손을 잡아끌었다.
　"아빠, 아빠도 같이 그려요."
　아빠도 준이 손에 이끌려 식탁에 앉아 함께 그림을 그리기 시작했다. 준이가 꼬물꼬물 무엇인가를 열심히 그리더니 한참이 지나서야 다 그렸다며 환한 미소를 짓는다.

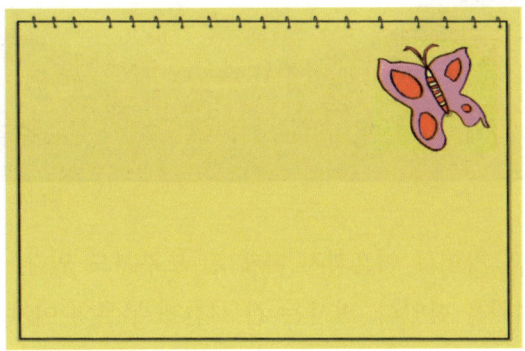

　"우와! 우리 준이! 그림을 그렸구나. 그런데 이렇게 넓은 종이에 한쪽 구석에만 나비를 그렸네. 아빠처럼 이렇게 가운데 크게 그려야지!"

아빠가 준이에게 조금 더 그리라고 하자 자기는 다 그렸다며 고개를 좌우로 흔든다. 그러면서 준이는 자기 그림을 설명하기 시작했다.

"아빠, 이 나비는 지금 쉬고 있는 거예요. 한참 날다가 왔거든요. 조금 있다가 다시 날아갈 거예요."

준이 아빠는 아이의 상상력에 할 말을 잃었다. 그림을 그릴 때 반드시 종이를 채워야만 한다고 생각했었다. 그러나 그림 속의 나비조차 살아있다고 믿던 준이는 나비가 날아갈 공간을 생각하고 그림을 그렸던 것이다. 이런 준이를 통해 아빠는 똑 닮았다고 생각했던 아이와 생각이 서로 다를 수 있음을 깨닫는 하루였다.

🖉 닭다리 vs 닭가슴살

©pixabay

이러한 관점의 차이로 이혼까지 하게 된 노부부도 있다. 노부부는 황혼이혼을 위해 법원을 찾았다. 판사는 긴 시간 노부부의 이야기를 듣고는 노부부에게 '4주 후에 뵙겠습니다.'라고 말하며 시간을 가지고 좀 더 생각해보라고 했다. 할아버지는 이번 기회에 할머니의 마음을 돌려보고자 점심이나 먹자며 할머니를 이끌었다. 무엇을 먹으면 좋을까 생각하던 할아버지는 할머니가 좋아하는 삼계탕 집으로 향했다. 삼계탕이 나오자 할아버지는 자신의 뚝배기에 담긴 닭다리 한 쪽을 찢어 들고는 인심 쓰듯이 할머니에게 말했다.

"여보, 닭다리 하나 더 먹어." 하면서 할머니의 삼계탕 뚝배기에 넣어주려고 했다. 그러자 할머니는 정색하며 격앙된 목소리로 말했다.

"이래서 이혼하려는 거야! 내가 닭가슴살을 좋아한다고 했는데 당신은 또 닭다리야?!"

결국, 60년을 함께 살았던 노부부는 황혼 이혼을 하게 되었다. 오랜 세월 함께 살았던 부부라도 의사소통이 잘 되는 것은 아니다. 관점의 차이를 극복하기 위해서는 상대의 처지에서 생각해보려는 배려와 노력이 반드시 필요하다.

🖉 유모차 vs 골프백

세일즈 현장에서도 관점은 중요하다. 여러 가지 말하기 중, 누군가를 '설득'하는 말하기가 가장 어렵다고 한다. 그 이유는 자신의 관점이 아니라 철저하게 고객의 관점에서 이야기하기 때문이다. 자동차 매장의 신참 판매원인 나잘난 씨는 매장 문이 열리자 큰소리로 인사를 했다. 매장에 들어선 사람은 직장인 차필요 씨였다. 그는 아이가 태어나자 기존에 몰던 차가 너무 작게 느껴져 차를 바꾸기 위해 매장에 들른 것이다. 아이와 외출 시 카시트 장착은 가능했지만 앞뒤 공간이 비좁아 아이를 태우고 내릴 때가 힘들었다. 그보다 더 불편한 점은 바로 트렁크였다. 아이가 어렸기 때문에 하나부터 열까지 챙겨야 할 짐이 너무 많았다. 트렁크에 유모차라도 싣는 날에는 모든 짐을 넣기에 역부족이라 조수석까지 빌려야 했다. 이참에 차를 바꾸기로 결심한 차필요 씨는 큰마음을 먹고 자동차 매장을 찾았던 것이다. 판매원 나잘난 씨에게 상황을 이야기하자 바로 SUV 쪽으로 안내했다. 차필요 씨는 승차감과 정숙성을 중요하게 생각했기에 SUV보다 세단을 원

했지만 판매원 나잘난 씨는 계속 SUV를 추천했다.

"저도 아이를 키우는데, 제가 타봐서 알아요. 트렁크를 넉넉하게 쓰기에는 SUV만 한 것이 없습니다."

차필요 씨의 관점에서 봤을 때 SUV는 적재능력을 빼고는 마음에 드는 곳이 하나도 없는 차였다. 본인의 입장에서만 이야기하는 판매원 나잘난 씨의 제안이 결코 반갑지 않았다. 결국, 차필요 씨의 요구에 나잘난 씨가 세단을 설명해주었지만 거기서도 문제가 발생했다. 트렁크에 골프백이 3개나 들어간다는 점만 강조했던 것이다. 차필요 씨는 골프를 치지 않아 골프백의 크기를 알지 못했다. 그렇기 때문에 트렁크가 넓어 보이기는 했지만 구체적으로 얼마나 넓은지를 가늠할 수가 없었다. 차필요 씨가 궁금했던 것은 유모차를 넣고도 여유 공간이 얼마나 넉넉한가였다. 결국, 판매원 나잘난 씨는 차를 팔지 못했다. 나잘난 씨가 차필요 씨의 관점이 아닌, 본인의 관점에서만 이야기하는 바람에 상대의 공감을 이끌어내지 못했기 때문이다. 이때 차라리 '대형 디럭스 유모차도 넉넉하게 들어갑니다.'라고 했다면 어땠을까. 이렇듯 누군가를 설득할 때 반드시 필요한 것은 상대방의 관점에서 바라보는 것이다.

원활한 커뮤니케이션을 위해서는 아이부터 노인까지, 개인에서 기업까지 관점의 차이를 아는 것이 중요하다. 상대를 얼마나 다양한 관점으로 바라볼 수 있는지 '뷰포인트'를 통해 점검해보고자 한다.

뷰포인트

내가 아닌 상대방의 시(詩)각으로 바라보라

●

〈뷰포인트〉는 일상과 직장에서 일어 날 수 있는 상황을 간단한 시로 보여주고 제목을 유추하여 맞히는 프로그램으로, 커뮤니케이션에서 나의 관점이 아닌 상대의 관점에서 바라보는 힘을 키울 수 있다.

●●

준비사항　① 포스트잇 & A4 용지
　　　　　　② 볼펜 & 매직(네임펜)
　　　　　　③ 문제로 출제할 시(詩)

요　　약　① 진행자가 제시한 시를 보고 제목을 맞힌다.
　　　　　　② 각 팀에서 제시한 시를 보고 제목을 맞힌다.
　　　　　　③ 시를 맞힌 순서에 따라 점수를 부여한다.

진행 방법

[뷰포인트 1단계]

1) 프로그램을 설명한다.

"지금부터 제가 짧은 시 한 편을 스크린에 보여드릴 겁니다. 그러면 여러분은 그 시를 보고 팀별로 상의하셔서 시의 제목을 맞혀주시면 되겠습니다. 생각한 시의 제목을 포스트잇에 적습니다. 다른 팀은 못 보게 하고 제게만 보여주셔야 합니다. 기회는 3번을 드립니다. 1차에서 맞히면 300점, 2차에서 힌트를 듣고 맞히면 200점, 3차에서 힌트를 듣고 맞히면 100점을 가져가는 프로그램입니다. 단, 1, 2, 3차 중 정답을 제일 먼저 맞히는 팀은 추가 점수 100점을 받게 됩니다."

※ 팀별로 앉아있는 기준으로 설명

2) 팀별 임무 정하기

"그럼 팀별 임무를 정하겠습니다. 모두 오른손을 들어주세요. 하나 둘 셋 하면 우리 조에서 가장 똑똑해 보이는 분을 가리키며 '팀장님!'이라고 외쳐주시면 됩니다. 서로 얼굴 한번 보시고요. 하나 둘 셋! '팀장님!' 뽑히신 분은 손 들어주세요. 네, 이분이 팀장님입니다. 박수 한번 주세요. 이분들은 지휘만 하시면 됩니다. 제 얘기 잘 들으시고 회의 진행, 팀원 통제 등을 해주시면 됩니다. 팀장님의 오른쪽에 계신 분, 손 들어주세요. 이분들이 바쁠 겁니다. 이분들은 대리님입니다. 대리님들은 팀원들의 의견을 정리하는 담당입니다. 팀장님의 왼쪽에 계신 분, 손 들어주세요. 이분들이 막내 역할입니다. 이분들이 진행자에게 오셔서 메시지를 전달하는 역할입니다. 나머지 분들은 팀장님의 통제를 잘 따라주시면 되겠습니다. 이해하셨죠?"

3) 프로그램을 진행한다.
① 첫 번째 문제를 풀어본다.

> '이것이냐? 저것이냐? 그것이 문제로다'

"첫 번째 문제 시작해보겠습니다. 스크린을 봐주세요. 문제 나갑니다. '이것이냐? 저것이냐? 그것이 문제로다' 이 시의 제목은 무엇일까요? 팀장님들께서는 팀별 회의를 진행해주세요. 시간은 1분 드립니다. (1분 후) 팀별로 도전하고 싶은 팀은 손을 들면서 '도전'이라고 외치면 됩니다. 1차에 300점이 걸려있는데, 먼저 맞힌 팀은 보너스 100점을 더 받게 됩니다. 그러나 각 기회는 한 번뿐이라 도전에 실패하면 200점이 주어지는 2차에 도전할 수 있습니다."

"먼저 도전하실 팀 있으신가요? '도전' 네, 3팀이 도전합니다. 대리님들은 써주시고 막내는 나와서 보여주십시오. 정답은? '짜장과 짬뽕' 아쉽습니다. '도전' 1팀이 도전합니다. 'OOOO' (포스트잇 확인) 우와, 정답입니다. 다른 팀에겐 보여주면 안 됩니다. 300점과 보너스 점수 100점을 받아 400점을 가져갑니다. 기회는 2팀과 4팀에게 있습니다. '도전' 2팀, '도전' 4팀 아쉽습니다. 아니었습니다. 그럼 2차로 넘어갑니다. 첫 번째 힌트를 드리겠습니다. 힌트는 '4글자'입니다. 도전하시겠습니까? 맞히면 200점입니다. '도전' 1차에서 실패했던 3팀 'OOOO' (포스트잇 확인) 정답입니다. 200점 확보합니다. 다음 2팀 '도전', 'OOOO' (포스트잇 확인) 성공입니다. 마지막 4팀 '도전' 아, 아쉽게 아니었습니다. 이제 마지막 3차 두 번째 힌트를 드립니다. '자음으로 말해요 ㅈㅅㅁㄴ'입니다. 4팀 한 팀만 남았으니 말로 하셔도 됩니다. '점심메뉴' 네, 정답입니다. 100점 가져갑니다. 박수 주세요. 이렇게 해서 1등 한 1팀 400점, 3팀과 2팀은 200점, 4팀은 100점 가져갑니다."

1차 힌트 없이		2차 첫 번째 힌트		3차 두 번째 힌트
정답 맞히면	⇒	'4글자'	⇒	자음 'ㅈㅅㅁㄴ'
300점		200점		100점
※ 추가 100점은 단계와 관계없이 제일 먼저 맞힌 팀에게 100점				

② 두 번째 문제를 풀어본다.

'쓰라고 할 땐 언제고'

"두 번째 문제를 보여드립니다. 스크린을 봐주세요. 문제 나갑니다. '쓰라고 할 땐 언제고' 이 시의 제목은 무엇일까요? 팀장님들, 팀별 회의를 진행해주십시오. 시간은 1분 드립니다. (1분 후) 자, 도전하고 싶은 팀은 손을 들면서 '도전'이라고 외쳐주세요. 1차에서는 300점이 걸려있는데, 먼저 맞힌 팀은 보너스 100점을 더 드립니다. (위 ①과 같은 방식으로 진행한다.) 정답은 '연차'였습니다."

[뷰포인트 2단계]
1) 프로그램을 설명한다

"지금까지는 제가 만든 시를 문제로 진행해봤습니다. 2단계에서는 팀별로 직접 시를 만들어 문제를 내보도록 하겠습니다. 시는 앞서 보신 것처럼 길지 않아도 됩니다. 하상욱 시인이 이렇게 짧은 시를 통해 독자들의 공감을 잘 이끌어냈죠? 이번에는 여러분이 직접 시인이 되는 것입니다. 대신 시 주제의 범위를 좁혀드리겠습니다. 범위는 '회사에서 일어나는 일'입니다. 사내에서만이 아니라 회식, 워크숍 등 회사와 관련된 일도 가능합니다. 여러분이 문제를 내서 다른 세 팀 모두 1, 2, 3차 어디에서든 맞힌다면 출제한 팀은 300점을 받습니다. 그러나 한 팀이라도 끝까지 맞히지 못하면 문제를 출제한 팀 또한 점수를 받지 못합니다. 여러분, 중요한 것은 너무 쉽게 문제를 낸다면 나머지 팀이 1차에서 모두 맞혀 점수를 400점씩 받게 되므로 출제한 팀에게는 불리하겠죠? 그렇다고 자신의 팀에게 유리하도록 너무 어렵게 문제를 만들면 모든 팀이 점수를 받지 못할 수도 있습니다. 팁을 드리자면 출제팀에게 가장 좋은 상황은 다른 팀들이 3차에서 맞히도록 하는 것입니다."

2) 팀별로 시를 만들도록 한다.

"지금부터 시를 만들 수 있는 시간을 3분 드리겠습니다. 시의 내용은 A4 용지에 매직으로 써주시고, 제목은 포스트잇에 'OO 팀 제목'이라고 볼펜으로 써서 제게 제출해주시면 됩니다. 팀장님들, 지금부터 팀원들과 회의를 시작합니다."

※ 예시 이미지를 보여준다.

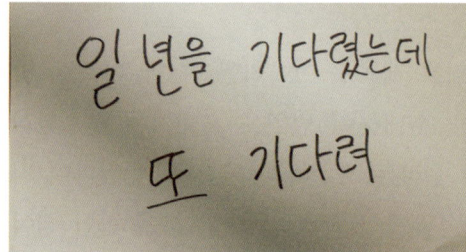 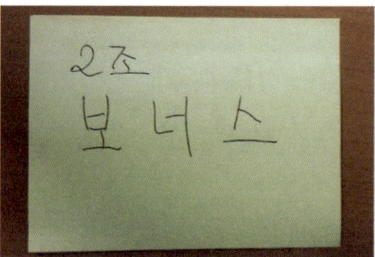

3) 프로그램을 진행한다.

"자, 3분이 지났습니다. 제출해주신 내용으로 지금부터 문제를 드리겠습니다. 맞히는 방식은 1단계와 같습니다.

그럼 1팀의 문제부터 드립니다.

'제발 놔줘, 이 악마야'

1팀의 시는 '제발 놔줘, 이 악마야'입니다. 이 시에 어울리는 제목은 무엇일까요? 회의할 시간 1분 드립니다.

※ 1단계 3)과 같은 방식으로 진행한다.

다행히 3차에서 모두 맞히셨습니다. 정답은 '야근'이었습니다. 1차에서 첫 번째 맞혔던 3팀이 400점, 나머지 2팀, 3팀, 4팀은 마지막에 맞혀서 각각 100점씩 가져갑니다."

※ 이렇게 모든 팀 진행

👍 클로징 멘트

"같은 시를 보고도 우리는 서로 다른 제목을 이야기했습니다. 제목을 맞히지 못했다고 실제 부서 직원들을 혼내듯이 팀원을 혼내지는 않으셨겠죠? 틀린 것이 아니라 다른 것인데 우리는 자신과 다른 것을 틀렸다며 지적할 때가 종종 있습니다. 제가 미술관에 갔을 때 특별한 분을 만난 적이 있습니다. 그때 작품을 관람하던 중, 설명을 해주시던 큐레이터께서 지금 보고 있는 그림의 제목을 맞혀보라며 퀴즈를 내셨지요. 다들 선뜻 대답하지 못하고 머뭇거리고 있을 때, 한 분이 'OOO입니다.'라며 큰 소리로 대답을 하셨습니다. 그런데 그 답이 그림을 모르는 제게도 조금 엉뚱한 답으로 들렸는데, 그 큐레이터께서는 틀렸다고 하지 않고 '그렇게 생각할 수 있겠네요.'라며 긍정적인 반응을 보이셨죠. 그리고는 다른 분들의 대답까지 다 듣고 난 후, 이렇게 말씀하셨답니다.

'그림을 볼 때, 제목보다는 그림을 먼저 본 후, 제목이 무엇일까 생각하

면 더 깊이 있게 감상할 수 있습니다.'

우리는 살아가면서 종종 자신만의 틀 안에서 모든 것을 맞추려는 경우가 있습니다. 커뮤니케이션을 잘하기 위해서는 나의 관점이 아닌 상대의 관점이 무엇인지 생각하는 것이 중요하지 않을까요?"

이럴 땐 이렇게

1) 만약 팀이 많아 시간이 부족하다면

1차 힌트를 먼저 주고 정답을 적은 포스트잇을 모두 제출해 맞으면 300점, 틀리면 0점으로 한 번에 마무리해도 좋다.

2) 만약 제목이 어려워서 맞히지 못한다면

힌트를 1, 2, 3차로 차례로 주는 것이 아니라 2차에서 2개, 그래도 못 맞힌다면 3차에서 3개의 힌트를 주는 것도 좋다. 예를 들어 2차에서 글자 수와 초성 힌트를, 3차에서 첫 음절과 끝 음절, 받침의 유무 등으로 힌트를 쉽게 준다.

꿀Tip

1) 문제 출제를 어려워할 때
- 회의 중 시를 만드는 것을 어려워할 때 팀의 막내들이 인터넷으로 자료를 찾아 아이디어를 얻을 수 있도록 한다.
- 쉬운 시를 선택하면 다른 사람도 쉽게 맞힐 수 있다는 것을 알려준다.
- 문제를 만들 때 정답을 먼저 정해두고 거기에 맞는 시를 생각해보는 것이 좋다는 것을 알려준다.

2) 모든 팀원의 참여도를 높이고 싶을 때
각자 시를 쓰고 팀원이 정답을 맞히도록 하여 팀에서 가장 좋은 사례를 뽑아 팀 대표 사례로 진행하는 방식도 좋다.

3) 다른 팀에서 커닝을 하려고 할 때
팀별 보안담당자를 정해서 다른 팀에서 보지 못하도록 보안을 유지하는 역할을 만들어둔다. 그리고 커닝하다가 적발 시 옐로카드를 줘서 한 번 더 문제가 되면 레드카드로 벌점 500점을 감점한다.

브레인헤르츠
뇌의 주파수를 맞춰라

브레인헤르츠
뇌의 주파수를 맞춰라
(팀전)

 경청테스트

커뮤니케이션의 기본은 경청이다. 경청은 다른 사람의 이야기를 글자 그대로 귀 기울여 듣는 것을 말한다. 그래서 많은 사람이 다른 사람의 이야기를 제대로 경청하기만 해도 커뮤니케이션의 달인이 될 수 있다고 한다. 그렇다면 여러분은 자신이 타인의 이야기에 어느 정도 경청하고 있는지 궁금할 것이다. 여기 경청테스트를 위한 QR코드가 준비되어 있다. 아래 QR코드를 찍으면 지금까지 한 번도 들어보지 못했던 소리가 나올 것이다.

무서운 소리가 나오는 것은 아니니 불안해하지 말고 집중해서 들어보길 권한다.

몇 가지 노래가 섞인 소리였는데 당신에게는 몇 곡의 노래가 들렸는가?

이 파트를 끝까지 읽어보면 답답함이 사라질 것이다.

정답

*계속 반복해서 듣고 있는 분은 성격이 안 좋아질 수 있으니 다음 페이지로 넘어가기 바란다.

 칵테일파티 효과

　월드컵 경기를 보다 문득 이러한 생각이 든 적이 있다. '저렇게 수많은 관중들이 응원을 하며 소리치고 있는데, 선수들은 어떻게 감독의 지시를 찰떡같이 알아듣고 그에 따라 경기장을 뛰어다닐 수 있을까…?' 음악 소리로 시끄러운 클럽이나 바에서 종업원이 손님들의 주문을 정확하게 받을 때도 마찬가지다. 바로 옆에 앉은 사람끼리도 귀에 대고 소리를 질러야 할 정도의 시끄러움에도 불구하고, 주문을 받는 종업원들은 어떻게 말을 알아들었는지, 손님이 주문한 메뉴는 물론 요구하는 것 또한 모두 가져다준다.

　이러한 사례는 2011년 후쿠시마에 대지진이 일어났을 때도 있었다. 후쿠시마 대지진 당시 노모(老母)는 아들을 찾아 무너진 건물 사이를 헤매고 다녔다. 그러다 어디선가 들려오는 신음 소리를 노모는 아들이라고 확신한다. 며칠 동안 구조대를 설득하여 무너진 건물더미를 샅샅이 뒤져 결국 아들을 구해냈다고 한다. 오로지 아들의 생사에만 매달렸던 노모의 놀라운 집중력이 아들의 희미한 신음 소리를 듣게 만들었던 것이다.

　이렇듯 인간의 지각 능력 가운데 가장 신비로운 것 중 하나가 바로 선택과 집중의 능력이다. 심리학 용어로 칵테일파티 효과(Cocktail party effect)라고 하는데 만약 이러한 능력이 없다면 우리는 정보의 홍수 속에서 아무것도 보고 듣지 못할 것이다.

칵테일파티 효과 (Cocktail party effect)

칵테일파티처럼 여러 사람의 목소리와 잡음이 많은 상황에서도 본인이 흥미를 갖는 이야기는 선택적으로 들을 수 있는 현상을 말한다. 칵테일파티 효과는 인지과학자 콜린 체리(Colin Cherry)에 의해 명명되었다. 1953년 영국 왕립 런던 대학에 근무하던 콜린 체리는 독특한 실험을 실시했다.

한번은 같은 목소리가 서로 다른 두 가지의 내용을 말하는 것을 양쪽 귀로 동시에 듣게 했다

다음은 한 가지 내용을 오른쪽 귀로만, 다른 한 가지 내용은 왼쪽 귀로만 듣게 했다.

실험결과 두 가지 내용을 양쪽 귀로 동시에 들을 때도 자신이 듣고자 하는 이야기를 구별할 수 있었고, 관심 없는 이야기에는 집중하지 않았다. 이는 인간에게 감각기억(sensory memory)이 있기 때문에 가능한 것이다. 감

각 기억은, 주변 상황이 아무리 혼잡해도 본인이 원하는 정보를 선별해서 습득할 수 있는 '선택적 지각(selective perception)'에 의한다.

[출처] 『상식으로 보는 세상의 법칙: 심리편』, (주)북이십일 21세기북스

✏️ 듣고자 하면 들린다

실제로 여러 사람이 모인 시끄러운 자리에서 저 멀리서 누군가 자신의 이름을 말하면, 놀랍게도 자신도 모르게 그 이야기에 귀를 기울이게 되는 경험을 한 번씩은 해보았을 것이다. 필자는 20대 시절, 패밀리레스토랑에서 홀 매니저로 근무한 적이 있다. 홀 매니저로서 무전기를 착용하고 홀 전체 상황을 살피며 직원들에게 업무를 지시하거나, 신입직원들을 교육하는 업무를 맡았다. 무전기는 홀에서 근무하는 직원들 모두가 착용하여 누구든 무전기를 통해 말을 할 수 있었고, 모든 직원이 그 말을 함께 들으면서 근무했다. 그러다 고객이 부르기라도 하면, 무전기 속에서 흘러나오는 말과 함께 고객의 말에 귀를 기울이며 동시에 두 가지 대화에 참여해야 했다. 그런데 신입직원들이 교육받은 후 실전 업무에 배치되면서 공통된 어려움을 호소했다.

신입직원들은 8시간 내내 서 있거나, 무거운 접시를 들고 서빙하거나, 많은 메뉴의 이름을 모두 외우는 것보다 더 어려워하는 것이 있었다. 그것은 바로 무전기를 착용한 채 고객과 대화하는 일이었다. 신입직원들은 무전기로 업무지시를 받는 중에 고객이 말을 걸면 바로 알아듣지 못했다. 반대로 고객과 대화하는 그들에게 무전기로 급히 업무 지시를 내리면 고객에게 양해도 구하지 않고 불쑥 대화를 멈춰버리곤 했다. 그야말로 '패닉'에 빠졌던 신입직원들의 표정이 밝을 리가 없었고, 이는 고객들로 하여금 '불친절하다'고 오해하게 했다. 그뿐만 아니라 고객이 주문한 메뉴를 잘못 듣고 다른 메뉴를 제공하는 일도 다반사였다. 그때마다 고객의 컴플레인에 응대하느라 진을 빼야 했는데, 대다수 컴플레인은 '직원이 내 말에 귀를 기울이

지 않는다'는 것이었다.

앞에서 당신에게 노래가 잘 들리지 않았다면 아마도 지금 이 신입직원들과 같은 마음일 것이다. 그렇다고 속상해할 필요는 없다. 패밀리레스토랑에서 무전 때문에 힘들어하던 직원들도 놀랍게도 3개월이 지나면 언제 그랬냐는 듯, 무전과 고객의 이야기를 구분하고 움직였다. 심지어는 고객과 이야기하는 직원에게 장난치며 무전을 해도 편안하게 두 가지를 모두 소화해냈다. 그들의 노하우는 바로 선택과 집중의 반복이었다. 시끄러운 환경에서 내가 듣고자 하는 말을 집중해서 들을 때 비로소 제대로 된 소통이 가능한 것이다. '브레인헤르츠' 프로그램을 통해 자신에게 필요한 정보를 '선택'하고 '집중'하는 능력을 키워보도록 하겠다.

Communication

브레인헤르츠
뇌의 주파수를 맞춰라

●

〈브레인헤르츠〉는 시끄러운 상황을 다르게 설정해놓고, 그 속에 포함된 메시지를 알아맞히는 프로그램이다. 여러 가지 섞여있는 소리를 듣고, 필요한 정보만 정확하게 찾아 집중해서 듣는 경청능력을 향상시킬 수 있다.

● ●

준비사항 ① 스피커 (상황에 맞는 규모의 스피커)
　　　　　② 음원 파일
　　　　　③ A4 용지 및 네임펜

요　　약 ① 세 가지 동요가 섞여있는 음악을 듣고, 가사를 적는다.
　　　　　② 거센 빗소리 속에 숨겨진 말소리를 듣고, 단어를 적는다.
　　　　　③ 시끄러운 카페 소음 속에 고객 이야기를 듣고, 내용을 적는다.
　　　　　④ 최대한 구체적으로 정확하게 많이 적은 팀이 승리한다.

진행 방법

[1단계 프로그램]

1) 프로그램을 설명한다.

"지금부터 음악 파일을 단계별로 들려드릴 겁니다. 음악이 섞여서 들릴 수도 있고, 여러 가지 소리나 잡음 속에 메시지가 들릴 수도 있습니다. 잘 듣고 메시지를 적어주시면 됩니다."

2) 프로그램을 진행한다.

"잘 듣고 전래동요의 가사를 써주시면 됩니다. 이때 세 가지의 전래동요가 섞여 나올 겁니다. 흘러나오는 음악에서 세 가지 전래동요의 가사를 A4 용지에 써주시기 바랍니다. 음악 나갑니다."

이때, '두껍아 두껍아 헌 집 줄게 새 집 다오', '똑똑~ 누구십니까? 뽀숙입니다', '여우야 여우야 뭐하니'의 노래를 미리 믹스해놓은 파일을 세 번 정도 틀어준다.

3) 결과를 확인한다.

"자! 지금 세 가지의 전래동요를 동시에 들려드렸습니다. 들었던 가사를 A4 용지에 써주세요. '하나, 둘, 셋' 하면 동시에 종이를 들면 됩니다. 정답, 들어주세요. 하나 둘 셋! 1팀과 4팀은 모두 맞히셨습니다. 300점씩 드립니다. 2팀과 3팀은 하나씩만 정확히 써주셔서 200점씩 드립니다."

[2단계 프로그램]

1) 프로그램을 설명한다.

"자! 그럼 이번에는 조금 난이도를 높여 2단계 미션을 드리겠습니다. 여러 가지 생활 소음이 들리는 가운데 사람의 목소리로 어떤 단어들을 말할 겁니다. 그 단어를 잘 들으시고, A4 용지에 써주시기 바랍니다."

2) 프로그램을 진행한다.

"문제 나갑니다."

이때 쏟아지는 빗소리가 들리는 중간에 사람의 목소리로 단어를 말한다. 음원 속 단어는 '바다', '강아지', '스키점프', '김연아', '마시멜로'이다.

"단어는 다 들려드렸습니다. 단어가 몇 개인지 아직 공개하지 않겠습니다. 먼저 들렸던 단어들만 A4 용지에 적어주시기 바랍니다."

3) 결과를 확인한다.

"다 적으셨죠? 그럼 '하나, 둘, 셋' 하면 동시에 정답을 들겠습니다. 하나, 둘, 셋! 음원 속 단어는 '바다', '강아지', '스키점프', '김연아', '마시멜로우'였습니다. 다섯 가지 단어를 모두 적어주신 2팀에게 100점을 드립니다."

[3단계 프로그램]

1) 프로그램을 설명한다.

"자! 이번에는 조금 더 난이도를 높여 3단계 미션을 드리겠습니다. 여러 사람이 말하는 소리가 들리는 가운데 불만고객의 이야기가 들릴 겁니다.

그 고객은 어떤 불만을 이야기하는지 그 내용을 A4 용지에 적어주셔야 합니다."

2) 프로그램을 진행한다.

"문제 나갑니다."

이때, 카페 안에서 여러 사람의 수다 소리가 흘러나오는 가운데 불만을 이야기하는 한 사람의 목소리가 들린다. "여러분 잘 들으셨나요? 지금부터 팀별로 어떤 불만이 나왔는지 회의를 하시고 화이트보드에 적어주시기 바랍니다."

3) 결과를 확인한다.

"다 적으셨죠. '하나, 둘, 셋' 하면 동시에 정답을 들어주세요. 하나, 둘, 셋! 3팀이 불만고객의 이야기를 가장 정확하게 적어주셨네요. 3팀에게 100점 드리겠습니다."

👍 클로징 멘트

"지금까지 '브레인헤르츠' 프로그램을 통해 필요한 정보를 '선택'하고 '집중'해서 듣는 연습을 해봤습니다. 중요한 것은 처음에 제대로 들리지 않던 소리도 계속 들으려고 노력하다 보면 잘 들리게 된다는 것입니다. 경청의 길은 어렵지 않습니다. 자신이 들으려고 노력하고 그것을 계속해서 반복할 때 모두 경청의 달인이 될 수 있습니다."

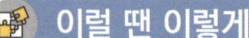 **이럴 땐 이렇게**

1) 만약 교육생의 연령대가 높다면
트로트와 같이 해당 연령대가 좋아하는 노래를 믹스해서 사용한다.

2) 만약 현장에 스피커가 없다면
이 프로그램은 반드시 스피커가 필요하므로 다른 수단을 준비해야한다.
ex) 블루투스 스피커

3) 교육적인 효과를 더 높이고 싶다면
기업의 핵심가치나 전달하고자 하는 메시지를 미리 파악하여 음원 파일을 준비한다.

 **꿀Tip**

1) 참여자들이 정답을 맞히기 어려워할 때
정답 단어가 몇 개인지 힌트를 주며 진행하면 좋다.

2) 나의 상황에 맞는 소리를 믹스하고 싶을 때
음성편집 프로그램인 골드웨이브, 사운드포지 등을 사용하면 좋다.

3) 전체가 참여하도록 만들고 싶을 때
녹음된 소리가 아닌 현장에서 팀별로 시끄러운 소리로 방해하는 가운데 우리 팀에게 메시지를 전달하는 방식으로 진행해도 좋다.

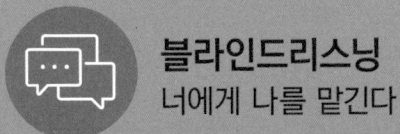

블라인드리스닝
너에게 나를 맡긴다

블라인드리스닝
너에게 나를 맡긴다
(커플전, 팀전)

 믿을걸… 기다릴걸…

커뮤니케이션(communication)은 '공통되는', '공유하는', '공동체'라는 뜻을 지닌 라틴어 'communis'에서 유래됐다. 단순히 대화를 나누는 것만이 아니라 인간이 함께 살아가는 데에 있어서 필수불가결한 활동으로 해석할 수 있다. 커뮤니케이션은 개인적인 일상생활을 유지하는 수단일 뿐만 아니라 인간이 사회적 존재로서 살아가게 만드는 도구라 할 수 있다. 미국의 사회학자 찰스 호튼 쿨리(Charles Horton Cooley)는 커뮤니케이션을 "인간관계가 존재하고 발전하게 되는 매커니즘"이라고 설명했다. (오미영, 커뮤니케이션, 2013) 이렇듯 커뮤니케이션은 단순한 '의사소통'이 아닌, 관계를 만들어내는 핵심이다. 이러한 관계에 있어서 중요한 요소는 공감, 경청, 관점, 신뢰 등이다. 그 중에서도 '신뢰'에 관하여 알아보자.

지방에서 필자에게 강의요청이 온 적이 있었다. 강의가 진행된 교육원까지 먼 거리인데다 초행길이라 새벽에 일어나야 했기에 알람을 맞춰놓고 잠이 들었다. 그런데 어쩐 일인지 맞춰놓은 알람은 울리지 않았다. 이상한 느낌에 눈을 떠 시계를 보고 벌떡 일어났다. 다행히 서둘러 준비하면 지각은 하지 않을 시간이라 허겁지겁 나갈 채비를 했다. 그러나 나쁜 일이 자꾸 일어나는 머피의 법칙처럼 이번엔 자동차가 말썽이었다. 자동차의 시동마저도 잘 걸리지 않았다. 계속 이러고 있다가는 강의장에 늦을 것 같아

택시를 타고 서울역으로 달려갔다.

　우여곡절 끝에 해당 지역의 기차역에는 도착했지만, 그때부터가 더 큰 문제였다. 택시를 타고 교육원까지 15km는 더 가야 했기 때문이다. 급하게 택시에 올라타고는 택시 기사님께 내가 처한 상황을 말하며 최대한 빨리 가달라고 했다. 빠르게 흘러가는 시간에 점점 초조해져갔고, 그 초조함은 택시 기사님의 행동 때문에 극에 달했다. 기사님이 계속해서 내비게이션이 알려주는 길이 아닌 다른 길로 운행했기 때문이었다. 내비게이션에서는 계속 '경로를 이탈했습니다. 경로를 재탐색합니다.'라는 알림이 울렸고, 그 말을 들을 때마다 점점 불안해졌다. 그 지역 손님이 아닌 경우, 요금을 더 받기 위해 불필요한 경로로 돌아가는 택시 기사들이 있다고 들은 적이 있는데, 급한 상황이라고 부탁까지 했음에도 멀리 돌아간다 생각하니 불안을 넘어 화까지 났다.

　"기사님, 그냥 내비게이션이 가라는 대로 가주세요."라고 참다못해 말했다.

　"저쪽으로 가면 길이 더 막혀요. 오는 길에 보니까 그쪽에 사고가 났더라고요. 지금 그 방향으로 가면 무조건 막힙니다."

　하지만 나는 그 말을 믿을 수가 없었다. 요즘이 어떤 시대인가. 막히는 길까지 정확하게 찾아 교통이 원활한 길로 골목길까지 알려주는 시대가 아닌가. 택시 기사님의 말을 믿을 수도 없고, 더 지체하면 안 된다고 판단한 나는 단호히 말했다.

　"그래도 그냥 내비게이션이 안내하는 길로 가주세요."

　그 말에 택시 기사님은 말없이 핸들을 돌려 내비게이션이 안내하는 길로 운행하기 시작했다. 그런데 이게 어찌 된 일인가? 내비게이션이 안내하는 길로 들어서자 정말 더 막히는 것이었다. 교통 정체가 어찌나 심했는지 교통경찰까지 투입된 상황이었다. 게다가 앞뒤로 차가 꽁꽁 묶여 유턴해서 돌아갈 수도 없었다. 택시 기사님의 말대로 사고가 발생했는데, 사고의 수습이 빨리 되지 않아 시간만 지체되어 길이 막혔던 것이다. 결국, 나는 그날 강의에 지각하고 말았다. 다시 돌이켜봐도 그 지역 교통상황을 가장 잘 아는 기사님의 말을 신뢰하지 못하고 오해했던 것이 크나큰 실수였다. 처음부터 택시 기사님의 말을 믿었다면 그날의 결과는 분명히 달라졌을 것이다.

인테리어 업계에서 평판이 좋은 A회사의 김 과장은 평소 감정을 잘 드러내지 않고 침착하기로 소문이 났다. 그러나 유독 B 발주업체와 거래를 할 때면 김 과장답지 않게 심하게 날카로워지고 업무의 진행속도도 느려졌다. 인테리어 시공을 할 때 시행사 입장에서 중요한 것 중 하나가 공사 기간을 맞추는 것이다. 회사 입장에서는 공사기간이 정해진 기간에서 2~3일만 추가되어도 인건비부터 별도의 부대비용이 계속 발생하기 때문에 큰 부담이 된다. 김 과장은 A 회사에서 공사 마감일을 칼같이 지키기로 유명했는데 왜 유독 B 발주업체와 함께 일하면 진행속도가 느려지고, 신경이 날카로워졌을까? 그 이유는 B 발주업체의 박 부장 때문이었다. 박 부장의 별명은 '현돌이'라고 했다. 집에만 있기를 좋아하고 집 밖으로 도통 나오지 않는 '집돌이'처럼, 현장에서 떠나지 않기 때문에 붙여진 별명이었다. 그런데 문제는 박 부장이 사사건건 참견을 하고 너무 디테일하게 간섭했기 때문에 공사 진행이 잘 안 된다고 했다.

아직 바닥 설비공사는 들어가지도 않은 상태인데 '왜 바닥이 평평하지 않고 울퉁불퉁하냐'고 지적을 하거나, 가벽만 세워놨을 뿐 본격적인 공사도 하지 않은 곳을 보고 '여기를 왜 이렇게 하셨어요? 설계도랑 다른데요?'라고 하기 일쑤였다. 이뿐만이 아니라 인테리어 재료까지 하나하나 들춰보면서 질문을 계속하는 통에 김 과장은 공사현장의 총책임자로서 해야 할 원래 역할을 제대로 수행하지 못했다. 물론 꼼꼼하게 서로 챙기는 것은 중요한 일이다. 그러나 그것이 지나치면 공사 일정을 제때 맞추기 어려워지고, 오히려 부실한 부분이 생길 수도 있다. 기업 대 기업의 관계에서는 일을 맡기면 어느 정도 믿고 기다려주는 것도 필요하다. 박 부장이 김 과장을 신뢰하고 기다려줬다면 더 수월하게 일이 진행됐을 것이다.

나만 믿고 따라와

 동계 패럴림픽에는 하나의 슬로프에 두 명이 동시에 내려갈 수 있는 경기가 있다. 그것은 시각 장애인 알파인 스키다. 이들은 일반적인 경기와 조금 '다른 경기'를 한다. 앞이 보이지 않는 시각장애인 선수가 혼자서 슬로프를 빠른 속도로 내려간다는 것은 매우 위험하다. 그래서 반드시 가이드 러너와 함께 경기장에 서야 한다. 가이드 러너는 시각장애인 스키 선수를 위해 먼저 앞으로 가며 뒤따라오는 선수에게 길을 안내하는 역할을 한다. 블루투스 이어폰을 통해 음성신호를 주고받으며 한 몸인 것처럼 서로의 리듬에 몸을 맞춘다. 즉, 가이드 러너는 시각장애 선수의 '눈 역할'을 하는 것이다.
 슬로프를 내려가는 내내 이 둘은 끊임없이 대화를 주고받는다. 그 내용은 턴을 해야 하는 순간, 지형 변화, 눈 상태, 위기 상황 등 상황에 따라 다르다고 한다. 중요한 것은 '어떤 용어를 사용하느냐'가 아니라 그들만의 언어로 커뮤니케이션하는 것이다. 실제 가이드 러너인 이경희 선수는 한 언론과의 인터뷰에서 "사용하는 용어가 꼭 정해져 있는 것은 아니에요. 말하기 편하고 알아듣기 쉽고 빠르게 얘기할 수 있는 용어를 사용하죠. 그냥 우리만의 신호를 만들면 돼요."라고 말했다. 그리고 그 신호를 바탕으로 커뮤니케이션을 할 때 가장 중요한 것으로 신뢰를 꼽았다. 시각장애 등급에 출전하는 이재림 선수는 "경기를 할 때 가이드를 절대 의심하지 않아요. 앞이 보이지 않는 상황에서 소리만 듣고 따라가야 하는데 가이드가 주는 신호를 믿지 못한다면 절대 내려갈 수 없겠죠."라고 말했다. 스키를 탈 때 장비가 없으면 탈 수 없듯이, 둘 중 한 사람이라도 경기장에 들어서지 못하면 다른 사람도 경기장에 서지 못한다. 이 둘은 서로 떨어질 수 없는 파트너다. 이들의 경기는 자신보다 타인을 더 믿어야 하며 앞서가는 이보다 뒤따르는 이가 승패를 좌우하게 된다. 생각해보면 눈이 보이지 않는 상태에서 스키를 타고 내려온다는 것은 상상할 수 없는 일이다. 대신해서 앞을 봐주고 그것을 그들만의 신호로 전달해주고, 그리고 무조건 믿어주는 신뢰가 없다면 불가능한 일이다. 이들의 경이로운 플레이에 숨겨진 '진짜 힘'은 바로 '신뢰'이다.

어린 시절 한 번쯤은 두 눈을 감고 친구의 손만을 잡은 채 걸어본 적이 있을 것이다. 그게 동심으로 시작한 장난이더라도 막상 눈을 감고 앞으로 간다는 것은 쉬운 일이 아니다. 아무리 친구가 손을 잡아주고 있다고 해도 몇 발자국 앞으로 내딛다 보면 금세 두려워져 친구에게 이런 말을 되풀이하게 된다. "잘 가고 있는 거지? 앞에 뭐 없는 거 확실해? 이쪽으로 가는 거 맞아? 믿어도 되는 거지?" 결국 그렇게 몇 발짝도 못 가 눈을 뜨고 만다. 두 친구가 시각장애 스키선수와 가이드 러너처럼 서로를 신뢰한다면 조금 더 앞으로 나아갈 수 있을 것이다.

대한장애인스키협회

앞에서 말했듯이 커뮤니케이션은 단순한 '의사소통'이 아니다. 인간 사이의 '관계'로 보아야 한다. 그 관계를 유지하기 위해 중요한 것은 상대방을 '신뢰'하는 것이다. 신뢰의 중요성을 어떻게 하면 느껴볼 수 있을까? 꼭 눈발이 날리는 스키장이 아니더라도 교육장 안에서 그와 비슷한 상황을 만들 수 있다. 신뢰를 바탕으로 서로 소통할 수 있게 만들어진 프로그램이 바로 '블라인드리스닝'이다. 지금부터 함께해보도록 하겠다.

Communication

블라인드리스닝
너에게 나를 맡긴다

●

〈블라인드리스닝〉은 한 명은 '실행자(진행자, 참여자, 주자, 선수)', 한 명은 가이드가 된다. 가이드는 말을 할 수 없고, 오로지 소리(박수 소리, 휘파람 소리, 발 구르기 등)로만 실행자를 출발지에서 도착지까지 안내해야 한다. 출발지에서 도착지까지 가는 동안 생수병 통과, 의자 회전, 종이컵 밟기, 인간 터널 통과 미션을 순서별로 수행한다. 실행자는 오로지 가이드가 전달해주는 소리에만 집중하여 미션을 잘 수행하며 도착지까지 빠른 시간 안에 도착해야 한다. 가이드가 제공하는 소리를 얼마나 신뢰하고 집중하느냐에 따라서 최종목적지에 도착하는 시간을 단축할 수 있다. 지금부터 신뢰의 중요성을 간접적으로 확인해보자.

● ●

준비사항 ① 출발선과 도착선 라인
② 장애물 (의자, 사람, 종이컵, 생수 2병 등)
③ 초시계
④ 안대

요   약 ① 실행자와 가이드는 행동 소리 미션을 미리 정한다.
※ 행동 소리 미션 (말을 사용하지 않고 박수나 발 구르기, 휘파람 소리를 이용한 미션)
② 실행자는 눈을 가리고 가이드의 소리를 듣고 출발점에서 도착점까지 가야 한다.
③ 장애물 통과 미션은 4단계로 생수병-의자-종이컵-인간장애물을 통과해야 한다.
④ 미션 실패 없이 가장 빠르게 도착한 팀이 승리한다.

진행 방법

1) 프로그램 진행 방법을 설명한다.

〈행동 미션〉

"출발선에서 가이드와 함께 실행자는 안대를 쓰고 출발합니다. 이때 가이드는 말을 할 수 없고, 오직 소리로만 실행자를 이동시켜야 합니다. 중간에 장애물이 있으니 어떻게 장애물을 피하고, 미션을 수행해 앞으로 나아갈지 함께 공유할 신호를 만들어야 합니다. 그 신호는 손뼉을 치거나, 발을 구르거나 하면서 몸으로 만드는 모든 소리가 가능하고요. 단 직접적으로 말을 한다거나 입으로 소리를 내는 것은 안 됩니다. 지금부터 미션을 설명해 드리겠습니다."

〈미션 내용〉

첫 번째: 생수병 사이 통과하기
두 번째: 의자 한 바퀴 돌기
세 번째: 발로 종이컵 찌그러뜨리기
네 번째: 인간 장애물 통과하기

"각 미션당 점수는 50점으로 총 200점이며, 실패 없이 성공하면 200점을 드리며 2분 이내에 통과하면 추가 100점을 더 받게 됩니다. 각 미션 실패 시 (미션을 수행하지 않거나 터치가 있을 경우) 50점씩 감점됩니다. 반드시 전 단계의 미션을 수행해야 다음 단계로 이동할 수 있습니다. 제한시간은 3분입니다."

2) 프로그램을 시작한다.

"1팀에서는 참가자 1명과 가이드 1명은 출발선으로 나와주세요. 참가자는 안대를 쓰겠습니다. 지금부터 모든 사람은 말을 할 수 없습니다. 말을 하거나 직접적인 소리로 힌트를 주면 반칙이므로 감점 처리가 됩니다. 이제 준비되셨죠? '시작' 소리와 함께 출발하면 됩니다. 준비~시작!"

3) 프로그램 진행 과정을 중계한다.

"가이드는 말을 할 수가 없습니다."
"미리 약속했던 신호를 잘 듣고 이동해야 합니다."
"가이드가 보내준 소리를 믿고 따라가야 합니다."
"오로지 믿을 것은 가이드가 주는 신호예요."
"어어! 1팀, 계속해서 간접적으로 다른 신호를 보내시면 감점입니다!"
"아~ 전진하는 것은 박수로 신호를 주고 있네요!"
"장애물에 걸리지 않게 몸을 숙이는 것은 발을 굴러 신호를 주고 있네요!"
"1팀, 잘하고 있습니다. 도착 지점까지 얼마 남지 않았습니다."
"드디어 도착했습니다! 1팀의 미션 수행 시간은 2분 31초입니다. 수고하셨습니다."

※ 위의 멘트는 상황에 따라 적절하게 사용할 수 있다.

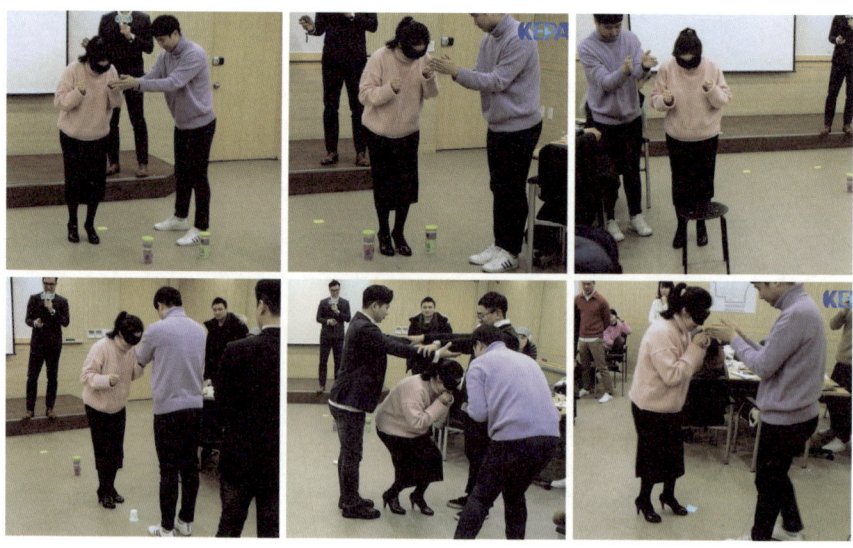

4) 프로그램 진행 중 발생한 감점 혹은 패널티의 상황을 정리한다.

"1팀~ 도착지까지 잘 오셨는데요, 중간에 생수병 사이를 통과하다가 생수병을 쓰러뜨렸습니다."

"1팀은 사람 터널을 지나다가 장애물을 건드렸기 때문에 100점을 감점하겠습니다."

5) 다음 팀 프로그램 수행을 진행한다.

"그럼, 이번엔 2팀의 가이드와 참가자 준비해주세요!"

※ 1팀과 같은 방법으로 진행한다.

클로징 멘트

"여러분! 앞이 보이지 않는 상황에서 가이드의 신호만 듣고 이동하기란 쉽지 않으셨죠? 여러분이 눈을 가렸을 때 오로지 가이드의 '신호'에 의지할 수밖에 없었을 겁니다. 그런데 그 신호를 의심하고 믿지 못했다면 어땠을까요? 아마 누구도 결승전까지 도달할 수 없었을 겁니다. 커뮤니케이션도 마찬가지입니다. 서로의 신뢰가 바탕이 되어야 커뮤니케이션을 잘할 수 있기 때문입니다. 내가 상대방을 믿고, 상대방 역시 나를 믿고 의지할 때, 그 시너지는 몇 배로 커진다는 것을 꼭 기억하시기 바랍니다."

 이럴 땐 이렇게

1) **만약 참가자가 안대를 쓰기 전 미션을 수행할 장애물의 위치를 미리 파악하려고 한다면**
참가자가 안대를 쓴 후에 진행자가 장애물의 위치를 바꿔서 변화를 준다.

2) **만약 두 개의 팀을 동시에 진행하고 싶다면?**
두 팀이 동시에 경기를 펼칠 수 있도록 장애물을 두 곳에 설치하고, 어느 팀이 먼저 도착하는지 대결할 수 있다. 이때, 상대 팀의 신호는 걸러내고 우리 팀의 신호만을 잘 선택해서 움직이는 것이 빠르게 결승전에 도착하는 방법이다.

3) **만약 장애물을 더 다양하게 하고 싶다면?**
제기차기, 풍선 주워서 불기, 사탕 먹기 등을 추가할 수 있다.

 꿀Tip

1) **진행 시 조금 더 긴장감을 주고 싶을 때**
실행자가 풍선 폭탄을 들고 출발해 일정 시간이 지나면 풍선이 터지도록 설정한다.

2) **두 팀이 동시에 출발할 때**
각 팀이 현재 어디까지 미션을 수행했는지 현장중계를 통해서 긴장감을 고조시킨다.

3) **가이드가 규칙을 어기는 것을 방지하고 싶을 때**

본 프로그램을 진행하다 보면 가이드는 말로 설명할 수 없지만, 작은 목소리로 몰래 이야기하는 경우가 발생할 수도 있다. 이때 가이드에게 마스크를 씌워 규칙을 정확하게 지켜 진행토록 한다.

4) 미션 수행에 재미를 더하고 싶을 때
의자에 고무줄로 방울을 달아 연결하여 건드릴 때마다 소리가 나도록 한다. 다른 팀이 진행할 때마다 방울의 위치를 바꿔주는 것이 좋다.

카운트톡
꼰대가 되지 않는 법 '경청 경청 또 경청'

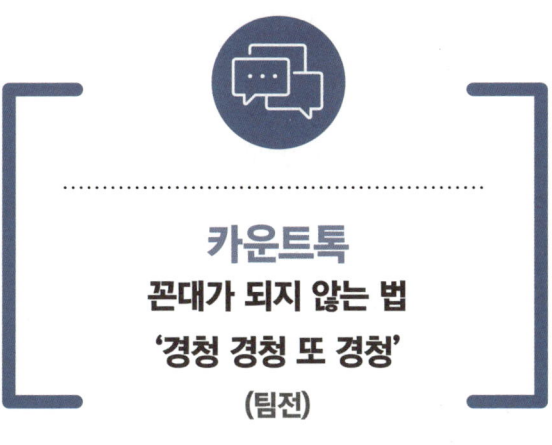

카운트톡
꼰대가 되지 않는 법
'경청 경청 또 경청'
(팀전)

📝 듣고 있어?

우리는 커뮤니케이션에서 경청의 중요성에 대해 수도 없이 들어왔다. '너의 이야기를 듣고 있어.'라는 표현을 하지 않으면 가족이나 친구일지라도 쉽게 그 말의 의미를 알지 못한다. 실례로 50년이 넘는 세월을 함께 살아온 경상도 부부의 대화에서 찾아볼 수 있겠다. 한참을 이야기하던 아내는 의심스러운 표정으로 남편을 쳐다본다. 경상도 사투리로 "듣고 있나?" 하면 남편은 '당연히 듣고 있지'하는 표정으로 "어." 라고 대답한다. 그러면 아내는 아무 일 없던 것처럼 다시 이야기를 이어간다. 그러다 아내는 기척도 없이 앉아있는 남편에게 다시 묻는다. "듣고 있제?" 그러면 남편은 또 "어."라는 짤막한 대답만 간신히 남긴다. 요즘 시대에 이런 부부가 어디 있냐며 갸웃거리는 사람도 있을 것이다. 그러나 아직도 이렇게 대화하는 부부가 분명히 존재한다. 이 부부가 바로 필자의 어머니, 아버지이시기 때문이다. 그렇게도 어머니가 아버지에게 듣고 있는지를 반복해서 확인했던 이유는 무엇일까?

눈도 마주치지 않고 리액션을 하지 않으면 상대방이 잘 듣고 있는지 알 수가 없다. 병원에서 의사와 환자가 이야기하는 모습을 상상해보자. 의사에는 두 가지 유형이 있는데 환자와 눈을 맞추며 진료를 하는 의사와 모니터만 보면서 이야기를 하는 의사. 최근 필자가 아파서 병원에 갔을 때 진찰을 해준 의사는 나를 보지도 않은 채 모니터만 보면서 이야기했었다. 내게 눈길이라도 한 번 주면서 친절하게 설명해주면 좋겠는데 계속 모니터만 보고 말하는 것이었다. 오후 4시가 넘은 시간이라 많이 지쳐서 그렇다고 이해하려 했지만, 건조한 목소리로 "스트레스 너무 받지 마시고, 식사 거르지 마시고, 술 담배 하지 마시고, 며칠 푹 좀 쉬세요." 하며 일반적인 주의사항만 알려주는데 기분이 좋지 않았다. 누구라도 이런 의사를 만난다면 경청하지 않는다는 생각이 뇌리에 박히고, 의사가 나를 무시하는 거 아닌가 하는 생각이 들었을 것이다.

기업에서 강연을 하면서 필자는 여러 기업의 대표를 만나게 되었다. 이때 만났던 A 기업의 대표는 이렇게 말하곤 했다.
"나는 직원들과 소통을 잘하기 위해 정말 많은 노력을 하고 있답니다."
"혹시 어떤 노력일까요?" 내가 물었다.
"매일 아침 직원들에게 메일을 보내지요."
"우와, 대단하세요!"라고 말하고 보니 한 가지가 궁금해졌다.
"그럼 직원들이 대표님께 답장은 많이 하나요?"
"다들 바빠서 그런지 답장은 하지 않더군요. 그래도 괜찮아요. 제가 좋아서 꾸준히 보내는 거니까 언젠가 제 마음을 알아주지 않겠습니까."라며 아무렇지 않다는 듯 어깨를 으쓱해 보였다.
A 기업 대표의 말을 듣고 난 후, 직원들과 만나 대표의 메일을 어떻게 생각하고 있는지 물어보았다.
"정말 좋으시겠어요. 대표님이 하루도 빠짐없이 메일을 써주신다면서요?" 말이 채 끝나기 전에 "제발 그 시간에 저희 이야기 좀 들어주시면 좋겠어요. 회의할 때도 저희 얘기는 듣지 않고 본인 말씀만 하시니…"라며 직원들의 불만이 쏟아졌다.

반면 B 기업의 대표는 직원들에게 인기가 많았다. 지나가다가 직원들이 인사하면 어김없이 "썼어?"라는 말을 건넸기 때문에 직원들은 그를 '썼어?맨'이라고 친근하게 불렀다. B 기업에는 신입사원이 일이 잘 안 풀려 답답하거나 궁금한 점을 선배 직원들에게 물어보면 곧바로 "대표님께 메일 써."라고 대답해준다는 것이다. 기업의 대표에게 메일을 쓴다는 것이 쉽지 않은 일이라 의아해하던 필자에게 직원들은 메일함을 보여주었다. 직원들의 메일함에는 대표에게서 온 여러 통의 답장이 있었다. 짧더라도 정성껏 답장을 주는 대표에게 직원들은 이런 말을 전했다. '처음에는 대표님께 메일을 보낸다는 것이 부담스러웠는데 참 신기하게도 이제는 무슨 일이 생기면 자연스럽게 대표님을 떠올립니다.'

소통을 하기 위해 메일을 '보내는 리더 vs 보내라고 하는 리더'. 당신은 이 둘 중에 누구와 함께 일하고 싶은가. 상대의 이야기를 듣지 않고, 일방적으로 본인이 하고 싶은 이야기만 할 때 소통이 될 수 없다. 이처럼 소통에서 빠져서는 안 되는 중요한 요소가 바로 경청이다. 경청을 한자로 쓰면 기울 경(傾) 자에 들을 청(聽) 자가 된다. 즉, 들을 때는 먼저 귀를 기울여야 한다는 의미이다. 사람들은 자신이 듣고 싶은 이야기가 있을 때는 상대의 소리가 작아도 더 가까이 가서 들으려고 한다. 그리고 들을 청(聽)을 나눠보면 귀(耳)로만 듣는 것이 아니라, 열 개(十)의 눈(目)으로 바라봐 주고, 하나(一)의 마음(心)으로 공감을 해주는 것이라고 한다. 경청을 잘하고 있다고 스스로 확신을 가지는 사람은 많지 않을 것이다. 인바디체크로 내 몸의 상태를 확인하고 운동을 시작하는 것처럼, '카운트톡'으로 나의 경청상태를 확인하고 경청을 시작해보자.

Communication

카운트톡
꼰대가 되지 않는 법 '경청 경청 또 경청'

〈카운트톡〉은 제시된 문제의 답을 순서대로 빠르게 대답하는 프로그램이다. 옆 사람의 정답을 잘 듣고 중복되지 않는 정답을 말하는 것이 포인트다. 소통을 잘하기 위해서는 제대로 듣고 정확히 말하는 것이 중요하다는 것을 배울 수 있다.

준비사항 미션 PPT

요 약 ① 화면에 제시된 문제를 보고 '도전'을 먼저 외친 팀에게 기회를 준다.
② 기회를 잡은 팀은 한 명씩 돌아가면서 옆 사람과 중복되지 않도록 정답을 외친다.
③ 팀원이 중복되지 않는 정답을 외치면 점수를 획득하고, 틀렸다면 다른 팀에게 기회를 준다.
④ 문제를 바꿔가면서 같은 방법으로 진행한다.

진행 방법

1) 프로그램의 취지를 설명한다.
"소통에는 두 가지 스타일이 있죠? 상대의 말을 잘 들은 후 자신이 하려는 말을 하는 사람도 있고, 상대의 말은 듣지도 않고 하고 싶은 말만 하려는 사람도 있습니다. 오늘 이 프로그램을 통해 상대의 말을 잘 듣고 말하는 사람인지, 하고 싶은 말만 하는 사람인지 알아보도록 하겠습니다."

2) 진행 방법을 설명한다.
"여러분, 같은 팀의 옆 사람과 손을 잡아보겠습니다. 기회를 얻으려면 손을 잡은 상태에서 팀원이 다 함께 손을 들고 '도전!'이라고 외쳐야 합니다. 제가 스크린을 통해 미션을 보여드릴 겁니다. 그것을 보시고 한 분씩 돌아가면서 정답을 말씀해주시면 됩니다. 6명씩 앉아있으니 총 6개의 답을 말씀하시면 되겠습니다. 중간에 중복된 단어가 나오거나 바로 대답을 하지 못하면 도전실패로 다른 팀에게 기회가 넘어가게 됩니다. 다른 팀에서는 잘 듣고 있다가 도전 팀이 실패하면 손을 들면서 '도전!'이라고 외쳐주시면 기회가 생깁니다."

3) 리허설을 진행한다.
"그럼, 연습을 한번 해보겠습니다. 모두 손을 잡아주세요. 제가 미션 제목을 보여드리면 '도전!' 하고 손을 들어주시면 됩니다. 다 같이 손을 들어볼까요? 하나 둘 셋! 도전! 잘하셨어요. 좋습니다."

4) 전략 회의를 하도록 시간을 준다.
"먼저 팀별로 상의할 시간을 주고 작전을 짜보도록 하겠습니다. 손을 빠르게 들면서 먼저 도전한 팀에게 기회를 드리겠습니다. 본격적으로 문제 나갑니다."

5) 프로그램을 진행한다.

"자 그럼 시작해보겠습니다. 기회를 얻을 팀은 다 함께 손을 잡고 '도전'을 크게 외치며 동시에 손을 들어주시면 됩니다. 하나 둘 셋! 과일 이름!"

"1팀이 손을 가장 빨리 들었습니다. 한 명씩 돌아가면서 정답을 말씀해주세요. 시작! '사과, 딸기, 배, 포도, 바나나, 감, 귤' 하나도 겹치지 않았죠? 통과! 1팀에게 점수 100점을 드립니다. 두 번째 키워드 나갑니다. 먹는 탕 종류!"

"이번에는 3팀이 손을 빨리 들었습니다. 도전 시작! '알탕, 대구탕, 꽃게탕, 도가니탕, 설렁탕, 알탕' 아, 아깝습니다. 알탕은 앞에 나왔던 단어입니다. 탈락! 앞사람 단어를 듣지 못하셨나 봅니다. 다른 팀 도전!"

"다음 미션은 우리 회사와 관련된 내용입니다. 미션 나갑니다. 우리 회사에서 판매하는 상품 종류는? (스크린에 미션 제목을 보여준다.)"

※한 팀씩 돌아가면서 6가지씩 말하고 가장 많이 통과한 팀이 승리하게 된다.

클로징 멘트

"이번 '카운트톡'을 진행해보니 여러 가지 반응을 볼 수 있었습니다. 가장 심각한 분은 앞에 나왔던 정답을 다시 반복하면서도 왜 탈락인지 모르는 분이셨습니다. 또 앞사람의 정답은 듣지도 않고 자신이 할 말만 생각하다가 그 답을 앞사람이 먼저 말했다고 짜증을 내는 분도 계셨습니다. 잘 듣고 말해야 하는데 습관처럼 본인이 하고 싶은 말만 생각하고 상대의 이야기를 놓친 것은 아닌지 되돌아봐야 하겠습니다. 경청이 중요하다는 것은 알고 있지만 실천하는 것은 결코 쉬운 일이 아닙니다. 진정한 커뮤니케이션이란 말만 잘하거나 잘 듣기만 하는 것이 아닌 상대의 말을 잘 듣고 상대가 원하는 것을 잘 표현해주는 것이 아닐까 생각됩니다."

이럴 땐 이렇게

1) 만약 교육생이 스쿨식 형태로 앉아있다면
앉아있는 상태에서 가로 한 줄씩 손을 잡고 도전을 해도 좋다.

2) 만약 교육적인 효과를 높이고 싶다면
모든 사람이 미션에 대해서 공부할 시간을 주고 미션 수행 시간을 체크해 빠른 시간에 소화하는 팀에게 혜택을 주며 진행할 수 있다.

3) 만약 팀원 수가 6명 미만이라면
팀원 중 누군가는 정답을 두 번 이야기하도록 미리 안내를 하고 진행한다.

4) 만약 참여하는 전체 인원이 너무 적다면
팀을 나누지 않고 전체 인원이 순서대로 말하면서 진행한다. 중복된 내용을 말하는 사람이 탈락되고 끝까지 살아남는 사람이 승리한다.

꿀Tip

1) 재미있게 진행하고 싶을 때
진행자는 도전을 외친 팀으로 가서 '가장 연장자부터 시작합니다.'라고 말하고 제일 어려 보이는 사람을 지목한다. (무리수인 진행은 하지 않는다.)

2) 참여도를 높이고 싶을 때
쉬운 문제부터 서서히 어려운 문제로 넘어가는 것이 좋다. 처음부터 어려운 미션을 주면 참여도가 떨어질 수 있으므로 주의해야 한다.

3) 매끄럽게 진행하고 싶을 때
진행자는 팀원이 정답을 말할 때 그 단어를 한 번 더 반복해주면 좋다. 예를 들어 '사과'라고 외치면 진행자도 '사과'라고 크게 반복해주어 다른 팀도 잘 들을 수 있도록 해준다.

진행자는 성공 시 '통과'라고 외쳐주며, 실패 시 '탈락'이라고 외쳐서 다음 미션으로 넘어가는 신호를 정확히 주는 것이 좋다.

4) 교육적인 효과와 재미를 모두 원할 때
탕으로 끝나는 음식이름 – 우리 회사 상품 이름 – 걸그룹 이름 – OO 상품 특장점 – 19금 영화제목 등 재미와 교육적인 요소를 번갈아가며 진행하는 것이 좋다.

5) 교육적 효과를 두 배로 올리고 싶을 때
교육을 마무리할 때 오늘 배웠던 내용을 미션으로 진행할 수 있다.

Eduplay 실전대본

3

협업
Cooperation

Part 3 Cooperation

릴레이메모리
휴가지에서 전화받기 싫다면 공유하라
셀아트
우리는 한 가지 컬러로 표현될 수 없다
컵빌딩
구슬이 서 말이라도 꿰어야 보배
팀웍클래핑
한 사람이 열 번 치는 박수보다
열 사람이 한 번 치는 박수가 더 크다

릴레이메모리
휴가지에서 전화받기 싫다면 공유하라

릴레이메모리
휴가지에서 전화받기 싫다면 공유하라
(팀전)

 어머니의 칠순 잔치

　형석 씨는 지난해 어머님의 칠순 가족모임을 생각하면, 아쉬움만 남는다. 가족끼리 조촐하게 어머님 칠순 잔치를 치르고자 했지만, 친척들이 모이면 30여 명이나 되는 대가족이었다. 대가족이 모일 장소를 정하는 등 칠순잔치 준비는 형들이 맡겠다고 한 터라 형석 씨는 마음 편하게 출장을 떠났다. 그런데 칠순 잔치 이틀 전, 모바일 메신저 형제들의 대화방에 어머님 칠순 잔치에 대한 어떠한 일정도 올라오지 않았다. 이상한 생각에 형들에게 장소와 시간을 알려달라는 글을 남겼다. 순간 대화방은 난리가 났다.
　"둘째야, 장소 어디로 정했니? 네가 알아본다고 해서 기다리고 있었지."
　"형, 무슨 소리야! 형이 나랑 통화할 때 형이 알아본다고 했잖아."
　"뭐! 이게 무슨 말이야, 나는 그런 말 한 적이 없어. 서로 알아보고 연락해서 정하자니까 네가 아는 곳 있다고 거기로 예약한다고 했잖아!"
　"…"
　"…"
　형제들의 대화방에 폭풍 치던 대화는 잠시 끊기고 불안한 정적이 흘렀다. 이러다 안 되겠다 싶어 조심스레 형석 씨가 나섰다.
　"형님들, 저 막내 형석이에요. 아마도 형님들이 너무 바쁘시다 보니 공유가 되지 않았던 것 같아요. 저라도 중간에 형님들하고 의논했어야 했는데… 출장이다 업무다 바빠서 정신없이 지내다 보니… 죄송합니다."
 잠시 후 큰 형님의 글이 올라왔다.
 "아니다, 됐다. 지금 잘잘못을 따져봐야 무슨 소용이냐. 공유하고 체크하지 못 해 이렇게 된걸."
 "제가 죄송해요. 그때 형님하고 전화할 때 여기저기 얘기만 하고 제대로 마무리를 못 해서… 이렇게 됐네요."
 "이제 이틀밖에 안 남았으니 빨리 해결책을 찾아보는 수밖에. 적지 않은 인원의 가족들이 함께 식사할 곳을 찾을 수 있을지 모르겠다. 각자 서둘러서 장소를 찾아보고 연락들 하자!"
 "네."
 "네."
 결국, 어머님의 칠순 잔치는 동네 작은 식당을 빌려 우여곡절 끝에 마무리되었다. 가족회의는 했지만 '한 사람이라도 제대로 기억하거나 기록해서 공유했더라면 이런 홍역은 치르지 않아도 됐을 텐데'하는 아쉬움이 남는다. 이렇듯 가정의 큰 행사뿐만 아니라 소소한 일이라도 기억을 공유하는 것이 반드시 필요하다.

✏️ 부산행? 서울행!

 건축 회사에서 캠핑장 설립 관련 업무를 담당하는 이 과장은 캠핑장 설립 문의가 많아지면서 며칠째 야근을 하고 있었다. 오늘도 어김없이 야근을 하던 이 과장이 퇴근 준비를 하는데 갑자기 상사인 강 부장이 불렀다.
 "이 과장, 내일 부산 출장을 다녀와야겠어. 출근하지 말고 바로 부산지사로 가게."
 강 부장의 지시에 이 과장은 야근에서 벗어날 수 있다는 마음에 출장이 반가웠다. 게다가 내일은 마침 금요일이니 회사 일을 끝내고 오랜만에 부산 사는 친구들과 만날 수 있어 약속도 잡았다. 다음날 새벽, 이 과장은 7

시 30분 서울역을 출발하는 부산행 KTX를 타기 위해서 서둘러 나섰다. 출발하는 기차 안에서 일을 마치고 친구들과 회포를 풀 생각에 이 과장은 절로 기분이 좋아졌다.

하지만 이 과장이 부산으로 향하고 있을 무렵 사무실에서는 난리가 났다. 강 부장이 회의에 참석하기 위해 현재 기획하고 있는 캠핑장 설립 자료를 팀원들에게 가져오라고 했다. 자료를 뒤적이고 컴퓨터를 찾아보아도 캠핑장 설립 자료에 대하여 아는 사람이 아무도 없었다. 그때 기어들어가는 목소리로 김 대리가 말했다.

"부장님! 캠핑장 설립 자료는 이 과장님이 전적으로 담당하고 있었습니다."

"도대체 일을 어떻게들 하는 겁니까? 이 과장이 전적으로 담당했다고 업무 공유가 전혀 되지 않는다는 게 말이 됩니까?"

강 부장의 불호령에 모두 꿀 먹은 벙어리가 되어 아무 말도 할 수 없었다.

"김 대리, 지금 당장 이 과장에게 전화해서 바로 본사로 들어오라고 하세요! 회의는 오후에 다시 한다고 기획팀에도 연락하세요!"라는 말을 던지고 강 부장은 화를 참을 수 없었는지 사무실 밖으로 나갔다. 부랴부랴 김 대리는 이 과장에게 전화를 걸었지만, 이른 새벽에 움직였던 이 과장은 기차에서 잠이 들어 전화를 받지 못했다. 여섯 번째에야 비로소 이 과장은 전화를 받았다.

"과장님, 어디세요?" 이 대리는 거의 울먹이다시피 말했다.

"지금 대구쯤 왔어. 무슨 일 있어?"

"네. 큰일 났어요! 아무래도 대구에서 내리셔서 다시 올라오셔야겠어요. 아무리 찾아봐도 회의에 들어갈 캠핑 설립 자료를 찾지 못해서요. 강 부장님이 무조건 본사로 돌아오시랍니다."

"뭐?…아….."

결국, 이 과장은 어쩔 수 없이 본사로 급하게 들어갈 수밖에 없었다.

갑작스런 이 과장의 출장을 통해 몇 가지를 생각해 볼 수 있다. 조직 내에서 서로의 업무를 공유하고 누가 어떤 업무를 진행하고 있는지 알고 있었다면, 다음 날 이 과장이 출장을 가더라도 혼란스러운 일은 없었을 것이다. 또한, 강 부장이 내일 있을 회의에 대해 팀원들과 미리 공유했다면 이 과장은 출장을 떠나기 전에 미리 회의 자료를 준비했을 것이다. 이렇게 되었다면 이 과장은 부산지사의 일을 마치고 친구들과 즐거운 시간을 보냈을 것이다. 그리고 강 부장은 제시간에 회의를 했을 것이고, 감정 낭비도 하지 않았을 것이다. 팀원들 또한 불편한 상황을 맞지 않아도 될 것이고, 기획팀 역시 업무일정에 차질을 빚지 않아도 되었을 것이다. 결국, 업무가 공유되지 않음으로써 회사에 해를 끼치는 결과가 발생한 것이다.

릴레이메모리
휴가지에서 전화받기 싫다면 공유하라

●

〈릴레이메모리〉는 일정한 거리에 무작위로 나열된 숫자카드를 번호 순서대로 먼저 가져오는 팀이 승리하는 프로그램이다. 서로의 기억을 공유하는 훈련을 통해 성공적으로 협업할 수 있도록 도와준다.

●●

준비사항
① 6명씩 2개의 팀 구성 (총 12명)
② 1부터 9까지의 숫자카드 (A3 크기) 2세트

요　약
① 1부터 9까지의 숫자카드를 일정한 거리에 빙고판(3×3)에 뒤집어 섞어 놓는다.
② 두 팀은 진행자의 '출발' 신호와 함께 첫 주자가 뛰어가 숫자카드를 선택하고 오름차순에 맞는 숫자카드가 나오면 가져온다.
③ 선택한 숫자카드가 오름차순에 맞지 않으면 팀원에게 카드의 위치를 보여주고 다시 그 자리에 뒤집어 놓는다.
④ 1부터 9까지의 숫자카드를 6명이 돌아가며 번호 순서대로 빠르게 가져오는 팀이 승리한다.

진행 방법

출발선을 정하고, 그로부터 10m 떨어진 곳에 1부터 9까지의 숫자카드를 순서와 관계없이 빙고판(3×3) 모양으로 뒤집어 놓아둔다. 두 팀이 각각 출발선에 한 줄로 서게 한다. (6인 1팀)

1) 프로그램을 설명한다.

"9장의 카드를 1부터 9까지 순서대로 가장 빠르게 모으는 팀이 승리합니다. 먼저 1번 주자부터 달려가서 숫자카드 9장 중 1장을 골라 뒤집어봅니다. 숫자 1이 나왔다면 그 카드를 들고 출발선으로 다시 돌아오시면 되고, 1이 아니라면 카드를 높이 들어 팀원들에게 보여주셔야 합니다. 이때 팀원 여러분은 그 카드가 무슨 숫자인지, 어느 자리에 놓여있었는지 잘 보고 기억하시기 바랍니다. 1번 주자가 돌아오면, 2번 주자와 손을 터치하고 6번 주자 뒤로 가서 줄을 섭니다. 2번 주자는 1번 주자와 마찬가지로 달려가 숫자카드를 1장 뒤집고 순서에 맞으면 가져옵니다. 자, 준비되셨죠? 준비~ 출발!"

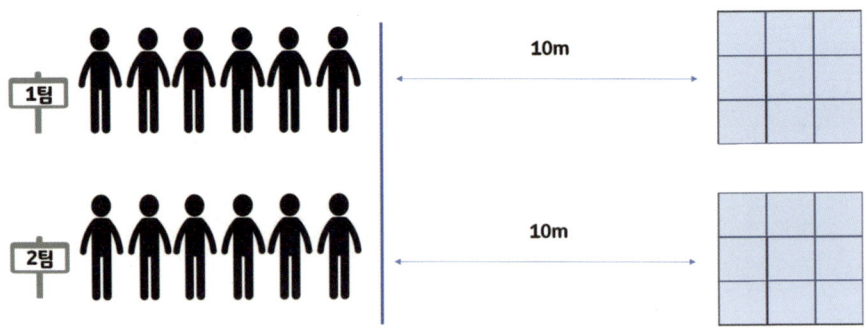

2) 프로그램을 진행한다.

① 1번 주자가 달려가서 숫자카드를 하나 뒤집는다. 이때 숫자는 3이 나

왔다고 가정한다.

"1번 주자는 숫자 3을 뒤집었습니다. 원래대로 제자리에 놓아두고 돌아오세요. 다른 분들은 숫자 3이 어느 위치에 놓여있었는지 잘 기억하셔야 합니다! 그래야 나중에 본인들이 주자로 달릴 때 도움이 됩니다."

② 1번 주자와 손을 터치한 2번 주자가 달려가 숫자카드를 뒤집는다. 이때 숫자는 7이 나왔다고 가정한다.

"아! 숫자 7이 나왔습니다! 제자리에 원래대로 놓고 돌아오십시오. 다른 분들은 숫자 7이 어느 위치에 있는지 잘 기억하세요."

③ 2번 주자와 손 터치한 3번 주자가 달려가 숫자카드를 뒤집는다. 이때 숫자는 1이 나왔다고 가정한다.

"드디어 1이 나왔습니다! 카드를 가지고 빠르게 돌아오세요."

④ 이러한 방식으로 주자들은 릴레이로 10m 앞에 놓인 숫자카드 중 하나를 뒤집어 숫자를 확인한 후, 2, 3, 4의 순으로 차례대로 숫자카드를 가지고 돌아오고, 순서에 맞지 않는 숫자가 나오면 팀원들에게 보여주고 위치를 기억한 후 빠르게 돌아온다.

진행자는 양 팀이 동시에 진행되고 있는 상황을 설명해준다.

(예시1) "1팀은 현재 3번 카드까지 모으셨는데요, 이제 4번 카드가 나와야 합니다! 다른 숫자의 위치를 기억하셨다면, 4번 숫자카드가 어디에 위치해 있는지 찾을 확률이 높아질 텐데요."

(예시2) "2팀은 현재 5번 카드까지 모으셨네요, 6번부터 9번 카드까지 위치가 모두 공개된 상태입니다. 이제 서로의 기억을 공유해 정확한 순서대

로 숫자카드를 찾아오는 게 관건입니다."

3) 카드를 먼저 모은 팀이 승리한다.
"2팀이 먼저 9장의 카드를 모두 모았습니다. 축하드립니다!"

👍 클로징 멘트

"지금까지 함께 한 '릴레이메모리'에서는 각자 정확한 위치를 기억하는 것이 중요하지만, 그것보다 더 중요한 것은 기억한 위치를 팀원들과 빠르게 공유하는 것이었습니다. 직장생활에서도 업무 처리 및 협업에 있어 '정확하고 빠른 공유'가 문제 해결을 위해 필수 요소라는 것을 잊지 말아야 하겠습니다."

📋 이럴 땐 이렇게

1) 만약 공간 제약이 있다면?
강의실 앞 칠판이나 낮은 보조테이블을 활용하여 진행할 수 있다.

2) 만약 업무에 대한 이해도를 높이고 싶다면?
숫자가 아니라 담당 업무 프로세스 등을 글자 카드로 만들어 진행할 수 있다.

3) 만약 시간의 여유가 있다면?

교육생이 직접 숫자카드를 만들어 활용할 수 있다.
카드의 수를 16개, 25개, 36개 등으로 늘려서 진행할 수 있다.
단판 승이 아니라, 3판 2선승제 혹은 토너먼트 형태로 진행할 수 있다.

4) 만약 공정성을 높이고 싶다면?

프로그램 시작 전 각 팀의 숫자카드를 상대 팀 대표가 직접 배열할 수 있다.

 **꿀Tip**

1) 똑같은 번호의 카드를 연속으로 집었을 때
"이 분은 X맨인가요?! 방금 나온 번호를 또 들었습니다."라며 위트 있는 농담을 던진다.

2) 승부욕을 자극하고 싶을 때
긴장감을 주는 빠른 템포의 음악을 BGM으로 준비한다.

3) 숫자 6과 9를 헷갈리지 않게 하고 싶을 때
숫자 6, 9 아래에 언더바(_)를 넣어, 쉽게 구분되도록 한다.

셀아트
우리는 한 가지 컬러로 표현될 수 없다

셀아트
우리는 한 가지 컬러로 표현될 수 없다
(팀전)

 'VALVE' 수평 관리 구조의 함정

지금 머릿속에 나의 가까운 회사 동료를 한 명만 떠올려보자. 만약 당신이 그 동료의 연봉을 책정할 수 있다면, 당신은 얼마로 정하겠는가? 그만큼의 연봉으로 정한 기준은 무엇인가? 업무처리의 신속성? 성실성? 근태? 아니면 당신과의 관계에 따라서? 이렇게 나의 기준으로 동료를 평가한다면, 과연 어떤 일이 벌어질까? 다소 황당한 이야기로 들릴지 모르겠지만, 이 이야기는 바로 비디오게임 소프트웨어 회사 'VALVE'의 실제 이야기다. 비디오게임 및 디지털 콘텐츠 플랫폼을 운영하는 VALVE는 1996년에 설립되어 2014년 가장 일하고 싶은 회사 1위에 선정되기도 하였다. 이 회사에는 정해진 팀이나 직무가 없고, 직원들의 책상에 바퀴가 달려 있어 언제 어떤 업무든 자유롭게 선택하여 수행할 수 있다. 예를 들어 어떤 직원이 '난 지금부터 이러이러한 게임을 한번 만들어볼 거야. 같이 할 사람?' 하고 사내공지를 하고, 함께 하고 싶은 직원들은 자신의 책상을 그쪽으로 옮겨 자유롭게 함께 일할 수 있는 시스템이다. 게다가 '상사'나 '팀장'이 없기 때문에 자연스럽게 '보고'의 개념이 없고, 모두 동등한 위치에서 함께 일하며 자신의 업무시간을 스스로 자유롭게 할당할 수 있어 새로운 아이디어를 계속 만들어낼 수 있는 환경이 조성되어 있다. 이 때문에 VALVE에서는 계속해서 인기 있는 게임을 만들어내는 데 성공하며 훌륭한 성과를 냈다. 하지만 함께 일하는 동료를 서로 평가하고, 그 결과를 바탕으로 연봉을 책정하며, 새로운 직원의 채용에까지 직접적으로 관여하는 VALVE의 특징 때문에 한때 혼란을 겪기도 했다. 4차 산업 혁명의 시대가 새롭게 도래함에 따라 소프트웨어 시장의 기술이 발달하였고, VALVE에서도 자연스레 증강현실을 구현하는 새로운 게임의 개발과 함께 하드웨어의 개발이 필요해진 것이다. VALVE에서는 수백만 달러를 들여 공장을 차렸지만, 그 기계 부품을 조립해 줄 연봉 4만 달러 기계공도 채용할 수 없었다. 이미 근무 중인 동료들은 기계공을 채용하면 자신들의 고귀한 문화에 해를 끼칠까 봐 걱정해, 채용을 반대했기 때문이다. 이렇게 자신들과 다른 직무를 수행하는 직원들에 대해 배척한 결과로 당시 VALVE의 하드웨어 팀이 해산되기도 했다.

만약 당신이 VALVE의 직원이었다면, 다른 선택을 했을까? 지금까지 나와 다른 환경에서 일해 온 사람들, 나와 다른 직무를 수행하고 있는 사람들, 나와 업무 방식이 다른 사람들. 나와 다르다고 해서 과연 '틀리다'고 할 수 있을까?

*참고자료: Harvard Business Review, "Opening the Valve: From Software to Hardware (A)", case study by Ethan S. Bernstein, Francesca Gino, and Bradley R. Staats

미국에 본사를 두고 있는 세계적인 경영컨설팅 회사 맥킨지앤드컴퍼니(이하 '맥킨지')가 지난 2018년 1월 내놓은 다양성 보고서(Delivering through Diversity)에서는 기업의 다양성이 매우 중요하다고 밝혔다. 해당 보고서에 따르면 2017년 경영진의 성별이 다양한 기업일수록 그렇지 못한 기업에 비해 영업 이익이 21% 더 높았고, 경영진이 민족적·문화적으로 다양한 기업일수록 더 높은 이익을 낼 가능성이 43% 더 높게 나왔다고 한다. 즉, 다양성을 인정하는 것이 평등하고 유연한 기업 조직문화를 만들 뿐만 아니라 재무적 성과에까지 긍정적인 영향을 미친다는 결과다.

*출처: Delivering through diversity (January 2018), McKinsey & Company

P&G의 'I AM' 캠페인

실제로 최근 사회적 가치를 중요하게 생각하는 소비자들의 성향에 맞추기 위하여, 다양성을 추구하는 것은 많은 기업의 중요한 과제가 되어가고 있다. 단순히 가격과 성능에만 집중하기보다는 자신의 가치관이나 신념에 맞게 소비하려는 소비자 트렌드가 지속적으로 확산되고 있기 때문이다. 특히, 1980년대 초부터 2000년대 초반까지 태어난 이른바 '밀레니얼 세대'의 경우 더더욱 다양성과 평등의 가치를 중요시한다. 실제로 글로벌 리더십 자문기업 에곤 젠더가 2019년 초 미국, 영국, 중국, 인도를 포함한 7개국의 관리직 직장인 약 2,500명을 대상으로 설문조사를 진행한 결과에서도, 밀레니얼 세대의 65%가 직장 내 다양성을 매우 중요시한다는 것을 알 수 있다.

국내에서도 이러한 현상을 잘 반영한 기업을 볼 수 있다. P&G(피앤지)는 기업의 주요 가치를 다양성과 포용성에 두고, 평등한 기업 문화를 선도해 나가고 있는데, 2019년 창립 30주년을 맞이한 한국 P&G 역시 이를 혁신의 원동력이라고 보고, 모든 임직원의 개성과 다름을 존중하는 조직, 나아가 그러한 한국 사회를 만들기 위하여 지속적인 노력을 기울이고 있다. 세계 여성의 날을 맞아 2019년 3월에는 '다양성과 포용성(Diversity and Inclusion)' 주간을 정하고 다양한 사내 프로그램을 실시하였다. 서로 다른 모습, 성격, 장점을 가진 동료들을 존중하고 다름을 포용하자는 취지의 'I AM' 캠페인을 출범하였고, 발라카 니야지 한국 P&G 대표를 포함한 임원진들이 직원들과 함께 다양성에 대한 네 가지 주제('포용적인 근무 환경을 위한 자율근무제', '여성을 둘러싼 선입견', '직장 내 세대격차', '모두를 위한 성 평등')에 대해 자유롭게 이야기를 나누는 토크 프로그램을 실시하기도 했다. 또 한국 P&G는 사내 캠페인 외에도 나이, 성별, 국적 등의 조건에 차별 없는 채용, 인재개발 프로그램, 직원 복지 등 인사제도를 도입, 실행해 직원들 개개인의 다양성이 존중받는 업무환경을 제공하기 위해 노력해왔다. 특히 개인의 특성이 포용되는 자유로운 분위기의 조직을 만들기 위해 임직원 리더십 개발 프로그램을 운영하고 있다. MBTI 성격 유형 검사로 직원들의 성향과 업무 스타일을 파악해 그에 맞는 '상황별 리더십 교육(Situational Leadership Training)'을 실시하고, 팀별 워크숍인 '유형별 코칭(Type Coach)' 프로그램을 통해서는 팀원들 간 서로 다른 업무 스타일에 대한 이해와 존중을 바탕으로 최상의 업무 성과를 끌어낼 수 있는 협업 방식 등을 교육한다. 오랫동안 사랑받으며 높은 자리에 위치해 있는 기업들은 이렇게 다양성을 인정하고 받아들이는 융화된 문화를 조성하고 있다는 공통점이 있다.

*참고사례: 부산일보 〈한국 P&G, 다양성이 존중받는 평등한 사회 조성 '앞장'〉

   기업교육 전문강사로서 많은 기업에서 강의 의뢰를 받았던 주제 중 하나가 바로 '직원 간의 화합과 서로 다름에 대한 인정'이었다. 기업의 외부인으로서는 알 수 없었던 기업 내부 직원 간의 문제가 있었기 때문일 것이다. 그런데 이러한 문제가 단지 한두 기업만의 문제가 아님은 분명해 보인다. 최근 '직장 내 괴롭힘 금지'에 관한 법령이 제정된 바 있기 때문이다. (2019. 7. 16. 근로기준법 개정안) 실제로 2017년 국가인권위원회의 조사에 따르면, 직장생활 경험이 있는 만 20~64세 남녀 1,500명 중 73.7%가 직장 내 괴롭힘 피해 경험이 있다고 답하는 등 '직장 내 괴롭힘'은 심각한 상황이다. 직장 내 괴롭힘에 해당하는 외모 비하, 따돌림, 차별대우, 험담 등이 발생하는 이유는 바로 나와 '다름'을 인정하지 않고 '틀림'으로 받아들이기 때문은 아닐까.

   피아노가 검정색 건반 없이 흰색 건반만으로는 아름다운 선율을 만들어낼 수 없는 것처럼, 이 세상도, 우리 회사도 마찬가지임을 기억해야 한다. 우리가 모두 같지 않기 때문에 해낼 수 있는 것이 무엇인지, '셀아트' 프로그램을 통해 한번 알아보도록 하자.

셀아트
우리는 한 가지 컬러로 표현할 수 없다

●

〈셀아트〉는 두 종류의 컬러 자석을 활용해 이미지를 만드는 프로그램이다. 하나의 작은 픽셀이 전체 이미지에 얼마나 중요한지 '함께'의 중요성을 알 수 있고, 서로 다른 보색 컬러가 왜 필요한지 '다름'의 중요성을 이해할 수 있다.

● ●

준비사항
① 6인 1조로 팀 구성
② 팀당 컬러 자석 한 세트 (보색)
③ 포스트잇
④ 볼펜

요　약
① 컬러 자석을 팀별로 나눠준다.
② 진행자가 제시한 '하트'를 컬러 자석으로 표현한다.
③ 공감점수를 가장 많이 얻은 팀이 승리한다.
④ 진행자가 제시한 '협업'을 컬러 자석으로 표현한다.
⑤ 작품을 설명하고 공감점수를 가장 많이 얻은 팀이 승리한다.

진행 방법

[1단계 프로그램]

1) 프로그램을 설명한다.

"지금부터 '셀아트' 프로그램을 시작하겠습니다. 컬러 자석 한 세트로 진행하는 프로그램인데요. 2단계로 되어있습니다. 먼저 1단계부터 진행해보겠습니다. 한 세트의 컬러 자석을 이용해 정해진 시간 안에 제시한 이미지를 누가 더 빨리 만들 수 있는지 경쟁하는 프로그램입니다. 진행자가 제시하는 이미지를 보고 모든 팀원이 그 이미지와 가장 비슷하게 컬러 자석을 활용해 만들면 됩니다. 그럼 프로그램 진행을 위해 각 팀의 팀장을 뽑겠습니다. 우리 팀에서 가장 리더십이 뛰어나 보이는 분을 제가 '하나 둘 셋' 하면 동시에 가리켜주세요~ 하나 둘 셋!"

2) 컬러 자석의 컬러를 선택한다.

"팀장님을 뽑았습니다. 각 팀의 팀장님들은 대표로 가위 바위 보를 해서 본인 팀의 컬러 자석의 컬러를 정하도록 하겠습니다. 컬러는 빨강과 청록, 남색과 노랑, 주황과 파랑, 검정과 흰색, 자주와 녹색, 보라와 연두 이렇게 6가지 보색 컬러로 준비되어 있습니다. 자 그럼 팀장님끼리 '가위, 바위, 보'를 해서 이긴 팀부터 컬러를 선택하겠습니다. '가위, 바위, 보!' 네 1팀이 이겼습니다. 어떤 컬러 선택하시겠어요? 빨강과 청록을 선택하셨습니다. 팀장님의 좌우에 계신 분들이 함께 나오셔서 컬러 자석을 받아가세요."
나머지 팀들도 가위 바위 보 순서대로 받아간다.

3) 역할을 나눈다.

"이제 컬러 자석을 가져가셨습니다. 컬러 자석에 손을 대지 마시고요. 컬러 자석을 가지고 이미지를 만들기 전 잠시 회의 시간 드리겠습니다. 검색은 누가 할지 기본 초안은 누가 그릴지 팀원들 각자의 역할에 대해 상의할 시간을 3분간 드리겠습니다."

4) 프로그램을 진행한다.

"3분이 지났습니다. 그럼 지금부터 셀아트 1단계 이미지를 보여드리겠습니다. 1단계 이미지는 하트네요. 이 이미지를 보시고 정해진 시간 안에 가장 비슷하게 만든 팀이 승리합니다. 팀장님의 왼쪽에 계신 분 손 들어주시겠어요? 이분이 우리 팀 촬영 담당입니다. 사진을 찍어서 제게 카톡으로 보내주시면 됩니다. 카톡 아이디는 OO입니다. 자 그럼 시작해볼까요? 시간은 5분을 드립니다. 5분 후 컬러 자석에 손을 대시면 그 조는 탈락 됩니다. 모두 일어나셔서 진행하셔도 됩니다. 준비! 시작~.

이제 마무리하겠습니다. 10초 전입니다. 10, 9, 8…, 3, 2, 1 그만! 이제 컬러 자석에 손 대면 안 됩니다."

5) 이미지를 확인한다.

 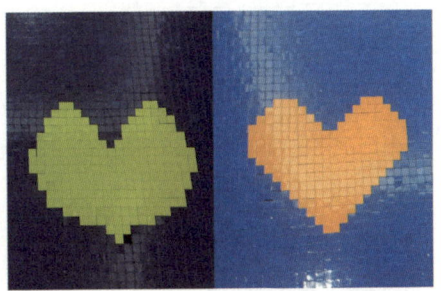

"그럼 여러분이 만든 하트는 어떤 모습인지 볼까요? 각 팀 촬영 담당은 카톡으로 이미지를 보내주시면 됩니다. 여러분은 투표 준비를 해주세요. 개인별 의견을 팀장님께 전해주시고 팀장님은 가장 많이 나온 두 팀의 번호를 포스트잇 한 장에 한 팀씩 적어서 두 장을 제게 주시면 되겠습니다.

가장 많은 표가 나온 팀은 1등 300점 2등 200점 3등 100점씩 드리겠습니다. 투표해주세요. 팀장님께 전해주시고요. 팀장님은 포스트잇 한 장에 한 개 팀의 이름을 써서 두 장을 준비해주시면 됩니다. 투표 결과 화이트보드에 붙여보겠습니다. 보시는 것처럼 1단계 하트 이미지를 가장 잘 만든 팀은 2팀입니다. 2팀은 팀 점수 300점 드립니다. 2등인 5팀은 200점 3등 1팀은 100점 드리겠습니다."

6) 컬러 자석을 원래 상태로 만든다.

"이제 2단계로 들어갈 텐데요. 2단계 진행 전 보너스 미션입니다. 컬러 자석을 처음 나눠드렸던 그대로 2개의 통에 컬러별로 담아주시고 몇 팀! (자신의 팀 이름)이라고 외쳐주시면 보너스 점수 드립니다. 시작하겠습니다. 제일 빠르게 정리한 2, 4, 6팀에게 점수 드립니다."

[2단계 프로그램]

1) 프로그램을 설명한다.

"이제 2단계로 들어갑니다. 2단계는 이미지를 보여드리는 게 아니고 제가 제시해드리는 주제어를 보시고 거기에 맞는 이미지를 컬러 자석으로 만들고 그 이미지의 제목과 내용을 정리해서 발표하는 프로그램입니다."

2) 역할을 나눈다.

"그럼 역할을 나눠보겠습니다. 팀장님을 기준으로 오른쪽 시계 방향으로 오른쪽 두 분 손 들어주세요. 이분들은 브레인 담당입니다. 제목과 내용을 준비해주시면 됩니다. 촬영 감독님은 우리 팀의 컬러 자석 이미지가 마무리되면 표현이 잘되도록 촬영하셔서 제게 카톡으로 전송해주시면 됩니다. 임무가 정해지지 않은 분들 손 들어주세요. 이분들은 작품을 어떻게 표현할지 고민하시고 만들어주시는 역할입니다. 팀장님은 전체 총괄을 하시면서 지휘해주시면 됩니다. 컬러 자석은 손대지 마시고요. 촬영 감독님을 제외하고 나머지 분들은 모두 휴대폰을 넣어주세요."

3) 규칙을 설명한다.

"규칙을 말씀드리겠습니다. 총 시간은 25분입니다. 컬러 자석을 다른 팀과 바꿀 수 없습니다. 제목과 내용 발표는 최대 1분 이내로 하겠습니다."

4) 작품을 만든다.

"그럼 2단계 키워드를 말씀드리겠습니다. 키워드는 바로 '협업'입니다. 협업이라고 하면 떠오르는 이미지를 생각해보시고 그것을 작품으로 만들어주시면 되겠습니다. 그럼 지금부터 회의 시간 5분 드리겠습니다. 5분이 지났습니다. 이제 셀아트 2단계 작품을 만들어보겠습니다. 시간은 25분 드리겠습니다.

다들 잘 만들고 계시는데요. 팁을 하나 드리면 촬영 담당자가 중간중간 이미지를 찍어보시고 원하는 그림이 나오는지 확인해보세요.

다양한 작품을 만들고 계시네요. 시간은 5분 남았습니다. 제목과 내용도 이제 마무리하셔야 합니다. 일찍 마무리된 팀은 사진과 제목을 카톡으로 보내주시면 됩니다. 'O팀 제목+사진' 이렇게 보내주시면 되겠습니다. 사진은 딱 한 번씩만 받겠습니다. 작품은 최종 수정한 사진으로 보내주세요. 팀별 사진과 제목이 모두 들어왔습니다. 이제 화면에 띄워드리면서 작품을 발표하겠습니다."

*샘플 예시

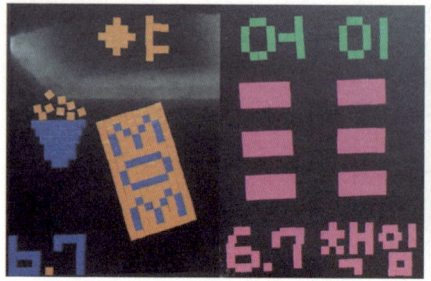
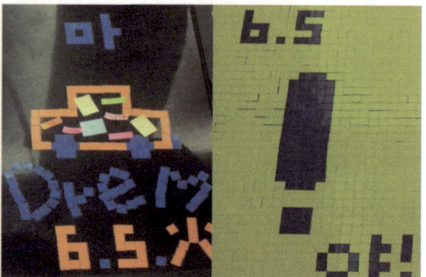

5) 작품을 발표한다.

"팀별로 작품을 발표할 분들은 준비해주시고요. 작품 발표를 보시고 가장 잘 만든 팀과 협업이라는 주제를 가장 잘 표현한 팀, 총 두 팀을 정해주시면 됩니다. 팀장님은 팀에서 가장 많이 나온 두 팀의 번호를 포스트잇 한 장에 한 팀씩 적어서 두 장을 제게 주시면 되겠습니다. 가장 많은 표가 나온 팀은 1등 600점 2등 400점 3등 200점씩 드리겠습니다.

6팀부터 시작해보겠습니다. 그럼 6팀 작품 화면에 띄워드릴게요. 발표자는 앞으로 나와주시기 바랍니다. 여러분 박수 주세요. 발표 들어볼까요?

6팀, 5팀, 4팀~1팀까지 발표 마무리했습니다."

6) 투표를 실시한다.

"각자 여섯 팀 중 오늘의 주제어인 '협업'과 가장 잘 맞다고 생각되는 두 팀을 팀장님께 전해주세요. 팀장님은 팀에서 가장 많은 표가 나온 팀을 두 팀 뽑아서 제게 주시면 됩니다. 포스트잇 한 장에 한 팀씩 번호를 써서 2장을 주시면 됩니다. 이제 제출해주세요."

"셀아트 2단계 순위를 발표하겠습니다. 여러분이 제출해주신 표를 모두 더하면 오늘의 키워드 '협업'을 가장 잘 표현한 팀은 1팀이 되겠습니다. 축하드립니다. 1팀은 600점 드리겠습니다. 2등을 하신 4팀에는 400점 드리고요. 3등을 하신 6팀에는 200점을 드립니다."

👍 클로징 멘트

"지금까지 '셀아트'를 함께 해봤습니다. 사실 여러분께 나눠드린 두 가지 컬러의 자석은 특별한 관계입니다. 어떤 관계일까요? 바로 '보색 관계'인데요. 서로가 완전히 다른 컬러라는 거죠. 만약 진행할 때 연두와 노랑을 함께 드렸다면 하트는 어땠을까요? 예쁘긴 했겠지만 하트가 선명하게 보이진 않았을 겁니다. 이처럼 보색의 컬러가 옆에 있기 때문에 서로를 더 돋보이게 만들어주는 거죠. 밤이 깊을수록 별이 빛납니다. 내가 빛날 수 있는 것은 바로 내 옆에 나와 다른 그가 있기 때문이 아닐까요? 나와 다르다고 비난하고 배척할 것이 아니라, 나와 다른 점을 수용하고 그것으로부터 배울 줄 아는 것이 더 훌륭한 결과를 만들어낼 수 있음을 기억하면 좋겠습니다."

📇 이럴 땐 이렇게

1) 만약 시간이 부족하다면?

1, 2단계를 모두 진행하지 말고 2단계만 진행한다.

2) 인원이 많다면?

한 팀에 최대 10명까지 진행이 가능하다. 다만 집중되도록 10명의 임무가 정확하게 나눠지는 것이 좋다.

 꿀Tip

1) 작품의 제작 속도를 맞춰 원활하게 진행을 하고 싶을 때

팀별로 작품을 제작하는 속도가 다를 경우 먼저 끝낸 팀의 집중도가 떨어질 수 있으므로 작품발표를 준비할 수 있도록 안내한다.
(발표 순서를 랜덤으로 정하여 누가 먼저 발표할지 모르는 상황을 연출한다.)

2) 즐거운 분위기를 만들고 싶을 때

밝고 빠른 템포의 음악을 BGM으로 준비한다.

3) 모든 사람이 참여하도록 만들고 싶을 때

팀원 모두에게 각자의 임무를 주고 진행자가 계속해서 중간 확인을 하며 진행하는 것이 좋다.

컵빌딩
구슬이 서 말이라도 꿰어야 보배

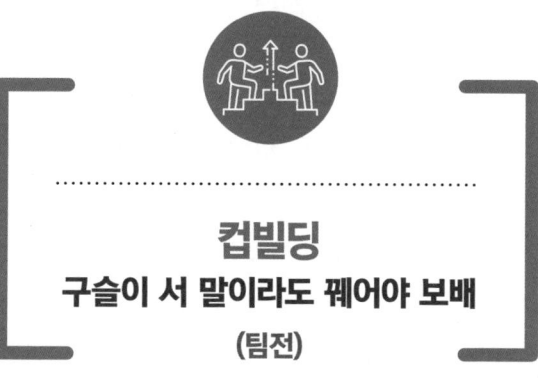

컵빌딩
구슬이 서 말이라도 꿰어야 보배
(팀전)

✏️ 작은 힘이 모여서 만든 위대한 힘

2018년 9월 25일 새벽. 군 복무 중 휴가를 나와 친구들과 좋은 시간을 보내고 있던 그에게 굉음을 내는 차 한 대가 돌진한다. 불안한 움직임을 보이던 그 차는 인도까지 넘어와 그를 덮치고 말았고, 15m 너머로 떨어지며 그는 의식을 잃었다. 이 사고로 휴가를 나온 22살의 윤창호 군은 결국 뇌사 상태에 이르렀고 46일간의 사투를 벌이다 결국 사망하고 말았다. 문제는 당시 사고를 낸 운전자는 알코올농도 0.134%의 운전면허 취소 수준이었다는 것이다. 음주운전으로 한 사람의 고귀한 생명이 허망하게 날아간 것이다. 사고를 낸 당사자들은 술에 취해 당시 상황에 대해서는 전혀 기억하지 못한다고만 할 뿐 어떠한 사과도 없었다. 심지어 가해자와 동승자는 모두 멀쩡한 상태였다.

이 이야기는 많은 사람이 분노했던 '윤창호 법'이 시작하게 된 이야기다. 만약 당신의 소중한 사람이 이런 사고를 당했다면 어떤 기분이 들겠는가? 상상하기도 싫은 고통일 것이다. 친구를 만나고 오겠다며 집을 나선 아들을 영영 볼 수 없게 된 부모님의 심정은 참담했다. 사고 현장에 함께 있던 윤창호 군의 친구들도 마찬가지였다. 친구를 잃어버린 슬픔도 힘들었지만, 가해자의 뻔뻔한 태도는 친구들을 분노하게 했다. 음주운전에 대한 처벌 역시 너무 가볍다고 생각했다. 그래서 윤창호 군의 친구들은 기존의 법을 바꾸고 세상까지 바꿔야겠다고 마음먹었다.

　법은 대한민국 국회에서 만든다. 새로운 법이 필요하거나 현행 법률을 고쳐야 할 필요성이 있을 때, 정부 또는 국회의원 10명 이상이 모여 국회회의에서 심의하고 토의할 안건을 제출한다. 안건을 제출하고 국회의장을 거쳐 상임위원회에서 심사를 하고 본회의에서 통과되면 그 법안은 대통령에게 이송되어 일반 국민에게 알리는 과정을 거친다. 이러한 과정이 복잡하기도 하고 논의되어야 할 법안들이 많기 때문에 하나의 법안이 통과되는 데 많게는 수십 년이 걸리기도 한다.

　이렇듯 국회에서 법안이 통과되어 법이 개정되는 것은 결코 쉬운 일이 아니지만, 윤창호 군의 친구들은 이것을 단 석 달 만에 이루어냈다. 그것이 바로 '윤창호 법'이라고 알려져 있는 '특정범죄 가중처벌 등에 관한 법률(특가법) 개정안' 및 '도로교통법 개정안'이다.

　친구들은 사고와 관련된 내용에 대한 청원 글을 청와대에 올렸다. 음주운전으로 인명 피해를 낸 운전자에 대한 처벌 수위를 높이고, 음주운전 기준을 강화해달라는 내용이었다. 이 내용은 온라인 커뮤니티를 통해 급속도로 퍼졌고, 분노한 국민들이 적극적으로 청원에 동참했다. 사흘 만에 20만 명이 투표에 참여했고 짧은 시간 안에 총 40만 명이 넘는 국민의 동의를 얻었다. 음주운전은 살인행위라는 국민적 공감대가 빠르게 확산된 것이다. 많은 사람의 관심이 쏠리자 언론들도 이 사고를 집중 조명하며 관련법을 거론하기 시작했다. 국회의원들 역시 빠르게 움직였다. 결국, 음주 사고를 낸 운전자에 대한 처벌 수위를 높이고, 기준을 강화하는 내용 등을 담은 법률 개정안이 국회를 통과했고, 이 내용은 이례적으로 대통령이 직접 답변을 하기도 했다. 이렇게 법이 개정되기까지 단 3개월이 걸렸다. 국회가 십수 년간 못한 일을 윤창호 군의 친구들이 단 석 달 만에 이루어낸 것이다.

> [윤창호 법]
>
> 해당 법안은 음주운전으로 사망사고를 낸 경우 법정형을 '현행 1년 이상의 유기징역'에서 '3년 이상의 징역 또는 무기징역'으로 높였고, 또 사람을 다치게 했을 때도 기존 '10년 이하의 징역 또는 500만 원 이상 3,000만 원 이하의 벌금'에서 '1년 이상 15년 이하의 징역 또는 1,000만 원 이상 3,000만 원 이하의 벌금'으로 형량을 강화하는 내용을 담고 있다.

때론 한 사람의 큰 권력보다 작은 힘이 모여서 만든 위대한 힘이 더 큰 영향력을 발휘한다. 변화의 시작은 아주 작은 움직임이었지만, 많은 사람이 함께했기 때문에 큰 변화가 가능했던 일이었다. 많은 사람이 공감을 했고 힘을 모았으며, 그 힘은 언론의 관심까지 받게 되었고, 또다시 더 많은 사람의 힘을 모을 수 있었다. 혼자서 하기 힘든 일을 여럿이 함께 이루어 낸 것이다. 한 사람의 힘은 작다. 하지만 그것을 모으면 커진다. 한 사람 한 사람의 힘이 모여 법을 바꾸고 세상을 움직이게 한 것처럼 말이다.

광장시장에서 동대문디자인플라자까지

출처: 동대문디자인플라자

함께하면 큰 힘이 생기는 사례는 'DDP(동대문디자인플라자)'에서도 찾아

볼 수 있다. 현재 DDP는 우리나라를 대표하는 복합문화공간으로서 세계적인 전시, 패션쇼, 신제품설명회, 포럼, 컨퍼런스 등 다양한 문화 행사가 진행되고 있다. 단순하게 큰 행사가 진행되는 곳이 아니라 다양한 영역의 디자인 트렌드가 시작되고 문화가 교류하는 장소로서 큰 역할을 하고 있다. 세계 최초 신제품과 패션 트렌드를 알리고, 새로운 전시를 통해 지식을 공유하며, 다양한 디자인 체험이 가능한 콘텐츠로 운영을 하면서 DDP는 아시아로, 전 세계로 향하는 '디자인 패션산업의 발신지' 역할을 톡톡히 해내고 있다.

'지금의 동대문'으로 성장할 수 있었던 원동력은 무엇일까? 동대문시장은 미곡상, 어물상, 청과물상 등이 주를 이루어 1905년에 90여 개의 아주 작은 점포로 시작된 광장시장이 그 출발이었다. 6·25전쟁으로 완전히 파괴되었다가 전쟁 이후 주로 월남 피난민의 생활 터전이 되었으며 생활 수품과 군용물자, 외래품이 거래되면서 다시 시장으로서의 활기를 조금씩 띠기 시작했지만, 거대한 상권을 형성하기에는 무리가 있었다. 광장시장을 이루는 점포들의 규모는 작았지만 상권을 키우고 지역을 살리기 위해 그들은 힘을 모으기 시작했다. 서로에게 필요한 상점들을 곁에 가까이 두며 서로를 돕기 시작한 것이다. 예들 들어 의류도매상에 고용된 디자이너들이 동대문 종합시장에서 소재를 확인하고 고른 후, 이를 바로 옆 인근 상점에서 제조하게 한 후 다시 동대문 시장에서 판매를 하도록 한 것이다. 이렇게 시작된 공존은 그 영역을 점점 커지게 했고, 동대문 시장과 주변 지역이 상당히 촘촘하게 연결될 수 있었다. 주변의 창신동과 신당동 일대의 봉제공장들과 거대한 패션 산업 생태계를 이루고 상호 공존하며 성장은 가속화되었다. 대략 수치로 보면, 청계 6가 사거리를 중심으로 반경 500m 안에 5,000여 개의 원부자재 판매처, 1만여 개의 의류 도매 업체, 수백 개의 패턴 샘플실, 그리고 주변의 수많은 봉제 공장들이 존재하게 되었고 그 숫자는 현실적으로 가늠하기 어려운 정도가 되었다. 이렇게 '패션의 중심지'로 성장하다 보니 두타와 밀리오레처럼 거대한 자본이 들어오게 되었고, 대

기업에서 운영하는 아울렛까지 들어서면서 진정한 랜드마크로서 성장하게 되었다. 여기서 멈추지 않고 서울시의 적극적이고 다양한 지원이 이어지면서 지금의 DDP로 성장하게 된 것이다.

　90개의 점포로 시작해 대한민국의 패션의 메카로 성장할 수 있었던 것은 하나의 상점으로는 불가능했을 것이다. 작은 규모의 상점 하나하나가 힘을 모았고, 또 다른 힘이 더해지면서 엄청난 힘을 만들어 낸 것이다. 그 원동력은 거대한 권력이나 대기업 자본이 아니었다. 아주 작은 상점 하나하나가 모여서 힘을 합친 결과물이었다. 혼자서 하기 힘든 일을 여럿이 함께 이루어낸 것이다.

　이처럼 '위대한 힘'은 '작은 힘의 합'에서 나온다. 힘을 모았을 때 기적이 일어난다. 지금부터 '컵빌딩'을 통해 그 위대한 힘을 직접 경험해보자.

Cooperation

컵빌딩
구슬이 서 말이라도 꿰어야 보배

〈컵빌딩〉은 정해진 시간 안에 두 가지 컬러의 종이컵을 활용하여, 주어진 두 가지 미션을 완성하는 프로그램이다. 첫 번째 미션은 팀원들과 함께 종이컵을 높게 쌓는 것이고, 두 번째 미션은 제시된 주제에 따라 창의적인 작품을 만드는 것이다. 본 프로그램을 통해 팀원 모두가 참여하는 '같이'의 '가치'를 느껴볼 수 있다.

준비사항
① 6인 1조로 팀 구성
② 팀당 흰색 컵 200개, 컬러 컵 200개 (6가지 컬러)
③ 포스트잇
④ 볼펜

요　약
① 1단계: 주어진 종이컵을 팀원들과 함께 최대한 높이 쌓는 팀이 승리한다.
② 2단계: 팀원들과 함께 교육 주제에 맞는 창의적인 작품을 만든다.
③ 완성한 작품에 대해 팀별로 발표한다.
④ 교육 주제와 가장 잘 어울리는 작품, 그리고 가장 창의적인 작품을 투표하여 우승팀을 선정한다.

진행 방법

[1단계 프로그램]

1) 프로그램을 설명한다

"지금부터 '컵빌딩' 프로그램을 시작하겠습니다. 일회용 종이컵 400개로 진행하는 프로그램인데요. 먼저 1단계부터 진행해보겠습니다. 400개의 컵을 정해진 시간 안에 누가 더 높이 쌓을 수 있는지 경쟁하는 프로그램입니다. 책상 위에서 컵을 어느 정도 높이까지 쌓을 수 있는지 대결하게 됩니다. 그럼 각 팀의 팀장을 뽑겠습니다."

2) 컵의 컬러를 선택한다.

"팀장님을 뽑았습니다. 각 조 팀장님들은 대표로 '가위, 바위, 보'를 해서 본인팀 컵의 컬러를 정하도록 하겠습니다. 컬러는 노랑, 빨강, 파랑, 초록, 보라, 검정 이렇게 6가지로 준비되어 있습니다.

자 그럼 팀장님끼리 '가위, 바위, 보'를 해서 이긴 팀부터 컬러를 선택하겠습니다. '가위, 바위, 보!' 네, 1팀이 이겼습니다. 어떤 컬러 선택하시겠어요? 빨강 선택하셨습니다. 팀장님의 좌우에 계신 분들이 함께 나오셔서 컵을 받아가세요. 한 분은 빨강 컵 200개, 한 분은 흰색 컵 200개입니다."

※ 나머지 팀들도 가위 바위 보 순서대로 받아간다.

3) 회의 시간을 준다.

"이제 컵을 가져가셨습니다. 컵에 손을 대지 마시고요. 컵을 높이 쌓기 전에 잠시 회의 시간을 드리겠습니다. 어떻게 쌓아야 쓰러지지 않고 높이 쌓을 수 있을지, 누가 어떻게 쌓을지 등을 회의하고 시작할 텐데요. 회의할 수 있는 시간은 3분 드리겠습니다."

4) 프로그램을 진행한다.

"3분이 지났습니다. 그럼 지금부터 '컵빌딩' 1단계 높이 쌓기를 시작하겠습니다. 시간은 5분을 드립니다. 5분 후 컵에 손을 대시면 그 팀은 탈락하게 됩니다. 모두 일어나셔서 진행하셔도 좋습니다. 준비! 시작~ 이제 마무리하겠습니다. 10초 전입니다. 10, 9, 8…, 3, 2, 1 그만! 이제 컵에 손 대시면 안 됩니다."

5) 컵의 층수를 확인한다.

"자 여러분 수고하신 우리 팀을 위해 박수. 그럼 여러분이 쌓아 올린 컵이 몇 층인지 확인해볼까요? 각 팀은 본인팀이 몇 층까지 올렸는지 확인해주세요.

1팀 몇 층인가요? 15층이요? 잘하셨네요. 2팀은요? 딱 봐도 높아 보입니다. 20층이네요! 3팀, 4팀… 마지막 6팀은 아쉽게 19층이요? 이렇게 되면 1단계 1등은 2팀입니다. 2팀은 팀 점수 300점 드립니다. 2등인 6팀은 200점, 3등 4팀은 100점 드리겠습니다."

6) 컵을 원래 상태로 만든다.

"이제 2단계로 들어갈 텐데요. 2단계 진행 전에 보너스로 미션을 드립니다. 컵을 처음 나눠드렸던 그대로 흰색 4줄, 컬러 4줄씩 총 8줄로 만들어주시고 자신의 팀 이름을 외쳐주시면 보너스 점수 드립니다. 준비! 시작합니다. 제일 빠르게 정리한 1, 5, 6팀에게 점수 드립니다."

[2단계 프로그램]

1) 프로그램을 설명한다.

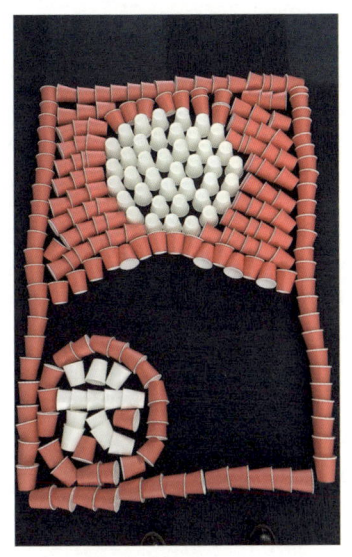

"이제 2단계로 들어갑니다. 2단계는 더블 스코어로 준비했습니다. 1등은 600점, 2등 400점, 3등 200점입니다. 2단계는 높게 쌓는 프로그램은 아니고 제가 제시해드리는 주제어를 보시고 거기에 맞는 이미지를 컵으로 표현해주시면 됩니다. 만약 주제어가 '소통'이라고 하면 어떻게 하면 될까요? 쉽지 않겠죠? 그래서 그림으로 준비했습니다. 화면 보시죠. 화투의 '8광'이죠? 이 작품의 제목은 '낙장불입'이었습니다. 내용은 '한 번 낸 패는 다시 돌릴 수 없다. 한번 뱉은 말은 다시 돌릴 수 없다. 그러므로 서로 조심해서 말을 하자'라고 해주셨습니다. 이렇게 여러분은 컵을 통해 작품을 만들고 제목과 내용을 정리해서 발표해주시면 됩니다."

2) 역할을 나눈다.

"그럼 역할을 나눠보겠습니다. 팀장님을 기준으로 오른쪽 시계방향으로 오른쪽 두 분 손 들어주세요. 이분들은 브레인 담당입니다. 제목과 내용을 준비해주시면 됩니다. 세 번째 계신 분 손 들어주세요. 이분들은 촬영 감독님입니다. 작품을 모두 만들면 이분들이 표현이 잘 되도록 촬영해서 제게 카톡으로 전송해주시면 됩니다. 나머지 오른쪽 두 분 손 들어주세요. 이분들은 작품을 어떻게 표현할지 고민하시고 만들어주시는 역할입니다. 팀장님은 전체 총괄을 하시면서 지휘해주시면 됩니다. 컵은 손대지 마시고요. 촬영 감독님을 제외하고 나머지 분들은 모두 휴대폰을 넣어주세요."

3) 규칙을 설명한다.

"규칙을 말씀드리겠습니다. 총 시간은 25분입니다. 컵을 다른 팀과 바꿀 수 없습니다. 컵에 낙서를 하거나, 컵을 찢고 구기면 안 됩니다. 컵은 나눠드린 400개만 사용하셔야 합니다. 제목과 내용 발표는 최대 1분 이내로 하겠습니다."

4) 작품을 만든다.

"그럼 2단계 키워드를 말씀드리겠습니다. 키워드는 바로 '협업'입니다. 협업이라고 하면 떠오르는 이미지를 생각해보시고 그것을 작품으로 만들어주시면 되겠습니다. 그럼 지금부터 회의 시간 5분 드리겠습니다. 5분이 지났습니다. 이제 '컵빌딩' 2단계 작품을 만들어 보도록 하겠습니다.

시작하겠습니다. 촬영 담당자가 중간중간 작품을 찍어보시고 원하는 그림이 나오는지 확인해보세요.

다양한 작품을 만들고 계시는데요. 시간은 5분 남았습니다. 제목과 내용도 이제 마무리하셔야 합니다. 일찍 마무리된 팀은 사진과 제목을 카톡으로 보내주시면 됩니다. '몇 팀, 제목+사진' 이렇게 보내주시면 되겠습니다. 팀별 사진과 제목은 모두 들어왔습니다. 이제 화면에 띄워드리면서 작품 발표하겠습니다."

5) 작품 발표 후 투표를 진행한다.

"작품 발표를 보시고 가장 잘 만든 팀과 '협업'이라는 주제를 가장 잘 표현한 팀, 총 두 팀을 정해주시면 됩니다. 본인 팀 제외하고 두 팀의 번호를 팀장님께 공유해주시고요, 팀장님은 가장 많이 나온 두 팀의 번호를 포스트잇 한 장에 한 팀씩 적어서 두 장을 제게 주시면 되겠습니다."

"팀별 작품을 발표할 분들은 준비해주세요. 1팀부터 작품을 화면에 띄워드리겠습니다. 발표자는 앞으로 나와주시기 바랍니다. 여러분 박수 주세요. 발표 들어볼까요?"

6) 순위 결과를 발표한다.

"이제 '컵빌딩' 2단계 순위를 발표하겠습니다. 여러분이 제출해주신 표를 모두 더하면 오늘의 키워드 '협업'을 가장 잘 표현해준 팀은 3팀이 되겠습니다. 축하드립니다. 3팀은 600점 드리겠습니다. 2등은 1팀입니다. 400점 드리겠습니다. 3등을 하신 6팀에게는 200점 드리겠습니다."

👍 클로징 멘트

"지금까지 '컵빌딩'을 함께 해봤습니다. 처음에는 '1회용 종이컵으로 뭐 대단한 걸 만들 수 있을까?' 하고 생각하신 분들도 계셨죠? 하지만 우리가 만든 작품들을 한번 보세요. 종이컵이 또 다른 종이컵을 만나 대단한 작품이 되듯 '조금 부족한 나'와 '조금 부족한 네'가 만나 대단한 지금의 우리 회사를 만든 게 아닌가 싶습니다. 종이컵 하나만 빠져도 작품에 문제가 생기는 것처럼 여러분 한 분 한 분이 모두 자리를 지켜주셔야 우리 회사도 대단한 작품을 계속 만들어갈 수 있습니다. 우리는 혼자가 아니라 함께 성장하고 있다는 것을 잘 기억해주시면 좋겠습니다."

📋 이럴 땐 이렇게

1) 만약 시간이 부족하다면?

1, 2단계를 모두 진행하지 말고 2단계만 진행한다.

2) 인원이 많다면?

한 팀에 최대 10명까지 진행이 가능하다. 다만 집중되도록 10명의 임무가 정확하게 나눠지는 것이 좋다.

3) 프로그램 종료 후 교보재 정리시간을 줄이고 싶다면?

조별로 사용한 컵을 정리한 후 진행자에게 가져다 달라고 요청한다.

 꿀Tip

1) 작품의 제작 속도를 맞춰 원활하게 진행을 하고 싶을 때

팀별로 작품을 제작하는 속도가 다를 경우 먼저 끝낸 팀의 집중도가 떨어질 수 있으므로 작품 발표를 준비할 수 있도록 안내한다.
(발표 순서를 랜덤으로 정하여 누가 먼저 발표할지 모르는 상황을 연출한다.)

2) 즐거운 분위기를 만들고 싶을 때

밝고 빠른 템포의 음악을 BGM으로 준비한다.

3) 모든 사람이 참여하도록 만들고 싶을 때

팀원 모두에게 각자의 임무를 주고 진행자가 계속해서 중간 확인을 하며 진행하는 것이 좋다.

 **팀웍클래핑**
한 사람이 열 번 치는 박수보다
열 사람이 한 번 치는 박수가 더 크다

팀웍클래핑
한 사람이 열 번 치는 박수보다
열 사람이 한 번 치는 박수가 더 크다
(커플전, 팀전)

 규정의 힘

"뉴스를 전해드리겠습니다. 경주 마우나오션 리조트 체육관이 붕괴되어 학생들이 매몰되는 대참사가 일어났습니다. 현재 사망 10명, 부상 106명이 집계된 가운데, 조사 결과 이번 사고는 설계와 시공뿐만 아니라 자재까지 부실한 것으로 밝혀졌습니다. 또한, 유례 없는 폭설에도 눈을 치우지 않는 등 한마디로 '총체적 부실로 인한 예견된 인재'였다고 합니다. 시공단계에서는 부식을 방지하는 모르타르를 시공해야 하지만 시멘트로 마감 처리하여 하부와 볼트가 심하게 부식되어 있었고, 관리 감독과 감리도 제대로 이뤄지지 않았다고 합니다. 체육관의 안전점검 역시 한 번도 이뤄지지 않았으며, 수용 한도 인원이 260명 정도인 체육관에 사고 당시 537명이 있었습니다. 게다가 체육관에서 안전을 지켜야 하는 안전요원과 행사 진행요원은 숙소에 있었던 것으로 밝혀졌습니다."

이러한 사건 사고의 가장 큰 문제는 규정을 지키지 않은 것이다. 정해진 규정만 제대로 지켰다면 이러한 대참사는 일어나지 않았을 것이다. 우리가 일상에서 쉽게 규칙을 어기는 것 중 하나가 교통법규이다. 교통법규는 인간의 목숨을 빼앗아갈 수 있기에 반드시 지켜져야 한다. 그러나 도로교통

안전공단의 자료에 따르면, 2017년 기준 교통사고로 인한 사망자는 4,185명, 부상자는 322,829명이다. 이렇듯 신호를 무시하고 운행하거나 '술 한 잔 정도는 괜찮겠지.' 하는 안일한 생각으로 음주운전을 하는 잘못된 습관은 사건 사고로 이어지고 개인의 피해를 넘어서 사회적 물의를 일으킨다.

정해진 규칙을 어겨 피해를 보는 사례 중, 쉽게 볼 수 있는 것이 바로 스포츠에서 금지약물의 복용사례이다. 그런데 한두 명이 금지약물을 복용한 것이 아니라 1,000명이 함께 이러한 약물을 복용했다면 믿을 수 있겠는가. 게다가 이러한 약물 복용이 국가의 주도로 이루어졌다는 것에서 세계적인 이슈가 된 사건이 있었다. 이것이 바로 '러시아 도핑 스캔들'이다. '러시아 도핑 스캔들'은 러시아 사회에 위기의식을 느낀 내부 고발자에 의해 세상에 밝혀졌다. 2014년 소치 올림픽 당시 모스크바 반도핑연구소 소장을 지낸 '그리고리 로드첸코프 박사'는 도핑 조작이 정부 기관이 주도하여 체계적으로 이뤄졌음을 언론에 알렸다. 러시아 정부의 묵인 아래 선수들에게 금지약물이 지급됐고, 또 도핑 검사를 피하려고 기관요원이 소변 샘플을 몰래 바꿔치기한 사실을 폭로했다. 특별조사위원회에 따르면 러시아의 도핑 스캔들에는 30여 개 종목, 1,000명이 넘는 선수가 연루됐다고 한다. 세계 반도핑기구는 소치 올림픽에 출전했던 러시아 대표 선수들의 소변 샘플을 다시 분석해 금지약물 복용 사실을 확인했고, IOC는 확인된 러시아 선수들 전원의 선수자격을 정지시키고 메달을 박탈했다. IOC 집행위원회는 반도핑기구의 조사결과와 로드첸코프 박사가 제출한 증거자료를 인정하면서, 올림픽 참가 자격 박탈이라는 사상 초유의 징계를 결정했다.

규칙은 약속이며 반드시 지켜야 한다.
반면 규칙을 잘 지킴으로써 큰 사고가 발생했을 때 피해를 최소화한 사례도 있다. 2013년 아시아나항공 214편이 미국 샌프란시스코 국제공항에 추락했다. 동체가 불탈 정도로 큰 사고였음에도 2명의 사망자 외에 추가 인명피해는 없었다. 아비규환 속 투철한 직업정신을 발휘한 승무원들의 노력이 빛을 발했기 때문이다. 바로 '운명의 90초 규칙'을 지켜 대형 참사를 막을 수 있었던 것이다. '운명의 90초 규칙'이란 비상 상황 시 90초 내에 승객들을 기내에서 탈출시켜야 한다는 항공사 규칙을 말한다. 한 외신은 아시아나항공 승무원들은 90초의 규칙을 잘 지켰다면서 "90초 탈출 여부가 승객들의 생사를 가르는 기준이다." 라고 전했다. 이렇듯 아시아나항공 승무원들은 승객들의 안전을 위해 신속하고 정확하게 행동했다. 만약 승무원들이 규정을 숙지하지 못했거나 협업하며 행동하지 않았더라면 대형 참사로 이어졌을 것이다.

✏️ 규칙을 지켜야 하는 이유

이렇듯 우리가 사회생활을 하면 반드시 지켜야 할 규칙이 있다. 특히, 직장에서 동료 간에 규칙을 맞추는 것은 매우 중요하다. 나와 동료, 나와 팀원, 기업과 소비자 또는 기업과 기업 간의 합을 맞추는 것을 협업이라고 한다. 협업이 잘 되려면 규칙(규정)을 정하고 그 규칙(규정)을 인지하고 행동해야 한다. 이러한 반복된 협업은 커다란 시너지 효과를 가져온다. 협업은 서로 정해놓은 규칙(규정)을 수행함으로써 시작된다. 규정의 수행은 기업의 믿음과 신뢰도에도 큰 영향을 준다. 이러한 모든 것은 반드시 지켜야 할 규칙을 올바르게 지켰을 때, 비로소 기업의 신뢰도가 높아진다. 규칙은 너와 나의 약속이다. 약속은 상호 간 합의에 의해 정해놓은 것을 행동으로 옮기는 것이다. '팀웍클래핑' 프로그램을 통해 팀원 간의 협업과 규칙을 습관화하는 연습을 해보도록 하자.

Cooperation

팀웍클래핑
한 사람이 열 번 치는 박수보다
열 사람이 한 번 치는 박수가 더 크다

〈팀웍클래핑〉은 조직 내에서 모두 함께 실천해야 할 핵심가치를 여덟 글자로 만들어, 팀원들과 함께 여덟 박자의 박수를 정확하게 치는 프로그램이다. 본 프로그램을 통해 조직 내에서 규칙, 규정이 필요한 이유와 협업의 중요성에 대해 이해할 수 있다.

준비사항   기업의 핵심가치 또는 사내 내규
(교육 중 전달하고자 하는 키워드)

요 약   ① 우리 조직에서 모두가 함께 실천해야 할 규칙 한 가지를 여덟 글자로 만든다.
② 1단계: 다 함께 여덟 박자의 박수를 틀리지 않고 정확하게 친다.

　　　　내👏가👏먼👏저👏인👏사👏하👏자👏
　　　　내가👏👏먼저👏👏인사👏👏하자👏👏
　　　　내가먼저👏👏👏👏인사하자👏👏👏👏
　　　　내가먼저인사하자👏👏👏👏👏👏👏👏

③ 2단계: 여덟 글자 중 한 글자에서는 박수를 생략한다.
④ 3단계: 여덟 글자 중 두 글자에서 박수를 생략한다.

진행 방법

[1단계 팀웍클래핑]

1) 프로그램을 설명한다.

"이번 프로그램은 '팀웍클래핑'입니다. 우리가 회사생활을 하다 보면 구성원들과 함께 지켜야 할 규칙이 있습니다. 핵심 가치, 회사 내규, 업무 매뉴얼처럼 그 종류도 다양합니다. 이렇게 모두가 함께 지켜야 하는 규칙의 내용을 여덟 글자로 정하고, 그 박자에 맞추어 박수를 치는 프로그램입니다."

2) 1단계를 연습한다.

"자, 그럼 어떻게 진행되는지 제가 한번 보여드리겠습니다. 회사에서 동료직원들과 마주치면, 직급의 고하를 막론하고 내가 먼저 인사를 해야겠죠. 그럼 여덟 글자를 이렇게 정해보겠습니다. 내. 가. 먼. 저. 인. 사. 하. 자. 그리고 이 여덟 박자에 맞게 박수를 한 번씩 치는 겁니다."

내👏가👏먼👏저👏인👏사👏하👏자👏
내가👏👏먼저👏👏인사👏👏하자👏👏
내가먼저👏👏👏👏인사하자👏👏👏👏
내가먼저인사하자👏👏👏👏👏👏👏👏

"1단계 방법은 그리 어렵지 않습니다. 제가 지금 보여드린 대로 글자 수에 맞춰 박수를 치면 됩니다. 그럼 다 같이 한번 해보겠습니다. 제가 '준비' 하고 외치면 두 손을 펼쳐서 세우고 '얍!'하고 외칩니다. 준비! 얍! 시~작!!"

"네, 잘하셨습니다!! 이렇게 하시면 됩니다."

3) 1단계를 진행한다.
　이렇게 프로그램 진행 방법에 대한 설명을 하고 이해시킨 후에는, 팀별로 여덟 글자의 구호를 직접 정하게 하여, 2단계부터는 각 팀의 구호에 맞게 박수를 치도록 한다. 여덟 글자의 구호는 해당 교육과정에 따라 진행자가 교육내용 및 교육생의 특징 등을 반영한 주제를 제시해주고, 그 주제에 맞춰 정할 수 있게 한다.

[2단계 팀웍클래핑]

1) 2단계 프로그램을 설명한다.
　"자, 그럼 2단계로 한번 넘어가보겠습니다. 이번에는 조금 더 어렵습니다. 방금처럼 여덟 글자를 기본으로 하는데, 중간에 한 음절에서만 박수를 치지 않도록 하겠습니다. 제가 먼저 한번 보여드릴게요. '내가 먼저 인사하자' 여덟 글자 중에 '인'자에서 박수를 치지 않도록 하겠습니다.

2) 2단계를 연습한다.

"지금부터 팀별로 연습할 시간을 드리겠습니다. 팀별로 진행해볼 건데 실수하지 않고 규칙에 맞춰 성공한 팀은 보너스 점수를 드리겠습니다. 팀별로 빼는 글자를 다르게 하겠습니다. 1팀 '인', 2팀 '사', 3팀 '하', 4팀 '자'에서 박수를 치지 않습니다. 연습할 시간은 지금부터 2분 드리겠습니다. (2분 후) 자, 연습 충분히 하셨나요? 지금부터 시작해보겠습니다. 제가 시간을 체크합니다. 1팀부터 시작합니다. 준비! 시~작!"

※ 2, 3, 4팀 순서로 진행

[3단계 팀워크클래핑]

1) 3단계 프로그램을 설명한다.

"마지막 3단계는 여덟 글자를 기본으로 하고, 중간에 박수를 두 번 빼고 진행합니다. 제가 한번 보여 드릴게요. '내'와 '인'을 빼고 해보겠습니다."

```
내  가 👏 먼 👏 저 👏 인  사 👏 하 👏 자 👏
내 가   👏 먼 저 👏👏 인 사   👏 하 자 👏👏
내 가 먼 저   👏👏 인 사 하 자   👏👏 👏
내 가 먼 저 인 사 하 자   👏👏 👏 👏
```

2) 3단계를 진행한다.

"이번에도 팀별로 연습할 시간을 드리겠습니다. 이번에는 어려우니까 모든 팀이 동일하게 '내'와 '인' 글자에서 박수를 제외하겠습니다. 연습시간은 역시 2분 드립니다. (2분 후) 자, 연습 많이 하셨나요? 지금부터 시작해보겠습니다. 1, 2단계와 마찬가지로 시간을 체크합니다. 이번에는 먼저 4팀부터 시작하겠습니다. 준비! 시~작!"

※ 4, 3, 2, 1팀 순서로 진행

👍 클로징 멘트

"지금까지 '팀워크클래핑'을 진행해봤습니다. 어떠셨나요? 쉽지는 않으셨을 겁니다. 이렇게 박수 하나 맞추는 것도 어려운데, 회사에서 많은 규정을 지키는 것은 더 어려운 일일 것입니다. 하지만 어려웠던 처음과 달리, 박자를 잘 맞추려고 연습하면서 반복하다 보니 점점 쉬워지는 것을 여러분도 느끼셨을 겁니다. 마찬가지로 우리 역시 지켜야 할 규정의 내용을 기억하고 지속해서 실천한다면, 우리 조직이 좀 더 건강한 조직으로 발전할 수 있지 않을까요?"

📑 이럴 땐 이렇게

1) 만약 참여인원의 연령이 너무 낮거나 높다면?
유치원 아이들부터 시니어까지 누구나 함께 할 수 있다. 단, 템포의 간격을 천천히 두고 1단계만 진행하는 것이 좋다. 여덟 박자가 어렵다면 네 박자만 이용해도 좋다.

2) 만약 진행자가 시범을 보여주는 것이 어렵다면?
진행자가 연습이 충분하지 않거나 떨려서 정확한 시범을 현장에서 보여주는 것이 어렵다면 미리 녹화된 영상을 보여주면 좋다.

 꿀Tip

1) 1단계에서 팀별 구호 만들기를 어려워할 때
   강사가 미리 준비한 키워드를 제시해준다.
   ex) '협업하면 행복해요', '존중하고 존중받자', '우리회사 비리척결', '정보새면 월급샌다', '구십초에 탈출하라', '규정알면 우승내꺼'

2) 재미있는 키워드를 만들게 하고 싶을 때
   반응이 좋았던 키워드를 예시로 보여준다.
   ex) '진상고객 지점장께', '배고파요 밥먹어요', '지각하면 벌금만원'

3) 진행의 전문성을 높이고 싶을 때
   '팀웍클래핑' 프로그램의 기본은 먼저 시범을 보여줘야 하기 때문에 본인이 실수하지 않도록 반복해서 준비하는 것이 중요하다.

4) 프로그램에 변형을 주고 싶을 때
   박수만 치는 것이 아니라 책상을 번갈아 치는 것도 좋다.
   ex)   눈(박수) 맞(책상) 으(박수) 면(책상)
         인(박수) 사(책상) 해(박수) 요(책상)

Eduplay 실전대본

4

문제해결
Problem-solving

Part 4 Problem-solving

브레인넘버링
치밀한 전략으로 숫자를 배열하라

브레인러닝
파악하GO 결정하GO 실행하GO

액션브레인퍼즐맵
뇌의 GPS를 켜라

패턴플레이
내 머릿속 Alt+Tab

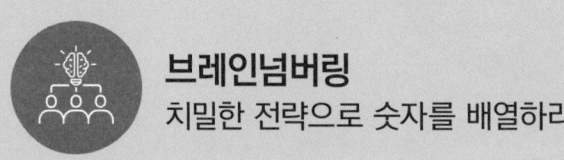
브레인넘버링
치밀한 전략으로 숫자를 배열하라

브레인넘버링
치밀한 전략으로 숫자를 배열하라
(개인전, 커플전, 단체전)

🖊 사자의 사냥전략

입시전쟁, 취업전쟁, 출근전쟁, 연애전쟁, 육아전쟁 등 살아가면서 우리는 수많은 전쟁을 치른다. 당신은 오늘도 몇 번의 전쟁을 경험했을 것이다. 그렇다면 당신은 그 전쟁에서 몇 %의 승률을 올렸는가? 이러한 전쟁에서 승리하여 승률을 올리려면 꼭 필요한 것이 있다. 바로 '전략'이다. 전략의 사전적 정의는 "전쟁을 전반적으로 이끌어가는 방법이나 책략. 전술보다 상위의 개념"이라고 한다. 작게는 개인부터 크게는 기업, 국가도 전략은 반드시 필요하다. 심지어 동물조차 사냥을 할 때 전략을 세운다. 동물의 왕인 사자 중 암사자는 단독으로 사냥하지 않고 삼각편대 전법을 사용하여 집단으로 사냥한다. 그렇기 때문에 암사자들은 사냥할 때 '전략-인내-단합'을 한다. 사냥을 할 때 암사자들은 각자의 역할이 있다. 이때 매복하는 암사자들은 사냥감이 나타날 때까지 무작정 기다려야 하기 때문에 인내가 필요하다. 그리고 사냥감을 공격할 때는 단합해서 먹잇감을 몰아가며, 사냥감의 고유 습성에 따라 다른 전략을 세워 공격방법을 달리하기도 한다.

서울 살면서 지방은 왜 달고 다녀?

J양은 노출이 많아지는 여름이 가까워지면서 자신의 몸매를 돌아보며 깜짝 놀랐다. 편한 옷만 입고 다니다 보니 어느새 몸 이곳저곳에 지방 덩어리들이 붙어있었기 때문이었다. 친구들과 함께 여름휴가를 가기로 했는데 이만저만한 걱정거리가 아니었다. 어떻게 하면 단기간에 지방과 이별할 수 있을까 고민에 빠졌다. 문득 친구가 우스갯소리로 했던 말이 떠올랐다.

"너는 서울 살면서 지방은 왜 달고 다녀?"

다이어트 광고에 나오는 카피라며 J양에게 이렇게 말했다.

"결혼을 앞두고 살을 빼고 싶으면 결혼날짜부터 잡고 드레스에 몸을 맞추면 돼! 휴가도 똑같아!"

그래서 J양도 무작정 여름휴가 날짜를 잡아버렸다. 일단 시작하고 보자는 마음에서였다. 결론부터 말하자면 그렇게 무작정 시작한 다이어트는 성공하지 못했다. 다이어트를 했으나 탱탱했던 볼살과 가슴살만 빠지고 몸무게는 그대로였다. 결국, J양은 여름휴가에서 입으려고 사 놓은 비싼 비키니 수영복은 입지도 못했다. 더 억울한 것은 여행지에서 친구들이 비키니를 입고 비치의자에 앉아 셀카 찍는 모습만 지켜봐야 했던 일이었다.

J양은 왜 다이어트에 성공하지 못한 것일까? 그것은 성공적인 다이어트를 위한 구체적인 전략을 세우지 않았기 때문이다. J양이 다이어트를 성공하기 위해서는 기간을 정하고, 어떤 방법으로 할 것인지, 식단을 조절해 최종 몇 kg까지 감량을 하겠다는 구체적인 목표를 세워야 했다. 이렇게 전략을 세우고 돌입해도 쉽지 않은 것이 다이어트인데 J양처럼 전략 없이 무작정 시작한 다이어트는 당연히 실패할 수밖에 없다.

 ### 배드민턴 코치의 마지막 전략

스포츠 중 가장 공의 스피드가 빠른 종목은 배드민턴이다. 5g의 셔틀콕

이 200~300km/h의 속도로 네트를 오간다. 선수들은 0.3초 안에 날아오는 공을 판단하고 처리한다. 이렇게 빠른 속도로 진행되는 배드민턴에서도 전략은 필요하다. 배드민턴은 공격 패턴, 수비 패턴, 스코어 조절과 흐름을 끊어내는 작전 타임 등 고도의 전략을 사용하는 종목이다. 큰 경기일수록 더 많은 전략을 사용해야 한다. 스포츠 경기 중 가장 큰 경기는 올림픽이다. 이런 올림픽대회의 배드민턴 혼합복식 결승전이라면 누구나 떨리고 긴장되는 순간일 것이다. 결승전을 앞두고 혼합복식조 두 선수는 긴장한 모습으로 코트에 들어섰다. 상대 팀과의 전적이 여섯 번 싸워 여섯 번 모두 졌기에 어려운 경기가 될 거라 예상했다. 긴장된 가운데 시작된 경기는 박빙으로 이어져 세트스코어 1:1로 진행되었다. 남은 한 세트에 의해 메달의 색깔이 결정된다. 세트 작전타임 시간이 되자 강 코치의 고민이 시작되었다. '상대 팀이 공격적으로 나오는데 수비로 대처해야 할까? 상대 팀 남자선수가 드라이브가 강한데 맞드라이브로 응수해야 하나? 아니면 일단 수비를 하고 기회가 오면 스매싱 공격 패턴을 이용할까? 상대 공격을 역이용해서 우리 장점을 살릴까?' 여러 가지 전략을 고민하다 최종 결정을 내린 강 코치는 두 선수에게 이렇게 이야기한다.

"잘하고 있어! 마지막 전략은 우리가 가장 잘하는 걸로 가자! 짧은 서브로 클리어(공을 높이 올리는 기술)를 유도하고 대각선으로 강한 스매싱 공격으로 득점을 만들자."

이러한 전략은 성공했고 2:1이라는 멋진 결과로 금메달을 목에 걸었다. 이 경기의 주인공들이 바로 2008 베이징 올림픽 배드민턴 혼합복식의 이효정과 윙크보이 이용대 선수다. 두 선수 간의 호흡과 노력도 좋았지만 코치의 전략이 없었다면 승리를 장담하지 못했을 것이다. 이렇듯 스포츠에서의 전략은 어떻게 세워 진행하는가에 따라 승패에 큰 영향을 미친다.

'전략'이라는 단어와 '기업'은 떼려야 뗄 수 없는 관계다. 인터넷에서 '전략'이라는 키워드로 검색을 해보면 신간을 포함해 약 8만 6천여 권의 책이 나온다. 그중 경제/경영 분야의 카테고리에 2만 6천 권 정도 분포해 있다.

30가지가 넘는 카테고리 중에서 하나의 카테고리에 30% 정도가 집중되어 있는 것이다. 이처럼 경제/경영 분야에 유독 많이 포진되어 있는 것은 그만큼 기업과 밀접한 관계가 있음을 의미한다.

회사의 규모나 업종에 상관없이 거의 모든 기업은 내년도 경영 목표와 전략을 그 해 하반기에 수립한다. 급변하는 비즈니스 현장에서 기업의 성장을 도모하기 위해, 그리고 시장의 변화에 발맞춰 가기 위해 많은 기업이 내년도 전략을 심사숙고해서 수립하는 것이다. 요즘 많은 기업에서는 '블루오션은 사라졌다. 시장을 지배하는 것은 1등 전략과 1등 혁신이다!'라며 혁신적인 전략을 한 목소리로 강조하고 있다. 그만큼 어떤 전략으로 임하느냐에 따라 기업의 성패가 갈린다는 것을 피부로 느끼고 있는 것이다.

✏️ 삼성전자의 S펜 전략

성공적인 전략으로 남다른 성과를 이뤄낸 기업의 사례는 주변에서 많이 찾아볼 수 있다. 삼성전자의 스마트폰은 전 세계 시장점유율 21.7%로 1위를 기록(2019년 1분기 기준)했다. 하지만 처음부터 안정적으로 시장에 진입한 것은 아니다. 스마트폰 시장에서는 후발 주자였고, 애플의 아이폰이 이미 시장에서 굳건하게 자리 잡고 있었기 때문이다. 이에 삼성은 고객에게 새로움을 주는 것을 전략으로 삼았다. 그래서인지 삼성전자가 만든 스마트폰에는 '최초'라는 단어가 많이 붙었다. 갤럭시 S시리즈는 새로운 버전이 나올 때마다 디스플레이 크기에 변화를 주었고, 스마트폰 최초로 '엣지' 디스플레이를 선보이기도 했다. 갤럭시 노트 시리즈에서는 최초로 S펜을 도입하여 새로운 카테고리를 만들기도 했다.

S펜 하나만 놓고 보더라도 아날로그 감성을 더하는 등 계속적인 혁신을 시도했고, 최근에는 4,096단계 필압까지 구현하면서 필기감을 업그레이드 시켰다. 그뿐만 아니라 이제는 그 S펜과 스마트폰이 무선통신을 할 수 있어서 셀카를 찍을 때나 프레젠테이션을 할 때 리모컨으로도 사용할 수 있

게 되었다. 이렇게 매번 새로움을 선사하는 삼성전자의 전략은 시장에 적중했고 애플을 넘어서 시장점유율 1위를 놓치지 않고 있다.

3M, LG전자, 다이소의 새로운 전략

'항상 새롭게'라는 전략으로 유명한 기업이 있다. 바로 3M이다. 3M이라고 하면 떠오르는 상품이 있을 것이다. 바로 스카치테이프와 포스트잇이다. 그런데 3M은 우리가 알고 있는 일반적인 사무용품뿐만 아니라 광섬유 소재와 항공기 핵심부품까지 총 6만 가지가 넘는 상품을 만들어내고 있다.

또한, LG전자는 세계 최초로 '옷을 씻어 입자'라는 컨셉으로 '스타일러'를 출시하면서, 완전히 새로운 가전제품 카테고리를 만드는 전략으로 시장을 선도했다. 소비자에게 익숙해지기까지 시간은 걸렸지만 이제는 신혼부부의 혼수목록 리스트에 반드시 오르고 있으며 경쟁업체들도 앞다투어 신제품을 출시하는 등 새로운 시장에서 경쟁구도가 만들어지기까지 했다. 앞으로의 시장 변화를 살펴봐야겠지만 현재 '의류관리기=스타일러'라는 공식은 깨지지 않았다. 이것은 아마 새로운 시장을 만들겠다는 LG전자의 전략이 적중했기 때문이다.

상대적으로 삼성전자나 LG전자보다 전자제품의 수가 적은 코웨이는 완전히 다른 전략으로 시장에서 굳건히 자리 잡았다. 바로 '선택과 집중' 전략이다. 코웨이는 '물과 공기를 깨끗하게 하는 기업', '물과 공기 전문 기업'이라는 컨셉으로 정수기와 공기청정기에만 집중했다. 이 전략은 시장에 적중하여 최근 거대한 중국 시장에 진출했으며, 알리바바 쇼핑몰인 'T몰'에서 공기청정기를 판매하기 시작했다.

반대로 '모든 것이 다 있다.'라는 전략으로 사업을 하는 기업도 있다. 바로 '다이소'다. '1,000원짜리 제품을 팔아서 강남 한복판에 저렇게 큰 평수의 매장을 유지하는 것이 가능할까?'라는 생각을 해본 적이 있다. 이런 걱정이 무색하게 역세권에 위치한 다이소의 평균 한 달 매출은 1억 4천만 원이라고 한다. 다이소 관계자는 역세권이 아니더라도 월 매출 1억 원이 넘는 매장이 많다고 귀띔했다. 가격을 저렴하게 책정하고, 일상생활에 필요한 모든 제품을 판매하며, 접근하기 쉬운 위치에 매장을 세운다는 다이소의 전략이 적중한 것이다.

이렇듯 '전략'은 개인으로 보나, 조직으로 보나 반드시 필요하다. 전략이 '있고 없고'에 따라 그 결과는 달라지는 것이다. '전략의 유무'에 따라 다른 결과를 만들 수 있다는 것을 이번 '브레인넘버링'을 통해 직접 느끼고 배워보자.

브레인넘버링
치밀한 전략으로 숫자를 배열하라

●
〈브레인넘버링〉은 1부터 30까지의 숫자를 오름차순으로 연결해서 점수를 많이 획득하는 프로그램이다. 이때 숨어있는 다양한 미션을 어떤 전략으로 풀어가느냐에 따라 승패가 결정된다. 이번 프로그램에서는 전략과 전술을 직접 만들어보고 경험함으로써 그 중요성을 확인할 수 있다.

● ●
준비사항 ① 브레인넘버링 용지(워크북 295페이지 참조)
② 볼펜, 형광펜
③ 개인전 넘버링 말판(A4 용지), 단체전 넘버링 말판(2절지)
④ 포스트잇(노랑, 분홍)
⑤ 초시계
⑥ 스마트폰(검색용)

요   약 ① 팀별로 단어를 차례대로 선택한다.
② 단어를 선택하면 1부터 30까지의 숫자 중 하나의 숫자가 공개된다.
③ 공개된 숫자를 정해진 시간 안에 오름차순으로 빈칸에 써넣는다.
④ 20개의 동그라미를 모두 채우면 점수를 계산한다.
⑤ 오름차순으로 연결된 숫자가 많을수록 높은 점수를 획득한다.

진행 방법

[1단계 프로그램]

1) 1단계 프로그램을 설명한다.

"여러분, 지금부터 어떤 분이 가장 전략이 뛰어난지 알아볼 수 있는 브레인넘버링을 진행해보겠습니다. 1단계 방법은 그리 어렵지 않습니다. 여러분께 종이를 한 장씩 나눠드릴 겁니다.

여기에 왼쪽 아래부터 차례대로 낮은 숫자를 채워서 오른쪽 아래까지 순차적으로 나열하면 되는 프로그램입니다. 그런데 2가지 문제가 있습니다. 첫 번째는 숫자가 순차적으로 나오지 않는다는 것입니다. 높은 숫자, 낮은 숫자가 섞여서 나오게 됩니다. 어디에 넣어야 할지 고민하신 후, 나눠드린 종이에 빠르게 적으시면 됩니다. 두 번째는 한 번 적은 숫자는 다시 바꿀 수 없다는 점입니다. 빠르게 쓰면서 정확해야 하는 프로그램입니다."

2) 1단계 프로그램을 연습한다.

"그럼 지금부터 한번 해보도록 하겠습니다. 종이를 드리겠습니다. 1부터 10까지의 숫자가 하나씩, 11부터 20까지는 숫자가 두 개씩, 21부터 30까지는 숫자가 하나씩 있습니다. 11부터 20까지의 숫자가 두 개씩 있으니 여러분은 전략을 잘 세워야 합니다. 보너스 조커(★)가 2개 있는데 조커가 나오면 동그라미 안에 별을 그리면 됩니다. 그 조커(★)는 11부터 20 사이의 숫자를 대체해서 2개가 들어있습니다. 이제 여러분의 말판을 한 장씩 받으시고 어디에 그 숫자를 쓸지 고민해보도록 하겠습니다.

브레인 넘버링
개인전

간뇌	뇌간	뇌교	뇌궁	뇌량	뇌막	뇌실	뇌하수체	뇌활몸통	뉴런
다리뇌	대뇌	도파민	두정엽	선조체	세로토닌	소뇌	솔방울샘	송과체	숨뇌
시각교차	시냅스	시상하부	엔도르핀	연수	연합령	우뇌	전두엽	전정핵	전교련
좌뇌	중뇌	전전두엽	척수	측두엽	코르티솔	편도체	해마	후교련	후두엽

여러분은 5초 안에 나눠드린 종이의 동그라미 중 아무 곳에나 그 숫자를 쓰시고 볼펜은 내려놓으시면 됩니다. 여기서 5초가 지났는데 볼펜을 들고 있으면 그분은 벌점이 있습니다. 그리고 5초 안에 숫자를 쓰지 못했다면 벌점을 받고 아무 동그라미 안에다가 그 숫자를 쓰고 넘어가게 됩니다. 연습 한 번 해볼까요? 볼펜 들어주시고요. '숫자는 OO입니다.' 이때 숫자를 쓰시면 됩니다. '5, 4, 3, 2, 1 볼펜 놓으세요! 이때 볼펜을 들고 계시면 안 됩니다."

3) 1단계 프로그램을 진행한다.

"이제 숫자 하나를 보여 드리겠습니다. 첫 번째 숫자는 첫 번째 줄 첫 번째에 있는 '간뇌'를 선택해 보겠습니다. 숫자 몇이 나올까요? '13'이 나옵니다. 써주세요. 카운트다운 들어갑니다. 5, 4, 3, 2, 1. 볼펜을 놓아주세요. 어떤 위치에 쓰셨나요? 어떤 분은 맨 앞에, 어떤 분은 중간 정도에 쓰셨습니다. 옆 사람이 쓴 것을 한번 보시겠습니까? 서로 다른 곳에 적은 것이 보이시죠? 전략을 잘 세운 분도 계시고 아무 생각 없이 쓰신 분도 계시네요. 그럼 두 번째 숫자 넘겨볼까요? 한 팀에 한 분씩 말해보겠습니다. 1팀 팀장님부터 시작하겠습니다. 어떤 것을 선택하시겠습니까? '대뇌' 선택하셨습니다. 대뇌 눌러보겠습니다. 대뇌는 '18'이 나옵니다. 쓰십시오. 5, 4, 3,

2, 1 볼펜을 놓습니다. 다음은 2팀의 팀장님이 선택하겠습니다. 이어서 3팀 팀장님, 선택해주십시오. 마지막으로 4팀 팀장님이 선택하겠습니다. 이제 팀장님의 왼쪽에 계신 분이 말씀하시면 됩니다."

※ 이렇게 하나씩 넘겨서 말판 20칸 모두를 채운다.

4) 1단계 결과를 확인한다.

"20개 동그라미 안을 모두 채웠습니다. 이제 점수를 계산해볼까요? 오름차순으로 이어가는 개수를 체크하시면 됩니다. 샘플 보여드리겠습니다."

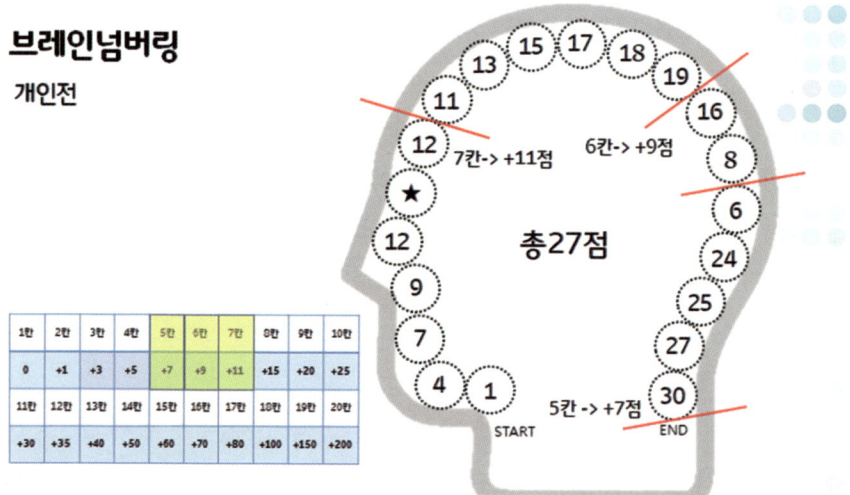

"이제 총 점수가 몇 점인지 쓰시면 됩니다. 점수를 계산해보겠습니다. 개인 점수가 몇 점이 나왔나요? 그럼 팀별로 그 점수를 더해주십시오. 그리고 점수에서 인원수로 나눠 평균점수를 계산하겠습니다. 확인했습니다. 1팀이 가장 높았습니다. 점수 300점 드립니다. 다음은 3팀 200점, 2팀 100점, 아쉽게 4팀은 점수가 없습니다."

[2단계 프로그램]

1) 2단계 프로그램을 설명한다.

"이번에는 이렇게 해보겠습니다. 우리가 회사에서 혼자서 문제를 해결하는 경우가 있고 팀으로 진행하는 경우도 있습니다. 이번에는 2인 1팀으로 진행해보겠습니다. 브레인넘버링 커플전입니다. 방법은 전과 동일한데 함정이 있습니다. 숫자만 나오지 않습니다. 알파벳과 한글 자음이 중간중간에 나올 것입니다. 두 분 중 한 분은 형광펜, 한 분은 볼펜을 잡습니다. 예를 들어 'G'가 나오면 알파벳의 순서를 쓰면 됩니다. 그렇습니다. 바로 일곱 번째였습니다. 그럼 테이블에 있는 형광펜으로 7이 들어갈 공간에 체크만 미리 해둡니다. 알파벳 또는 한글 자음을 쓰려고 하는 동그라미에 볼펜으로 쓰지 말고 먼저 형광펜으로 칠해주셔야 합니다. 그리고 정답을 공개하고 나머지 한 분이 그 숫자를 거기에 쓰시면 됩니다. 두 분이 같이해야 하니까 전략을 잘 세우셔야 합니다. 지금부터 전략을 세울 시간, 3분 드리겠습니다. 전략 회의 해주세요."

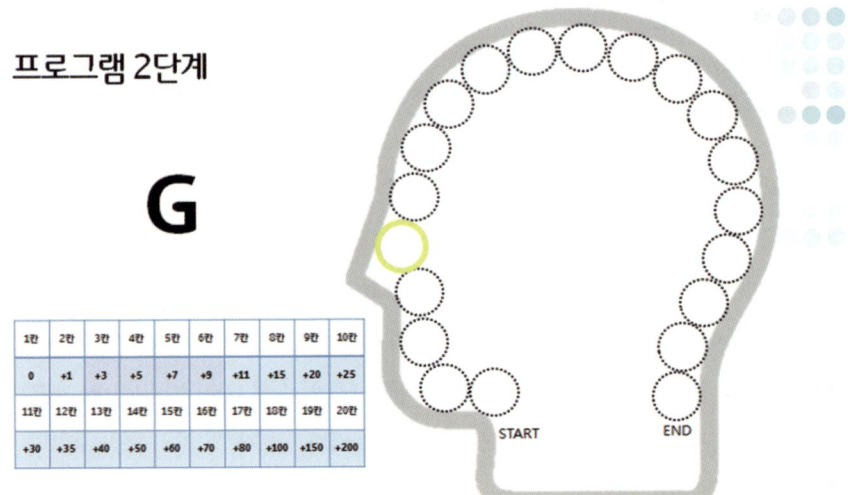

2) 2단계 프로그램을 진행한다.

"작전회의 잘하셨습니까? 어떤 분은 '내가 알파벳을 맡겠다. 너는 한글 자음을 맡아라.' 하신 분도 계시고 어떤 분은 '머리는 내가 쓸게, 몸은 네가 써라.' 하신 분도 계셨습니다. 그 전략이 어떤 작용을 할지 저도 궁금합니다. 이제 시작해보겠습니다. 숫자는 5초, 알파벳과 한글 자음은 8초의 시간을 드립니다. 진행순서는 1단계와 같은 방법으로 해보겠습니다. 1팀 팀장님부터 차례대로 불러주시면 됩니다. 무엇을 선택하시겠습니까? '엔도르핀'을 선택하셨습니다. 과연 무엇이 나올까요? 뒤집습니다."

프로그램 2단계

간뇌	뇌간	뇌교	뇌궁	뇌량	뇌막	뇌실	뇌하수체	뇌활몸통	뉴런
다리뇌	대뇌	도파민	두정엽	선조체	세로토닌	소뇌	솔방울샘	송과체	숨뇌
시각교차	시냅시스	시상하부	Y	연수	연합령	우뇌	전두엽	전정핵	전교련
좌뇌	중뇌	전전두엽	척수	측두엽	코르티솔	편도체	해마	후교련	후두엽

"우와! 첫 번째부터 알파벳입니다. 'Y'가 나왔습니다. 8초 드립니다. 형광펜으로 색칠만 해주시면 됩니다. 8, 7, 6, 5, 4, 3, 2, 1. 형광펜은 놓아주십시오! 과연 숫자 몇일까요? 'Y'는 '25'입니다. 다행입니다. 그래도 앞뒤로 작성한 내용이 없어서 24나 26을 생각하셨더라도 아직은 틀린 것은 아닙니다. 형광펜 색칠한 곳에 숫자 25를 볼펜으로 써주십시오. 다음 2팀 팀장님, 말씀해주십시오. 다음은 '소뇌'를 부르셨습니다. 숫자 '5'가 나왔습니다. 볼펜으로 써주시면 됩니다. 5, 4, 3, 2, 1. 볼펜을 내려놓습니다. 계속 해보겠습니다."

※ 이렇게 20개를 모두 돌아가면서 부르도록 한다.

3) 2단계 결과를 확인한다.

"2단계 20개 동그라미를 모두 채웠습니다. 점수를 계산해보겠습니다. 1단계처럼 오름차순으로 이어지는 개수를 체크하시면 됩니다. 커플점수는 몇 점이 나왔을까요? 그럼 팀별로 그 점수를 더한 후 평균점수를 내보겠습니다. 평균점수는 몇 점이 나왔나요? 아… 아쉽게 1단계보다 점수가 내려간 팀이 있고 올라간 팀도 있네요. 이번 커플전에서는 1단계 꼴찌였던 4팀이 가장 높은 점수가 나왔습니다. 점수 600점 드립니다. 4팀은 함께하시면 더 강해지는 것 같습니다. 다음은 2팀 400점, 1팀 200점, 아쉽게 3팀은 점수가 없습니다."

[3단계 프로그램]

1) 3단계 프로그램을 설명한다.

"지금까지 2단계 커플전을 함께해봤습니다. 이번이 메인 프로그램으로 3단계는 단체전입니다. 3단계는 점수가 큽니다. 1등은 1,200점, 2등은 800점, 3등은 400점, 4등은 점수가 없습니다. 방법은 전과 동일합니다. 그런데 더 어려운 함정이 있습니다. 숫자, 알파벳, 한글 자음이 섞여서 나오고 거기에 '퀴즈'까지 나옵니다. 퀴즈는 2가지 형태로 정답을 찾아서 쓰시면 됩니다. 한 가지는 스마트폰을 활용해서 검색사가 검색을 하는 방법, 한 가지는 팀별로 상의해서 진행하는 방법, 이렇게 진행됩니다. '퀴즈'에 '20초/검색'이라고 나오면 검색을 하시면 되고, 나머지는 모두 상의해서 작성하면 됩니다. 이번에는 단체전이라 개인전이나 커플전처럼 A4 용지에 하지 않습니다. 팀별로 이렇게 큰 브레인넘버링 말판을 드리겠습니다.

그 말판을 책상 위에 올려두시고 진행하는데 볼펜으로 바로 쓰시는 것이 아니라, 노란색 포스트잇에 작성하셔서 그 원에 붙여주시면 됩니다. 단 일반 숫자나 조커(★)가 나오면 노란색 포스트잇에 작성해서 바로 붙이면 되고 알파벳, 한글 자음, 퀴즈가 나오면 핑크색 포스트잇을 먼저 붙이고 정답 확인 후 그곳에 숫자를 쓰시면 됩니다. 이번에는 팀원별로 맡아야 할 임무가 있습니다. 필요한 임무는 검색하는 검색사, 형광펜과 펜으로 작성을 담당할 서기입니다. 누가 어떤 임무를 맡을지, 어떻게 하면 높은 점수를 확보할 수 있을지 전략을 잘 세우시기 바랍니다. 지금부터 전략을 세우고 임무를 정할 시간 3분 드리겠습니다. 전략 회의를 해주십시오."

2) 3단계 프로그램을 진행한다.

"전략 회의 잘하셨나요? 각 팀의 검색사들은 손을 들어주세요. 이분들을 제외하고 스마트폰을 주머니에 넣겠습니다. 검색사는 테이블 중앙에 스마트폰을 두시면 됩니다. 퀴즈에서 화면에 검색이라고 뜨면 스마트폰을 잡고 검색하시면 됩니다. 검색을 다 못했어도 검색시간이 지나면 바로 스마트폰을 내려두셔야 합니다. 시간이 지나도 스마트폰을 잡고 있으면 감점 2점입니다. 이번 프로그램을 통해 그전 점수가 낮았던 팀도 한 번에 1등으로 올라갈 수 있습니다. 다 같이 좌우로 손바닥을 치면서 파이팅 한 번 해보겠습니다. 하나, 둘, 셋, 파이팅! 시작하겠습니다. 이번에도 1팀의 팀장님부터 해보겠습니다. 어떤 것을 선택하시겠습니까? '두정엽' 선택하셨습니다. 숫자는 '15'가 나왔습니다. 5, 4, 3, 2, 1. 펜 놓으세요. 서로 다른 위치에 붙이셨네요. 이번에는 2팀의 팀장님! '숨뇌' 선택하셨습니다. 숨뇌는 'Z'가 나왔습니다. 핑크색 포스트잇을 붙여만 주시면 됩니다. 8, 7, 6, 5, 4, 3, 2, 1. 위치 잡으셨나요. 정답은 무엇일까요? 'Z'는 '26'이었습니다. 그럼 3팀 팀장님께서 선택해주십시오. '코르티솔'을 선택하셨네요. 무엇이 나올까요? '조커(★)'가 나왔습니다. 조커는 노란색이었습니다. 별을 그리고 붙여주세요. (시간 카운팅) 5, 4, 3, 2, 1. 계속 이어가보겠습니다. 4팀 팀장님 선택해주세요. '세로토닌'을 선택하셨습니다. 무엇을 선택하셨을까요? 우와! '퀴즈'가 나옵니다. 검색할 수 있는 퀴즈네요. 검색사들 스마트폰 준비해주십시오. 어디서 검색하든 상관없습니다. 20초가 지나도 스마트폰을 들고 계시면 감점 2점이라는 것을 기억하시기 바랍니다. 그럼 퀴즈가 무엇인지 보겠습니다. '농구와 배구의 한 팀당 경기 인원 수의 합은?' 과연 정답이 무엇일까요? 검색하셨으면 핑크색 포스트잇을 붙여주세요. 정답은 '11'이었습니다. 숫자를 핑크색 포스트잇에 써주시면 됩니다. 포스트잇 옮기시면 안 됩니다. 계속해서 1팀이 선택하시면 됩니다."

※ 20개 모두 진행

3) 3단계 결과를 확인한다.

프로그램 3단계

간뇌	뇌간	뇌교	뇌궁	뇌량	뇌막	뇌실	뇌하수체	뇌활몸통	뉴런
다리뇌	대뇌	도파민	15	선조체	세로토닌	소뇌	솔방울샘	송과체	Z
시각교차	시냅시스	시상하부	엔도르핀	연수	연합령	우뇌	전두엽	전정핵	전교련
좌뇌	중뇌	전전두엽	척수	측두엽	★	편도체	해마	후교련	후두엽

"단체전 20개 동그라미를 모두 채웠습니다. 어떤 결과가 나올지 매우 궁금합니다. 점수를 계산해보겠습니다. 몇 점이 나왔습니까? 이번 단체전은 2팀이 가장 높았습니다. 축하드립니다. 점수 1,200점 드립니다. 4팀은 2등으로 800점, 3팀은 3등 400점, 아쉽게 1팀이 가장 낮아 점수가 없습니다. 1등한 2팀의 전략을 어떻게 세웠는지 한번 들어보겠습니다. 2팀 팀장님 말씀 부탁드립니다. 다른 팀의 전략도 들어보겠습니다."

👍 클로징 멘트

"각 단계마다 전략을 잘 세워 진행하는 분도 계셨고 전략 없이 일단 행운에만 맡기는 분도 계셨습니다. 1~10까지 5칸, 21~30까지 5칸, 많이 나오는 11~20까지는 10칸을 정해두는 전략으로 진행하는 팀이 있었습니다. 또 다른 팀은 1~10은 포기하고 나머지 11~30을 노리는 전략으로 진행했습니다. 그리고 팀별로 작은 일이라도 포스트잇을 준비해주는 담당부터 시간 담당까지 제가 말씀드리지 않은 임무도 전략을 더 디테일하게 세운 팀도 있었습니다. 여러분, 만약 을지문덕 장군이 수나라 113만의 대군을 상대할 때 싸우다 도망가고 싸우다 도망가기를 반복하는 전략으로 청천강에서 적군 모두를 전멸시키지 않고, 113만의 수나라 군사와 직접 싸웠다면 어떻게 되었겠습니까? 이순신 장군이 또한 임진왜란 때 급회전이 가능한 판옥선으로 학익진 전략을 세우지 않았다면 어떻게 되었을까요? 거란이 10만 대군을 이끌고 고려를 쳐들어왔을 때 1만 2천 명의 군사로 매복을 하다가 적군이 들어올 때 막아뒀던 둑을 무너트려 이긴 강감찬 장군의 전략도 있었습니다. 이렇듯 '전략'의 작은 차이가 결과의 큰 차이를 만들 수 있습니다."

📋 이럴 땐 이렇게

1) 만약 시간이 부족하다면

개인전-커플전-단체전의 3단계를 개인전-단체전의 2단계로 축소하여 진행해도 좋다.

2) 만약 단체전에서 점수 체크를 공정하게 하려면

각 팀의 말판을 1팀은 2팀에게, 2팀은 3팀에게, 3팀은 4팀에게, 4팀은 1팀에게 전해주고 체크하도록 하면 좋다.

3) 프로그램을 어렵게 느끼는 대상자라면
5초, 8초, 20초로 설정된 시간을 1.5배~2배 정도 늘려주면 좋다.

4) 프로젝터를 사용하지 못하는 곳에서 진행한다면
진행자가 직접 말로 숫자(미션)를 알려주거나 출력물을 준비해 보여주는 방식을 사용해도 좋다.

 꿀Tip

1) 프로그램 설명만 듣고는 이해하지 못한다면
연습으로 짧게 한 번 진행해보고 시작해도 좋다.

2) 프로그램 화면을 더욱 매끄럽게 전환하고 싶다면
브레인넘버링 PPT 실행 시 자이로센서가 탑재된 포인터를 사용하는 것이 좋다. 만약 자이로센서 포인터가 없다면 마우스를 사용하는 것이 좋다.

3) 점수체크를 어려워한다면
개인별 점수 체크 후, 옆 팀과 바꿔 점수체크 확인을 하는 것이 좋다.

4) 프로그램 이해가 낮은 초반에 숫자를 쓰는 것을 어려워한다면
처음에는 어떻게 쓰면 유리한지 팁을 한 가지 정도 알려주면 좋다.
ex)
"1~30의 숫자 중 11~20까지 중간은 2개씩이니 나올 확률이 높고 앞뒤는 10개씩으로 나올 확률이 더 낮으니 20칸 중 비율을 조절하시면 좋을 겁니다."

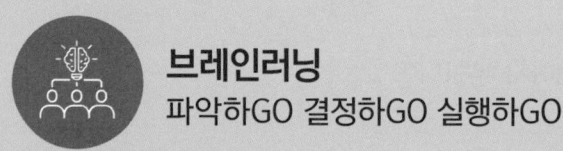

브레인러닝
파악하GO 결정하GO 실행하GO

브레인러닝
파악하GO 결정하GO 실행하GO
(커플전, 팀전)

 기적을 만든 판단

우리는 살아가면서 매 순간 선택을 한다. 예를 들면 카페에서 단순히 '커피를 마실까, 녹차를 마실까' 하는 것들이다. 즉, 선택이란 물건을 살 때 마음에 드는 것을 택하거나 필요하다고 생각하는 것을 결정하는 것을 말한다. 그런데 우리는 가끔 선택과 판단에 대해 혼동할 때가 있다.

판단이란 선택하기 위해 상황 또는 정황을 논리적으로 따져보거나 기준에 따라 생각하고 결정하는 것을 말한다. 예를 들면 커피를 마시고 싶지만 의사가 약과 커피가 상충하므로 당분간 커피는 먹으면 안 된다고 판단하여 대신 따뜻한 전통차를 선택하는 것을 의미한다.

우리는 살아가면서 여러 사고 소식을 듣게 된다. 이러한 문제가 일어났을 때, 리더의 판단에 따라 결과가 크게 달라지는 것을 많이 보게 된다. 2018년 6월, 태국에서 축구소년 12명과 에까뽀른 찬따웡세(25) 코치가 폭우로 인해 동굴 속에 갇히게 되었던 사건이 있었다. 평소에는 얕은 개울이었지만, 폭우로 인해 최대수심 5m까지 물이 불어나 잠수사가 투입되어야만 했다. 그러나 물이 좀 빠진다 싶으면 또 비가 내려 물이 다시 불어나 구조 기간은 점점 길어졌다. 아무것도 보이지 않는 칠흑 같은 동굴 속에서 아이들이 불안해할 것으로 판단한 코치는 아이들과 함께 명상을 했다. 그리고는 저녁이 되자 체온이 떨어질 것을 우려하여 서로 붙어서 잠을 자도록 했다. 또한, 축구팀의 구호를 외치며 희망을 잃지 않았다. 이러한 내용이 동굴 밖에도 전해지면서 많은 사람의 가슴은 뭉클해졌다. 구조 당시에도 코치는 아이들이 모두 구출된 후 마지막에 나왔다고 한다. 생사를 오가는 위급한 상황에서 코치의 현명한 판단은 13명의 생존에 큰 도움이 되었다.

CBS노컷뉴스 박종환기자

동굴에 갇혀 17일간의 긴 시간을 보내고 모두 무사히 구출될 수 있었던 것은 코치의 현명한 판단도 있었지만 태국 정부 또한 중요한 역할을 했기 때문이다. 태국 정부는 갇힌 유소년들을 구하기 위해 어떠한 도움도 마다하지 않고 적극적으로 지원했는데, 호주 잠수사에게 결과에 대한 책임을 지우지 않는 면책권까지 주면서 신속하게 구조에 투입시켰다. 국가가 컨트롤 타워의 역할을 하며 매시간 상황을 판단하고 대응함으로 1만여 명이 참여한 구조원이 일사분란하게 움직여 13명의 목숨을 살릴 수 있었다. 동굴의 기적을 만든 소년들과 코치가 구조된 후, 어떻게 생활하고 있는지는 보도되지 않고 있다. 이는 태국 정부가 소년들의 트라우마를 우려하여 기자들과의 접촉을 막았기 때문이다. 만약 이를 어기고 생존자나 그의 가족에게 접근할 경우 '아동보호법에 따라 기소될 수 있다'는 경고까지 했다고 한다.

개인에게도 예기치 않던 일이 일어나기도 한다. 이럴 때 어떻게 판단하는가에 따라 상황이 달라질 수 있다. 필자는 두 해 전 P 회사의 창립행사 사회를 맡은 적이 있었다. 행사 당일, 리허설을 위해 일찍 행사장을 찾았다. 그런데 공기를 주입하여 행사장에 들어오는 사람들을 맞이하도록 행사장 입구에 세워놓은 '에어 아치'라는 개선문에 문제가 생긴 것이다. 살펴보니 기둥 한쪽의 지퍼가 터져 공기가 자꾸 새어 나와 개선문이 똑바로 서있지 못했다.

"큰일이네. 이걸 어떻게 하지? 개선문이 넘어지면 제대로 행사 시작도 못 할 텐데…."

그때 순간적으로 머릿속에 옷핀이 떠올랐다. 근처 편의점으로 달려가 옷핀을 사와 지퍼 부분을 고정시켰다. 미봉책이었지만, 생각보다 터진 부분에서 공기가 많이 샌 것은 아니었다. 다행히 행사가 끝날 때까지 개선문은 무사히 서있었다. 이때 필자가 순간적으로 일어난 일을 인식하지 못하거나 내 일이 아니라고 모른 척했다면 결과는 달라졌을 것이다.

브레인러닝
파악하GO 결정하GO 실행하GO

•

〈브레인러닝〉은 팀별로 3명의 팀원이 주어진 3개의 '말'을 이용해 빙고를 만드는 프로그램으로 순간적으로 변하는 상황에 대처하는 능력과 빠르고 정확한 판단력을 키울 수 있다.

••

준비사항
① 훌라후프 9 개
② 빙고판에 놓을 '말'
③ 출발선(컬러 테이프)

요 약
① 순서에 따라 두 팀의 팀원은 동시에 '말'을 갖고 출발선에 대기한다.
② 각 팀은 한 명씩 돌아가며 9칸 중 비어있는 곳에 '말'을 놓아 빙고를 만든다.
③ '말'을 모두 놓아도 빙고가 나오지 않으면 자기 팀의 '말'을 옮겨 빙고를 만든다.
④ 빙고를 먼저 만든 팀이 승리한다.

진행 방법

팀별로 (6인 1팀) 앉아있는 상황으로 설명함

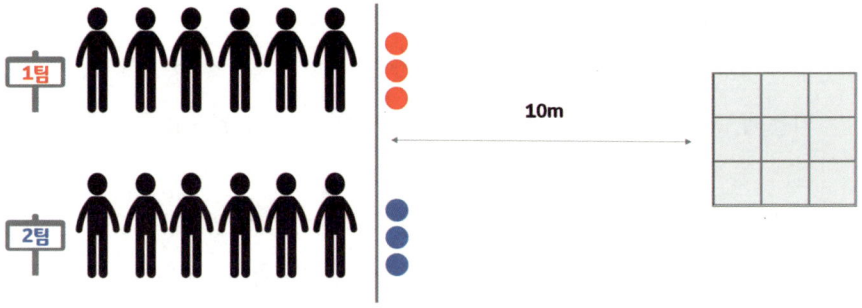

1) 두 팀을 출발선에 대기시킨다.

"지금부터 브레인러닝을 시작하겠습니다. 대결할 두 팀은 전원 출발선으로 나와주시기 바랍니다."

2) 팀별 '말'을 제공한다.

"1팀은 1번 주자부터 3번 주자까지 파란색 '말'을 하나씩 잡아주시고요, 2팀은 1번 주자부터 3번 주자까지 빨간색 '말'을 잡아주세요."

3) '말' 놓는 방식을 설명한다.

"출발 소리와 함께 훌라후프 9개 중 한 곳에 자신의 '말'을 놓으면 됩니다. 두 팀 모두 같은 곳에 놓았다면, 늦게 놓은 주자가 빠르게 다른 곳으로 말을 이동시켜야 합니다. 그리고 '말'을 던져서 놓으면 훌라후프 원 안에 제대로 들어가지 못하니 던지지 말고 직접 가서 살포시 놓고 오셔야 됩니다. 자! 모두 준비되셨죠? 그럼~ 시작하겠습니다!"

4) 상황 중계를 한다.

※ 3번 주자까지 '말'을 3개 놓고, 승부가 났을 때

① "자! 1번 주자 출발합니다. 1번 주자들은 9개의 원 중 한 곳에 자신의 '말'을 놓고 돌아오세요. 돌아오시면 2번 주자와 터치합니다."
② "2번 주자 출발하세요. 우리 팀의 '말'을 빙고가 될 수 있게 연결시켜야 되는데, 2팀이 1팀보다 조금 늦네요. 2팀은 빙고의 완성보다 1팀이 빙고를 만들 수 없게 막아주셔야 합니다."
③ "1팀이 조금 더 빠릅니다. 2팀의 2번 주자가 1팀의 빙고를 막지 못하면서 3번 주자가 빙고를 만들었습니다. 1팀 승리! 축하드립니다!"

5) 상황 중계를 한다.

※ 3번 주자까지 '말'을 3개 놓고, 승부가 나지 않았을 때

① "아~ 3번 주자까지 빙고를 만든 팀이 없습니다. 그럼, 4번 주자는 이미 놓은 자기 팀의 말을 빈 공간으로 옮겨 빙고를 만들어야 합니다. 만약 빙고를 만들 수 없는 상황이라면 상대 팀도 빙고를 만들 수 없도록 적절하게 막아야 합니다."
(이러한 방식으로 4번 주자부터 6번 주자까지는 이미 놓인 말을 옮기면서 빙고를 만들도록 한다. 이때 빙고를 먼저 만드는 팀이 승리한다.)

② 4번 주자부터 6번 주자에서 벌어질 수 있는 상황 예시
"아~ 2팀의 4번 주자가 자신의 말을 먼저 옮겨서 빙고를 만들었습니다. 2팀의 승리입니다."
"아~ 4번 주자까지 빙고를 만든 팀이 없습니다. 각 팀의 5번 주자들이 빙고를 완성해야 합니다. 1팀이 먼저 자신의 말을 옮겨 빙고를 만들었습니다. 1팀의 승리입니다. 축하합니다."

이럴 땐 이렇게

1) 만약 공간이 넓지 않다면

A3 용지, 박스, 핸들커버, 후크 볼 빙고판으로 바꿔서 진행해도 된다.

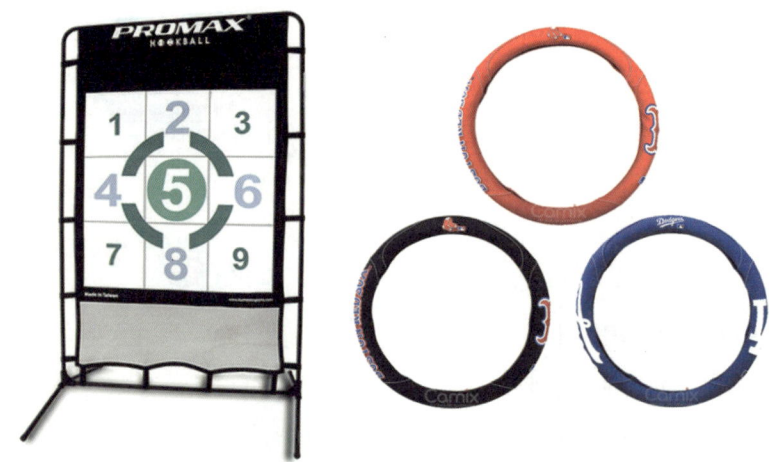

2) 만약 공간이 협소하여 위험하다고 판단되면

뛰어다니는 것이 문제가 될 수 있으므로 걷는 것으로 위험요소를 줄여 진행해도 된다.

3) 빙고를 진행할 '말'이 없다면

과자봉지, 갑 티슈, 보드마커 등 각 팀을 나타낼 수 있는 같은 색의 말을 3개씩 준비하여 진행할 수 있다.

👍 클로징 멘트

"프로그램을 진행해보니 어떠셨나요? 빙고를 만들거나 상대팀이 빙고를 못 만들게 하는 것이 쉬울 것 같았지만, 막상 순간적으로 '말'을 놓고, '말'을 옮기는 것이 쉽지 않으셨을 겁니다. 우리가 일상생활에서 순간적인 판단과 그로 인한 행동이 매우 중요할 때가 있습니다. 이때 빠르고 정확한 판단력은 평소에 아무런 연습 없이 갑자기 나오지 않습니다. '브레인러닝' 프로그램을 통해서 판단의 감각을 키워보시기 바랍니다."

꿀Tip

1) 말판이 흔들릴 때
가로 3개, 세로 3개로 놓인 훌라후프가 프로그램 진행 중 흐트러지지 않도록 끈이나 테이프로 묶어 고정시킨다.

2) 말판 한 지점에 양 팀이 말을 동시에 놓아 난처한 상황일 때
한 팀씩 번갈아 가면서 '말'을 놓고 오도록 프로그램 규칙을 바꾸면 된다.

3) 긴박하게 진행하고 싶을 때
거리에 따라 시간제한을 두어 빠르게 이동하고 선택할 수 있도록 진행한다.

액션브레인퍼즐맵
뇌의 GPS를 켜라

액션브레인퍼즐맵
뇌의 GPS를 켜라
(팀전)

🖉 매점이 없는 학교

　필자가 생각하기에 마음을 파악하기 가장 어려운 사람은 바로 '아기'다. 먹을 것을 줘도, '까꿍' 하며 놀아줘도, 기저귀를 바꿔줘도 아기가 울며 보채기만 할 때 그 속을 알 수가 없어 쩔쩔매게 된다. 그런데 이때 엄마가 나타나면 마법처럼 모든 것이 해결된다. 엄마는 아기의 울음소리만 듣고도 어떤 문제가 있는지 알아채기 때문이다. 이것이 필자와 아기 엄마의 차이인 것이다.

　문제의 원인을 모르면 해결방법을 찾기 어렵다. 그런데 우리는 문제를 만나면 해결부터 하려는 경향이 있다. 그러다 보니 정작 문제의 원인이 무엇인지 정확하게 알지 못한 채 덤벼들어 문제를 더 키우곤 한다. 매점이 없는 학교를 상상해본 적이 있는가? 학교에서 폭력과 강요에 못 이겨 빵 심부름을 하는 아이들의 인터넷 커뮤니티 '대한민국 빵셔틀 연합회'가 개설되면서 '아이들만의 비밀'이 수면 위로 떠올랐다.

　"학교 안에는 세 가지 계급이 있다. 그 계급은 싸움 잘하는 일진을 중심으로 한 '귀족', 공부를 잘하고 돈 많은 '양민', 공부도 못하고 소심해 괴롭힘을 당하는 '천민'이다. 특히, 천민은 귀족과 양민의 매점 빵 심부름을 도맡아 하여 '빵셔틀'이라고도 불린다. 빵 조달 능력이 탁월하면 '속업 셔틀', 중간에 빼앗기면 '셔틀 추락'이라 부른다"며 '대한민국 빵셔틀 연합회'는 학교 안에서 벌어지는 일을 밝혔다. 이 커뮤니티에는 '일진에게 잘 보이는 방법', '빵을 빨리 사오는 방법', '학교폭력과 따돌림에 대한 고민' 등 하루에도 수십 건의 글이 올라오고 있다.

그러자 이 문제를 해결하기 위해, 서울 지역 한 학교의 학교폭력방지위원회에서 긴급 논의를 실시했는데 그 결과는 매우 놀라웠다. 바로 빵을 판매하는 매점을 없애자는 것이었다. 그런데 아이들의 세계에는 매점에서 빵을 사다 주는 '빵셔틀'만 있는 것이 아니다. 숙제를 대신 해주는 '숙제 셔틀', 담배를 사다 주는 '담배 셔틀', 일진의 스타킹에 구멍이 났을 때 자신의 스타킹을 벗어주는 '스타킹 셔틀'까지 다양하다. 이런 여러 문제가 생긴 원인은 생각하지도 않고, 단지 매점을 없애는 것이 학교폭력을 없애는 해결책이 될 수 있겠는가.

문제를 정확히 진단하지 못한 채 헛다리 짚는 경우는 기업에서도 많이 볼 수 있다. 스마트폰을 생산하는 기업에서 있었던 일이다. 글로벌 기업으로 발돋움하고 있던 이 기업의 대표는, 어느 날 직원들에게 이야기했다.

"우리 ○○ 기업은 글로벌 기업으로 성장하고 있습니다. 글로벌 기업이 되려면 무엇을 잘해야 할까요? 맞습니다. 기본적으로 영어를 잘해야 합니다. 그래서 앞으로 모든 회의와 업무 메일은 모두 영어를 사용하겠습니다."

이러한 결정 이후 ○○ 기업은 모든 회의와 업무 메일을 영어로 주고받았다. 영어로 진행되는 회의 시간은 제대로 업무 지시가 이루어지지 않았고, 많은 시간을 들여 영문 서류를 만들어 메일을 보내고, 받은 메일은 해석하느라 업무 처리 속도는 늦어질 수밖에 없었다. 게다가 경쟁사는 혁신적인 스마트폰을 출시하는 바람에 ○○ 기업은 결국 경쟁사에 뒤처지는 상황까지 맞게 되었다.

○○ 기업의 대표는 '글로벌은 영어다'라는 단순한 생각을 했던 것이다. 문제 해결을 위해서는 문제를 제대로 인식하는 것이 필요하다. 그런 의미에서 '액션브레인퍼즐맵' 프로그램은 문제 해결의 기본을 알아가는 데 도움이 된다.

액션브레인퍼즐맵

뇌의 GPS를 켜라

●

〈액션브레인퍼즐맵〉은 특정 지도를 조각내어, 각자 한 조각씩 살펴보고 온 후 주어진 2가지 문제를 팀원들과 함께 해결하는 프로그램이다. 지도를 읽을 때에는 '내가 어디로 가는가?'도 중요하지만 '지금 내가 어디에 있는가?'도 매우 중요하다. 이 프로그램은 우리 조직의 위치를 정확히 알고 나아가야 할 방향을 잡는 데 도움이 된다.

※ 6인 1팀 진행 기준

●●

준비사항
① 지도
② A4 용지 각 팀별 6장씩
③ 스카치테이프
④ 연필, 지우개, 펜 각각 6개씩
⑤ 컬러 매직 팀별 1개씩 (레드 or 블루)
⑥ 카카오톡 오픈채팅방
⑦ 미션2 녹음파일 (QR코드 넣기)

요 약
① 지도를 차례대로 보고 올 수 있도록 팀별 순서를 정한다.
② 1~6번까지 순서대로 한 명씩 지도의 일부를 보고 그 지도를 그린다.
③ 6장의 지도를 조합하여 하나로 연결한다.
④ 녹음된 음성을 듣고 미션을 수행한다.
⑤ 미션까지 완료된 지도를 촬영해서 진행자에게 보낸다.
⑥ 정확하게 미션을 수행한 팀에게 점수를 부여한다.

진행 방법

1) 역할을 정한다.

"그럼 6인 1팀으로 팀을 정해서 앉도록 하겠습니다. 그리고 원활한 프로그램 진행을 위해 팀원의 역할을 정하겠습니다. 먼저 감독을 뽑도록 하겠습니다. 서로 얼굴 한번 봐주십시오. 오른손을 들고 우리 팀원 중 가장 똑똑해 보이는 사람을 향해 하나, 둘, 셋 하면 손을 뻗어주세요. 하나, 둘, 셋! (투표) 제일 많은 표를 받으신 이분들이 우리 팀의 감독님입니다. 박수 보내드릴까요? 그럼 감독님의 오른쪽 옆에 계신 분? 이분은 우리 팀 1번 선수입니다. 다음 오른쪽 두 번째 계신 분이 2번 선수, 다음 3번, 4번, 5번 그리고 감독님이 마지막 6번 선수이자 감독의 역할을 합니다."

2) 진행 방법을 설명한다.

"여러분, 지금부터 팀별 한 명씩 차례로 나와서 한 장의 지도 중 일부분을 보게 됩니다. 그럼 여러분은 각자가 보신 지도를 기억하셔서 그려야 합니다. 그것을 팀원들과 공유하며 전체 지도를 완성해주시면 됩니다. 지도는 총 6장으로 나눠졌는데 상단 3장, 하단 3장으로 구성되어 있습니다. 저는 여러분께 좌측 상단부터 1, 2, 3 좌측 하단 4, 5, 6 순서대로 보여드릴 겁니다. 여러분은 팀별로 나눠드린 A4 용지를 똑같이 6장을 세팅해주시고 지도를 보시고 자리로 돌아와 그대로 그려주시면 됩니다."

3) 팀원이 한 명씩 순서대로 지도를 보고 오도록 한다.

"이제 각 팀의 1번 선수가 나와서 1번 지도를 보고 오도록 하겠습니다. 보는 시간은 1분을 드립니다. 나머지 팀원들은 그대로 앉아계시고 각 팀의 1번 선수만 자리에서 일어서주세요. 첫 주자들이라 많이 떨리실 겁니다. 잘 보고 오도록 격려의 박수 한 번 보내겠습니다. 1번 선수는 지도가 있는 테이블로 (※ 나머지 팀원이 보이지 않는 곳에서 지도를 볼 수 있도록 준비) 오셔서 그림을 보겠습니다. 10초 남았습니다. (1분 후) 자 이제 시간이 다 되었습니다. 다음은 2번 선수, 3번, 4번, 5번, 6번 순서대로 진행하겠습니다."

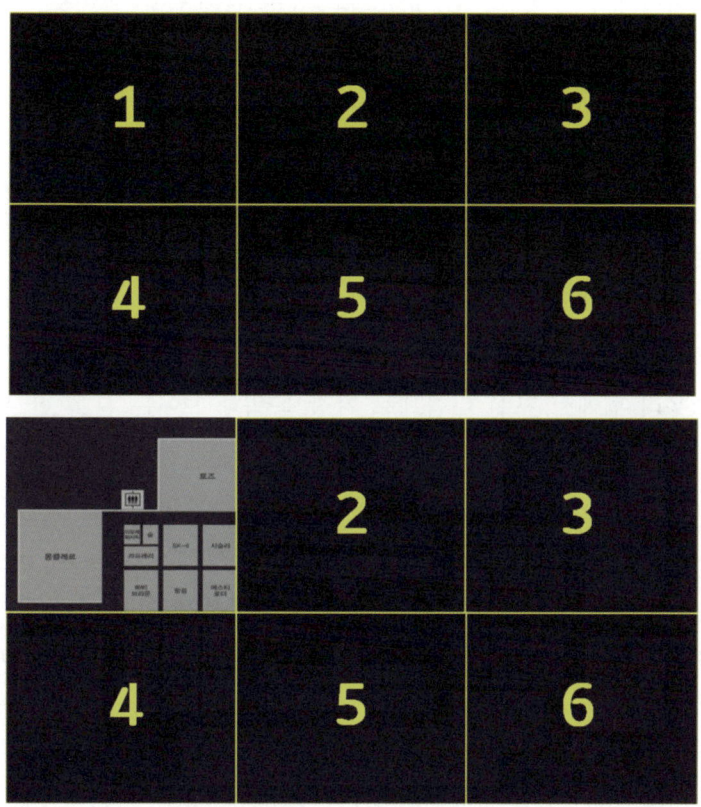

4) 지도를 조합할 시간을 준다.

"각 부분별 지도를 6명이 모두 보고 왔습니다. 각자 그린 지도를 이제 하나로 연결해보겠습니다. 스카치테이프를 사용해 전체를 연결해주세요. 지도 수정이 필요한 분들은 계속 수정하셔도 괜찮습니다."

5) 추가로 지도를 볼 수 있는 시간을 준다.

"여러분 한 번만 보고 그리려니 헷갈리시죠? 그래서 이번에 보너스 타임을 드리겠습니다. 팀별로 1개의 그림만 추가로 더 보실 수 있습니다. 상의하시고 선택해주시기 바랍니다. 그림 한 장만 추가로 보는 거니 신중하게 선택하셔야 합니다. 1번을 다시 보고 싶은 팀은 손을 들어주세요. ○○, ○○팀은 앞으로 나와 그림을 봐주시기 바랍니다. 그림을 볼 수 있는 시간은 30초입니다. (※ 차례대로 2번 그림부터 6번 그림까지 진행) 이렇게 추가로 볼 수 있는 시간까지 드렸습니다."

6) 완성된 지도를 촬영해서 오픈채팅방에 올린다.

"이제 각 팀의 지도가 완성됐습니다. 여러분이 사용하던 펜은 책상 중앙으로 모아주시면 됩니다. 지금부터 펜을 잡게 되면 감점입니다. 각 팀의 감독님은 우리 팀에서 자신 다음으로 가장 똑똑해 보이는 분을 한 분 뽑아주십시오. 이분이 우리 팀 촬영 담당입니다. 박수! 촬영담당자는 잘 들어주세요. 이 분만 스마트폰을 잡고 나머지 분들은 스마트폰을 무음으로 변경하셔서 테이블 중앙에 뒤집어서 놓아주시면 됩니다. 다른 분들은 휴대폰에 절대로 손을 대서는 안 됩니다. 촬영 담당자는 이제 자기 팀에서 완성한 지도를 촬영하고 앞쪽에 보이는 카톡 오픈채팅방[1]으로 들어와 사진을 빨리 올리시면 됩니다. 가장 빠르게 올린 팀에게는 보너스 점수를 드립니다. 그럼 사진부터 잘 찍어주세요. 모두 다 찍으셨나요? 한 장만 올려주시면 됩니다. 이제 카톡 오픈채팅방으로 진입하는 방법을 화면으로 보여드리겠습니다."

---

1) 카톡 오픈채팅방: '카카오톡에서 누구나 만들 수 있는 단체채팅방으로 검색어 또는 QR코드를 통해 만들어둔 방으로 들어갈 수 있다. 1인 10개의 방을 만들어 사용 가능하다.

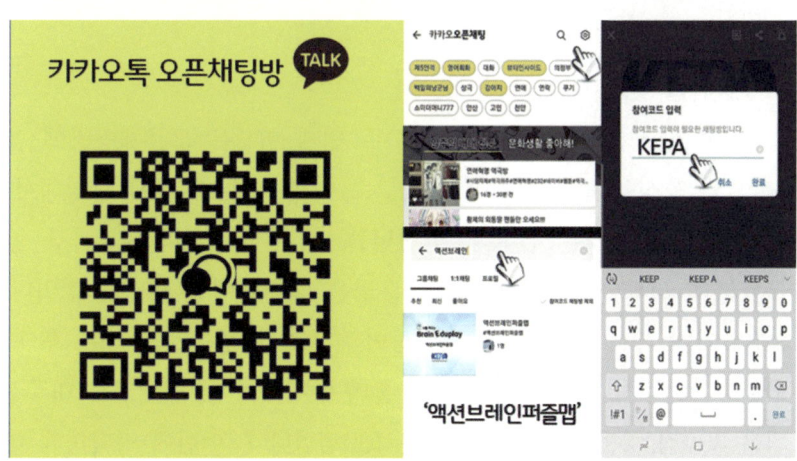

액션브레인퍼즐맵 _ 뇌의 GPS를 켜라 263

"이렇게 사진 1, 2처럼 카톡 채팅창을 열어주시면 우측 상단 두 번째에 말풍선이 보일 겁니다. 그것을 누르면 오른쪽 오픈채팅이 나옵니다. 오픈채팅을 다시 누르면 상단 검색창에서 '브레인퍼즐맵(각자가 만든 방 이름)'을 검색하시면 우리 방으로 연결됩니다. 선택하여 들어오시면 비밀번호를 입력하라고 나옵니다. 여기까지 잘 따라오셨나요? (확인) 이제 비밀번호를 입력하면 들어오게 되는데 여기에 사진을 먼저 올려주시면 됩니다. 준비! 비밀번호는 바로 'KEPA'입니다."

※ 진행자는 오픈채팅방에 들어온 사진을 카카오톡 PC 버전으로 보여줄 준비를 한다.

7) 지도 확인 후 점수를 부여한다.

"과연 어떤 팀이 가장 빠르게 올렸을까요? 확인합니다. 하나, 둘, 셋! OO 팀이 가장 먼저 올렸습니다. 이렇게 해서 OO 팀이 1등을 차지했습니다. 점수는 300점입니다. 그다음 2등은 200점, 3등은 100점을 받습니다. 지도의 정확도는 안 보냐는 질문이 있었습니다. 네, 정확도는 안 봅니다. (웃음) 그런데 이번 사진이 정확하지 않으면 다음 미션에서 힘들어지게 됩니다. 그럼 이어서 두 번째 미션을 드립니다."

8) 두 번째 길 찾기 미션을 공개한다.

"두 번째 미션이 있는지 모르셨죠? 두 번째 미션은 오픈채팅방에 올린 녹음파일의 음성을 듣고 빨간색 매직으로 미션 수행 후 다시 촬영해서 오픈채팅방에 올려주시는 겁니다. 팀장님들, 이번에는 기억력이 가장 좋아 보이는 분을 지목해주십시오. 다른 분들은 휴대폰에 손대면 감점입니다. 기억력이 가장 좋은 분은 휴대폰을 잡아주시고, 음성파일을 들은 후 팀원들에게 말씀해주시면 됩니다. 미션을 빨리 수행해서 첫 번째로 보내주신 1등 팀은 300점, 2등은 200점, 3등은 100점입니다. 이번에 정확하게 미션을 수행한 팀은 보너스 500점을 추가로 받게 됩니다. 자! 그럼 미션을 오픈채팅방에 올려드리겠습니다."

※ 두 번째 미션 음성 파일은 길 찾기 미션으로 아내가 남편에게 남긴
　음성 메시지를 듣고 아내의 부탁을 해결하고 아내와 만나는 내용이다.

9) 미션을 수행할 시간을 준다.

"여러분, 음성을 듣고 지도에 빨간색 매직으로 미션을 해결한 후, 그것을 찍어 오픈채팅방에 빨리 올려주시면 됩니다. 힌트를 하나 드리면 빨간색 매직을 처음부터 사용하시지 말고 연필로 먼저 해본 후 매직을 사용하는 것도 방법일 겁니다. 준비되셨나요? 음성파일을 올리겠습니다. (1분 후) 마무리할 시간입니다. 이제 사진을 올려주세요."

※ 진행자는 오픈채팅방에 들어온 사진을 카카오톡 PC 버전으로 보여줄 준비를 한다.

10) 두 번째 미션 결과를 공개한다.

"이제 여러분이 보내주신 총 6개의 지도가 모두 들어왔습니다. 이제 다시 보낼 수 없습니다. 사진을 확인하기 전에 미션을 함께 다시 들어보도록 하겠습니다. (음성파일 재생) 함께 들어보셨는데 헷갈리는 내용이 있으셨나요? 엘리베이터라고 했는데 지도에는 엘리베이터가 여러 대가 있었습니다. 내가 현재 어디에 있는지 정확히 위치를 알지 못하거나 길을 제대로 찾지 못해 헤매는 분들이 많으셨는데 결과는 어떨지 정답을 먼저 보여드리겠습니다. 정답, 공개합니다."

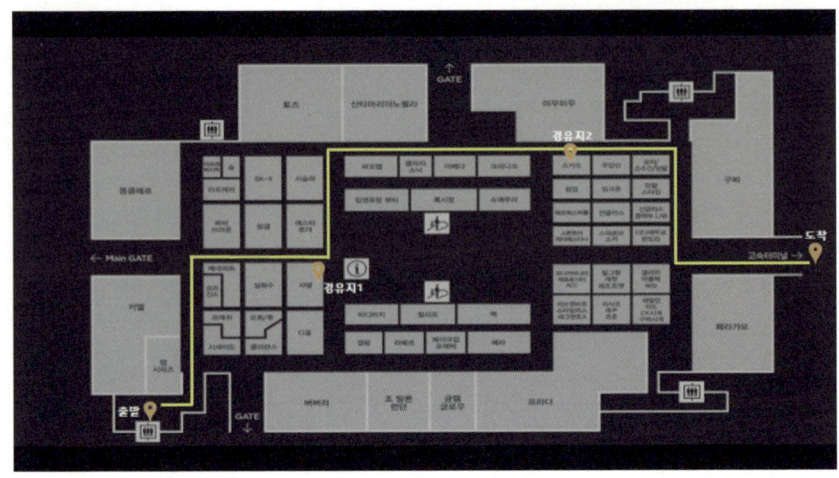

"그럼 여러분이 보내주신 지도를 오픈해보겠습니다. 제일 먼저 보내주신 속도 1등인 1팀은 300점 가져갑니다. 다음은 두 번째로 보내주신 속도 2등의 3팀은 200점, 속도 3등의 5팀은 100점입니다. 축하드립니다. 그럼 중요한 정확도를 확인해보겠습니다. 정확하면 500점을 드린다고 했습니다. 팀별 지도를 확인해보니 정확하게 성공한 팀은 OO, OO 팀이었습니다. 축하드립니다. 약속대로 500점씩 드립니다."

※ 이렇게 여섯 팀 모두 확인

클로징 멘트

"오늘 진행한 '액션브레인퍼즐맵'은 두 가지 함정이 있었습니다. 첫 번째는 지도가 정확하지 않으면 문제를 해결할 수가 없다는 것입니다. 두 번째 미션 때는 엘리베이터가 4곳에 있어서 당황하셨을 겁니다. 어떤 분은 '일단 출발!' 하는 분도 계셨고, 4곳을 분석하고 출발하는 분도 계셨습니다.

그러다 보니 결과는 크게 달라졌습니다. 이렇게 정확하지 않은 지도는 내가 어디에 있는지 정확히 알지 못해 다른 결과를 가져오게 됩니다.

겨울에 눈이 소복이 쌓인 내 차를 타기 위해 손을 호호 불어가며 눈을 모두 치우고, 문을 열기 위해 리모컨을 누르는 순간, 옆에 있던 차에서 '삑삑' 하고 소리가 난다면 어떨까요? 눈이 내려 쌓였더라도 내가 차를 어디에 세워뒀는지 위치를 기억했다면 이런 일은 결코 일어나지 않았겠죠.

문제 해결을 위해서는 문제를 정확히 인식하는 것이 문제 해결의 시작입니다."

이럴 땐 이렇게

1) 만약 팀원이 6명이 안 되면

한 명이 2장씩 볼 수 있도록 진행하거나 퍼즐을 팀원의 숫자에 맞도록 제작하는 것도 방법이다.

2) 만약 팀원의 인원이 많으면

각자의 역할을 정해주는 것도 중요하다. 예를 들어 다른 팀의 정보를 탐색하는 정보원, 미션을 계속 듣고 전달하는 미션 담당 등 모두가 참여하도록 만들어준다.

3) 만약 공간이 좁다면

복도에서 미션을 보고 들어오도록 할 수 있다.

4) 만약 카톡을 사용할 수 없다면

작성한 지도를 앞으로 가지고 나와 직접 들고 설명하는 방법으로 진행할 수 있다.

5) 만약 지도의 완성도가 너무 떨어진다면
팀원 중 마지막에 한 명만 와서 원하는 번호를 다시 보는 찬스를 준다.

6) 지도를 그릴 때 너무 어려워한다면
시간을 1분이 아닌 2분을 주거나, 1분을 보고 한 번 더 1분을 주는 방식으로 변경할 수 있다.

 **꿀Tip**

1) 교육생들의 지도제작 시간을 줄이고 싶다면
연필(볼펜)로 먼저 지도를 그리고 다시 매직으로 따라 그리게 만드는 것이 좋다.

2) 카톡 오픈채팅방을 효율적으로 운영하고 싶다면
오픈채팅방에 비밀번호를 설정하고 모든 설명이 끝난 후 공개하는 것이 좋다.

3) 휴대폰 미션 수행자를 제외한 다른 선수들의 휴대폰 사용을 제한하고 싶다면
다른 선수들의 휴대폰을 무음으로 변경한 뒤 테이블 중앙에 뒤집어서 모아두는 것이 좋다. 그리고 여기서 진동 또는 소리가 울리면 감점을 주는 방식으로 진행하면 좋다.

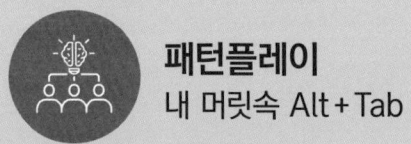

패턴플레이
내 머릿속 Alt + Tab

패턴플레이
내 머릿속 Alt+Tab
(개인전)

📝 전두엽 Alt+Tab

전두엽은 후두엽에서 받아들인 정보들을 전달받아 상황을 조절하고 판단하는 일을 한다. 어떤 문제 상황이 발생했을 때 다양한 대안을 통해 생각하고 해결하기 위한 사고의 전환을 관장하는 곳이 바로 전두엽이다. 그러므로 전두엽이 다치게 되면 생활하는데 여러 문제가 생길 수밖에 없다.

최 씨는 전두엽에 이상이 생긴 후, 사랑하는 가족과 헤어져 혼자 살게 되었다. 과거 최 씨는 오토바이를 타고 가다가 음주를 한 운전자에 의해 교통사고를 당했다. 병원에서 MRI 촬영을 했으나 다행히 별다른 이상이 없었다. 그러나 최 씨는 퇴원 후 감정 조절이 되지 않아 점점 난폭해져갔고, 심지어 흉기로 아내를 협박까지 했다. 사고 후 변화된 행동과 성격에 대하여 최 씨 자신도 이해할 수 없었다. 결국 최 씨는 이혼했고, 아내에게 평생 일해서 마련한 가게와 자녀의 친권을 모두 주었다. 이러한 최 씨의 상황을 한 방송사가 취재하였다. 최 씨의 성격 변화의 원인을 찾기 위해 뇌 활동 대사량으로 뇌 기능을 진단하는 촬영을 했다. 최 씨는 정상인과 비교할 때 눈 위쪽 전두엽의 활성화가 덜 되어있고, 전두엽 자체 기능도 떨어지는 것으로 나왔다. 검사를 주도한 의사는 전두엽이 약화되면서 통제능력과 자제능력 또한 떨어진다고 진단하였다.

최 씨는 신경과의 정밀검사에서도 전두엽의 기능장애가 발견됐다. 이에 삼성서울병원 뇌신경센터 센터장인 나덕렬 교수는 최 씨에게 전두엽의 전환기능 테스트를 진행했다. 이 테스트는 숫자 '1, 2, 3…'의 시스템과 한글 '가, 나, 다…'의 시스템을 순차적으로 오가며 연결하는 것으로 40대 정상인은 64.4초의 소요 시간을 보여야 했다. 그러나 최 씨는 소요시간이 2분이 넘었고, 중간에 2회나 틀리면서 하위 0.1%에 속했다. 최 씨의 뇌는 생각하고 판단하는 계획센터에도 이상이 있는 것으로 나타나, 한 가지 생각밖에 못해 일상생활에서도 고집스럽고 융통성 없는 행동을 하게 된다는 것이다. 즉, 전두엽의 손상으로 인해 사고의 전환이 늦어지고 판단이 되지 않았기에 가족과 이별할 수밖에 없었던 것이다.

참고자료: 『그것이 알고 싶다』 688회 「당신의 인생이 달라진다 – 앞쪽 뇌의 비밀」

✏️ 결혼 Alt+Tab

이번에는 사랑하는 사람과 결혼 준비를 하고 있는 예비신랑 이 씨의 이야기이다. 이 씨는 부모님께 허락만 받으면 결혼식이 저절로 진행되는 줄 알았다. 그러나 결혼식을 올리고 신혼여행을 떠나기까지 호락호락한 것이 단 하나도 없었다. 결혼식을 치르기 위해 해야 할 일들이 폭풍처럼 몰아쳤기 때문이다. '아! 어떻게 이 많은 것을 처리하지?'라는 생각에 이 씨는 부담 백배였다. 예비신랑 신부 모두 서울에서 직장생활을 하고 있었으나 양가 부모님들은 사는 곳은 지방이라 의견을 조율하기가 쉽지 않았다.

직장 생활을 하면서 동시에 많은 일을 처리한다는 것은 쉬운 일이 아니라는 생각에 부담감을 느끼고 있던 이 씨에게 전화가 왔다.

"안녕하세요? 에바 포에버입니다."

"네!"

"신랑님께 입금 확인 부탁드립니다. 오늘까지 입금을 하셔야 예약이 완료

됩니다."

"아, 그랬나요? 예식장 선금 말씀하시는 거죠?"

"신랑님, 여기는 압구정동 미용실입니다."

"죄송합니다. 제가 착각을 했네요. 알겠습니다. 바로 입금하겠습니다."

이 씨는 근무 중에 전화를 받다 보니 미용실과 예식장을 순간 착각했다. 업무를 시작하면 잊어버릴 것 같아 즉시 송금을 하려던 차에 이번에는 예비 신부에게서 전화가 왔다.

"오빠! 오늘 잊지 않았지?"

"어? 뭐? 오늘 뭐가 있는데?"

"오늘 웨딩드레스하고 오빠 턱시도 맞추기로 했잖아. 음, 그리고 뭐였더라… 잠깐만, 아! 맞다! 미용실도 들러야 해!"

"아, 그렇구나. 알았어, 시간 맞춰볼게."

급작스런 전화 통화에 이 씨는 정신이 하나도 없었다. 이렇게는 안 되겠다 싶어 업무를 마치고 예비 신부와 머리를 맞대고 처음으로 돌아가 다시 정리하기로 했다. 처리해야 하는 일을 크게 3가지 항목으로 나누고 세부내용을 정리하다 보니 길이 보이기 시작했다. '예식, 신혼집, 허니문'으로 일을 나누고 세부내용을 언제 어떻게 누가 해결할 것인지 엑셀로 정리하여 하나씩 체크하면서 진행했다. 두 사람은 물리적으로 어려운 시간이었음에도 3가지 항목을 모두 해결하고 모두의 축복을 받으며 예식을 치른 후, 즐거운 마음으로 신혼여행을 떠날 수 있었다.

🖉 세일즈 Alt+Tab

영업 사원 나판매 씨는 머릿속이 온통 고민으로 가득 찼다. 가전매장에 근무하는 나판매 씨는 누구보다도 부지런하고 성실했고 고객을 맞이할 때도 매우 친절했다. 그러나 판매 성과가 그리 좋지 않았다. 이 때문에 판매 실적을 올려야 한다는 압박감으로 연일 두통에 시달렸다. 이달에도 판매

실적은 저조했다. 고민하던 나판매 씨는 판매 1위인 선배 최대박 씨에게 면담을 요청했다. 최대박 씨는 나판매 씨에게 자신을 손님이라고 생각하고 평소처럼 제품을 설명해보라고 했다. 나판매 씨가 가장 자신 있게 판매하는 냉장고에 대해 설명하던 중, 선배는 말을 중단시키고 세탁기에 대한 설명을 요구했다. 그러더니 다시 건조기, 김치냉장고, 공기청정기 등에 대해 설명해보라고 했다. 설명하던 나판매 씨는 당황하며 말했다.

"선배! 한꺼번에 이것저것을 설명하려니까 헷갈려요. 자꾸 말이 꼬이잖아요."

그때 빙그레 웃으며 선배 최대박 씨가 말문을 열었다.

"판매를 하다 보면 당연히 고객님들도 이 제품을 물어봤다가 저 제품 물어봤다가 하실 텐데… 그 때도 이렇게 당황하고 있을건가?"

나판매 씨는 말문이 막혔다. 그제야 고객을 응대할 때 자신의 모습이 떠올랐다. 동시에 여러 제품에 대해 질문을 받으면 당황해서 설명의 전환이 매끄럽지 않아 말을 더듬곤 했던 것이다.

이처럼 우리는 여러 가지 일을 한꺼번에 해야 하는 상황을 만날 때가 있다. 사고의 전환을 자유롭게 하려면 전두엽을 깨워야 한다. 이제 '패턴플레이'를 통해 당신의 전두엽을 자극할 것이다.

Problem-solving

패턴플레이
내 머릿속 Alt+Tab

●
〈패턴플레이〉는 숫자, 알파벳, 한글, 기업 관련 키워드 등 일정한 패턴이 있는 글자를 한 공간에 자유롭게 배치한 뒤 제한시간 내에 다른 키워드에서 또 다른 키워드로 빠르게 전환하는 프로그램이다. 주제가 다른 여러 파트의 일을 동시에 해내야 하는 업무상황에서 전환능력을 키우는 데 도움을 준다.

● ●

준비사항 ① 문제 (PPT 화면, 인쇄물. 추가 워크북 참조)
② 볼펜

요   약 ① 숫자와 알파벳이 뒤섞인 화면을 보고 '1→A→2→B→3→C→' 순서대로 연결한다.
② CS와 상품이 뒤섞인 화면을 보고
'CS→상품→CS→상품→' 순서대로 연결한다.
③ 기업 관련 키워드가 뒤섞인 화면을 보고
'근태→문서→워크숍→' 순서대로 연결한다.
④ 제한시간 내에 가장 빠르고 정확하게 연결한 팀이 승리한다.

📖 진행 방법

※ 팀별 대항으로 실시할 수 있도록 책상은 팀으로 세팅한다.
※ 6명씩 4개 팀 구성

[1단계 프로그램]

1) 프로그램을 설명한다.

"여러분, 지금부터 크기가 다른 숫자와 알파벳을 뒤죽박죽 섞어둔 화면을 보여드리겠습니다. 숫자는 1부터 14까지, 알파벳은 A에서 N까지 준비되어 있습니다. 1→A→2→B→3→C의 순서대로 숫자와 알파벳을 번갈아가며 찾아내시면 됩니다. 제한 시간은 15초를 드립니다."

2) 프로그램을 진행한다.

"검지 손가락을 들어주세요. 손가락으로 숫자와 알파벳을 가리키며 '1→A→2→B→3→C→'이렇게 연결하며 차례대로 찾으셔야 됩니다. 준비되셨습니까? 준비, 시작!"

구호와 함께 화면을 보여주고 1단계 미션을 시작한다.

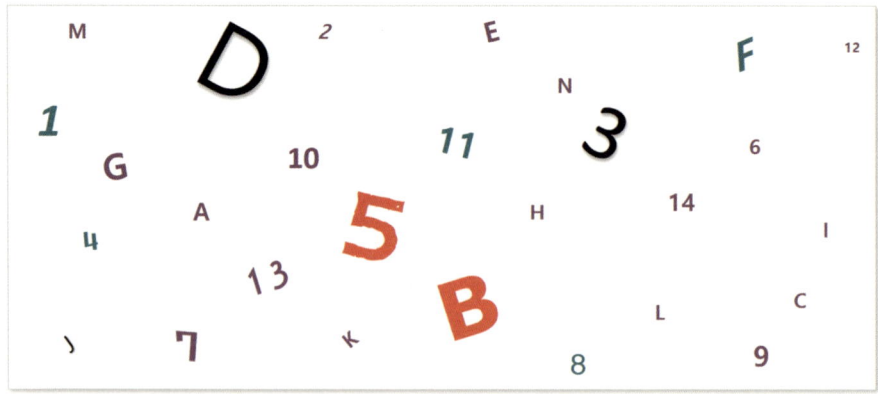

3) 결과를 확인한다.

　숫자와 알파벳을 얼마나 찾았는지 확인한다.

　"자! 그만~!! 5 이상 찾으신 분 계신가요? G 이상 찾으신 분은? 와~ 8까지 찾으신 분이 1등입니다. 그렇다면 가장 높은 숫자나 알파벳을 찾은 팀원이 있는 팀은 어디인가요? 2팀에 8까지 찾으신 분이 계셨습니다. 2팀에게 100점을 드리겠습니다."

[2단계 프로그램]

1) 프로그램을 설명한다.

　"이번에는 CS 관련 단어와 판매상품단어가 섞여있는 화면을 보여드릴 겁니다. CS 관련 단어와 판매상품단어를 번갈아가며 하나씩 찾으시면 됩니다. 제한시간은 15초 드릴게요!"

2) 프로그램을 진행한다.

　제한시간 15초가 지나면 '그만!' 하고 외치고, 각자 어디까지 찾았는지 확인한다.

"그만~!! CS 관련 단어와 판매상품 단어를 각각 5개 이상씩 찾으신 분 계신가요? 어떤 팀이 가장 많은 단어를 찾았나요? 3팀이 각각 6개씩 찾았습니다! 3팀에게 100점을 드리겠습니다."

[3단계 프로그램]

1) 프로그램을 설명한다.

"이번에는 난이도를 높여서 제시된 주제어를 보고 순서대로 찾아주셔야 합니다. 예를 들어 육지-해상-공중에 있는 생물이라는 주제라면 돼지-고등어-독수리의 순서로 외치면 되는 것입니다. 자, 이제 근태, 비즈니스 문서, 워크숍 준비와 관련된 단어를 섞은 화면을 보여드릴 겁니다. 1, 2단계와 마찬가지 방법으로 근태, 비즈니스 문서, 워크숍 준비와 관련된 단어를 순서대로 번갈아가며 하나씩 찾으시면 됩니다. 제한시간은 20초입니다!"

2) 프로그램을 진행한다.

"그만~!! 근태, 비즈니스 문서, 워크숍 준비와 관련된 단어를 각각 3개 이상씩 찾으신 분 계신가요? 1팀이 각각 3개씩 찾았네요! 100점을 드리겠습니다! 지금부터는 팀 대항전으로 진행하겠습니다. 각 팀은 대표 한 명씩 뽑아주세요. 대표로 뽑히신 분은 앞으로 나와서 보드마커 하나씩 받아주세요. '시작!' 신호와 동시에 각 팀의 대표들에게 코팅된 종이를 나눠드릴 것입니다. 각 팀의 대표는 제한시간 안에 근태, 비즈니스 문서, 워크숍 준비와 관련된 단어를 순서대로 연결해서 가장 많이 연결한 팀에게 점수를 드리겠습니다. 제한시간은 20초입니다. 자! 준비되셨죠? 준비~ 시작! (20초 뒤) 그만~!! 1팀이 총 11개의 단어를 연결했습니다! 1팀에 100점 드립니다!"

클로징 멘트

"'패턴플레이'를 함께 해보셨는데, 어떠셨나요? 여러 분야의 일을 한꺼번에 처리한다는 것이 쉽지는 않으셨을 것입니다. 우리 일상은 한 분야를 다 끝내고 다른 분야의 일을 시작할 수 있는 게 아닙니다. 동시다발적으로 여러 분야의 일을 얼마나 빠르게 전환하여 연결하는지가 문제 해결의 핵심 포인트가 될 것입니다. 오늘 진행해본 '패턴플레이' 프로그램을 통해 여러 가지 업무를 능숙하게 처리해낼 수 있는 나만의 Alt+Tab 키를 만들어보세요."

이럴 땐 이렇게

1) 만약 빔프로젝트 화면이 준비가 안 된다면
큰 스케치북을 준비하거나 인원수에 맞게 프린트물로 나눠주고, 미션을 수행할 수 있다.

2) **만약 대표자들이 미션 수행하는 모습을 다른 사람들도 볼 수 있게 하려면**
A2 사이즈의 크기를 코팅해 화이트보드나 칠판에 붙인 상태에서 미션을 수행할 수 있게 한다.

3) **만약 글자의 색깔이 같아서 구분하기 어렵게 느껴진다면**
빨강, 파랑, 검정, 초록 등 여러 가지 색깔을 넣어 글자의 구분을 쉽게 한다.

4) **만약 팀 전체가 참여할 수 있도록 난이도를 높이고 싶다면**
한 단계 업그레이드된 방식으로 숫자, 알파벳, 한글로 사칙연산을 만든 미션을 설명한다.

"1단계 프로그램에서 '1→A→2→B'처럼 이번엔 '1→사칙연산→2→사칙연산' 방식으로 화면에 숫자 다음 사칙연산으로 연결하시면 됩니다. 예를 들어 '1x1=1'이죠? '3-1=2'가 됩니다. 그리고 '6÷2'는 뭘까요? 3이죠? 계산을 하면서 순서대로 이어주시면 되겠습니다."

ex) 1→(1x1)→2→(3-1)→3→(6÷2)

 꿀Tip

1) 숫자, 알파벳 외에 쉽고 재미있게 진행하고 싶을 때
   동물 이름, 성씨 등 다른 단어를 활용해도 좋다.

2) 기업 관련 키워드(워크숍, 비즈니스 문서, 근태) 외에 실제 업무와 관련짓고 싶을 때
   만약 세일즈 업종이라면 카테고리별 상품 키워드로 진행해도 좋다.
   ex) 화장품: 기초→색조, 패션: 운동화→의류, 가구: 주방→거실

3) 긴장감을 높이고 싶을 때
   초침 소리가 나는 타이머를 이용하면 좋다.

브레인캔버스

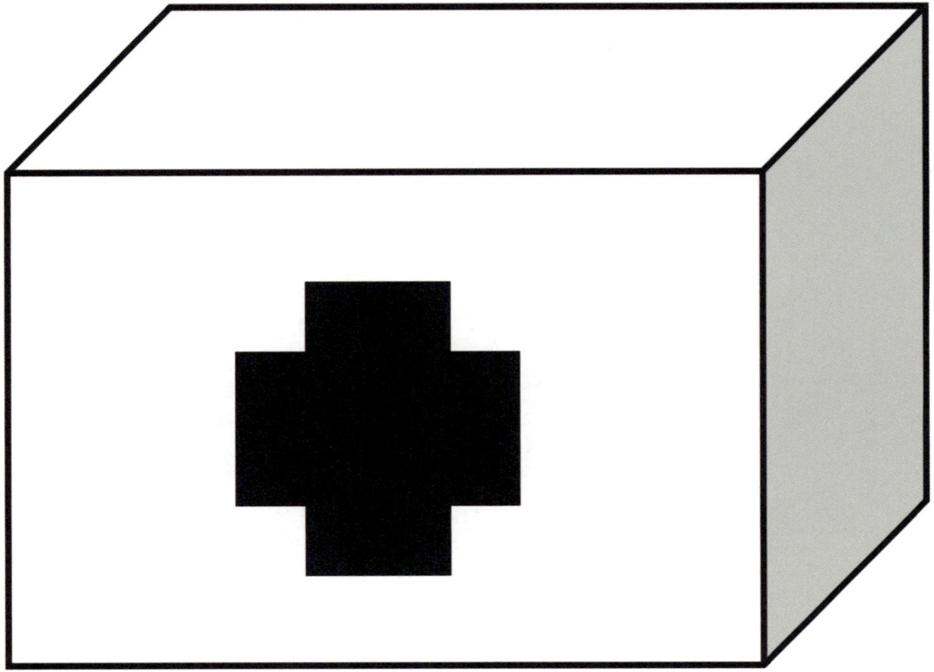

Copyright© 한국교육놀이문화연구소. 무단 전재및 복제 금지.

컬러플레이

보완

Copyright© 한국교육놀이문화연구소. 무단 전재 및 복제 금지.

절취선

KEPA

자연

컬러플레이

KEPA
Korea Education Play Association

Copyright© 한국교육놀이문화연구소, 무단 전재 및 복제 금지.

절취선

컬러풀레이

똑딱이

Copyright© 한국교육놀이문화연구소, 무단 전재 및 복제 금지.

✂ 절취선

컬러플레이

채색

Copyright© 한국교육놀이문화연구소, 무단 전재 및 복제 금지.

✂ 절취선

메이즈북

출발

도착

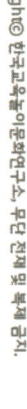
절취선

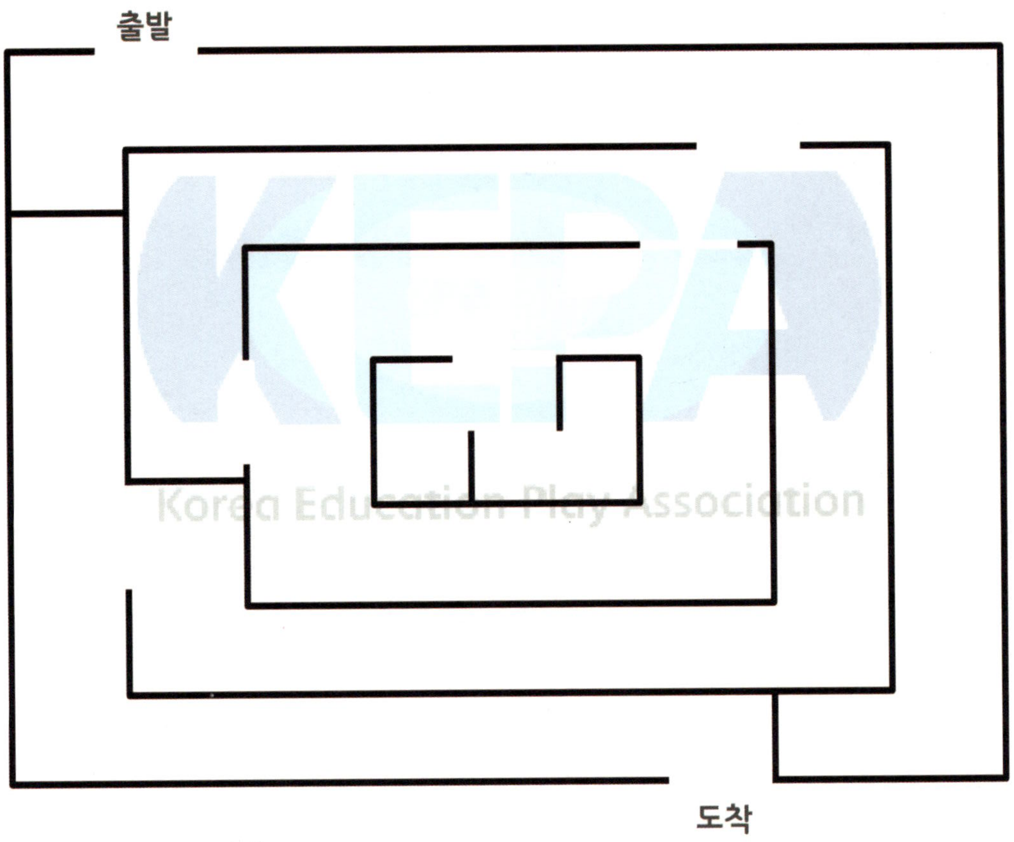

Copyright© 한국교육놀이문화연구소. 무단 전재 및 복제 금지.

브레인넘버링

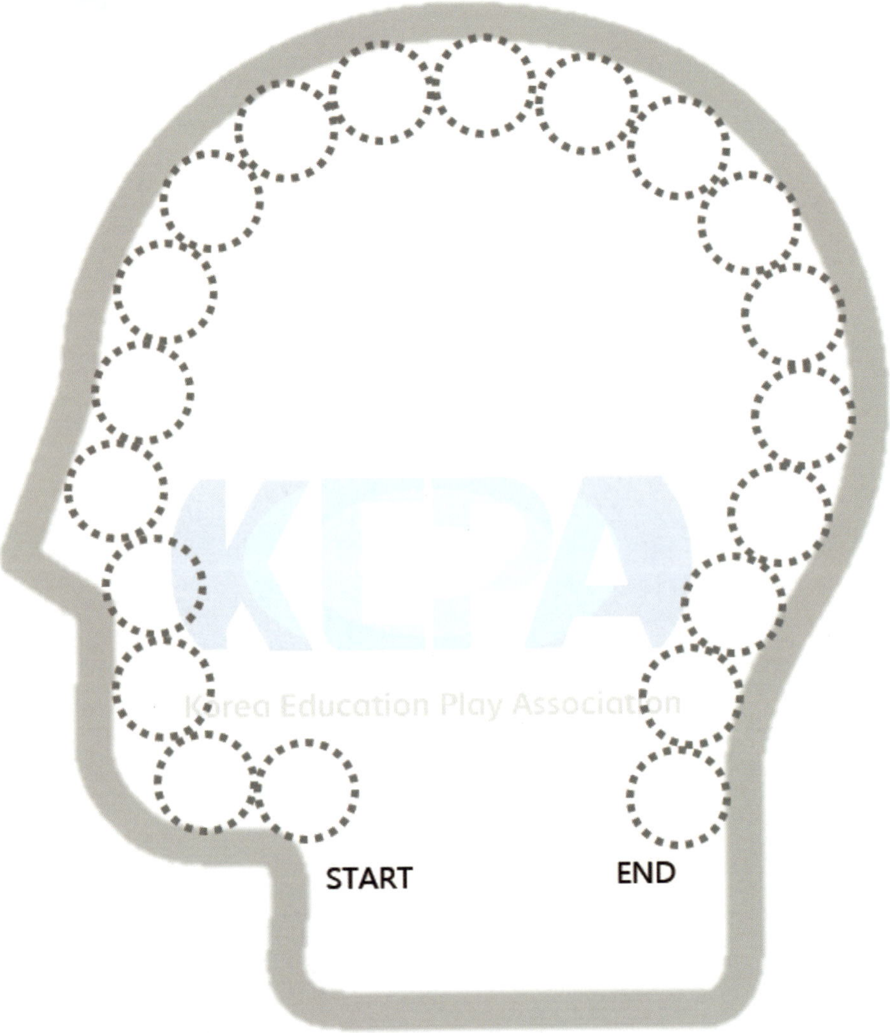

START   END

1칸	2칸	3칸	4칸	5칸	6칸	7칸	8칸	9칸	10칸
0	+1	+3	+5	+7	+9	+11	+15	+20	+25
11칸	12칸	13칸	14칸	15칸	16칸	17칸	18칸	19칸	20칸
+30	+35	+40	+50	+60	+70	+80	+100	+150	+200

Copyright© 한국교육놀이문화연구소. 무단 전재 및 복제 금지.

메이즈북

출발

도착

메이즈톡

출발

도착

메이즈톡

출발

도착

메이즈북

출발

도착

메이즈톡

출발

도착

메이즈톡

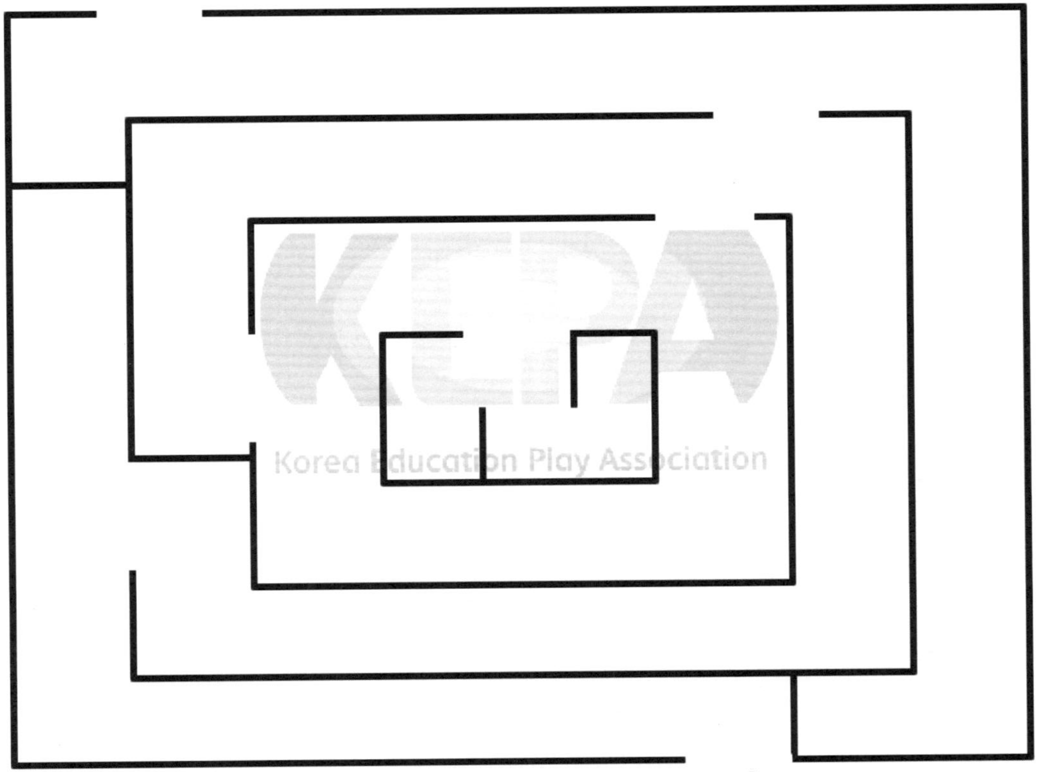

출발

도착

메이즈톡

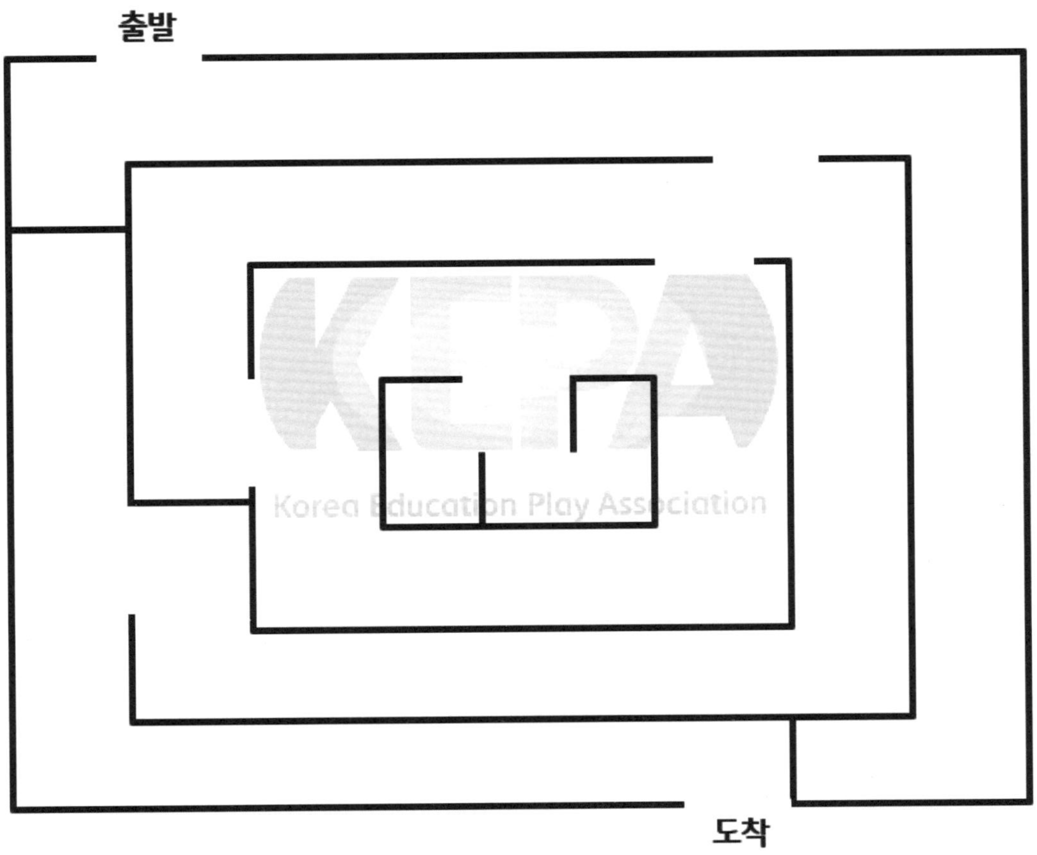

출발

도착

메이즈톡

출발

도착

메이즈톡

출발

도착

KEPA
Korea Education Play Association

메이즈톡

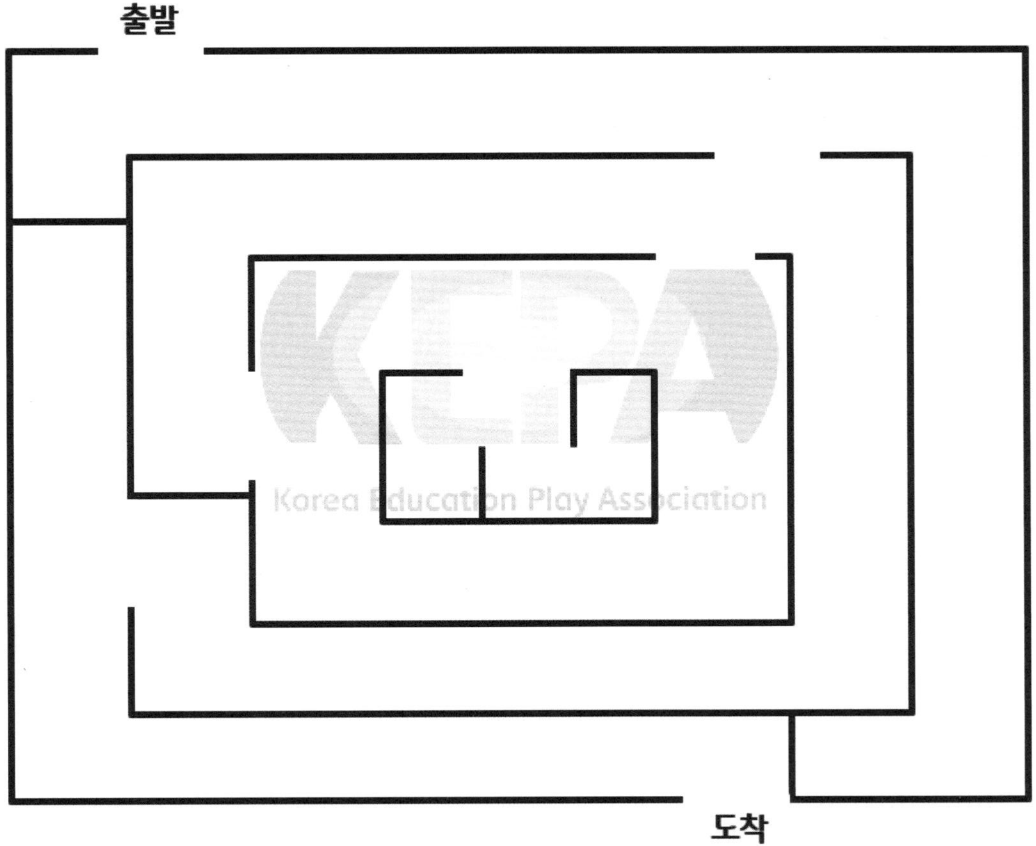

출발

도착

메이즈록

출발

도착

메이즈톡

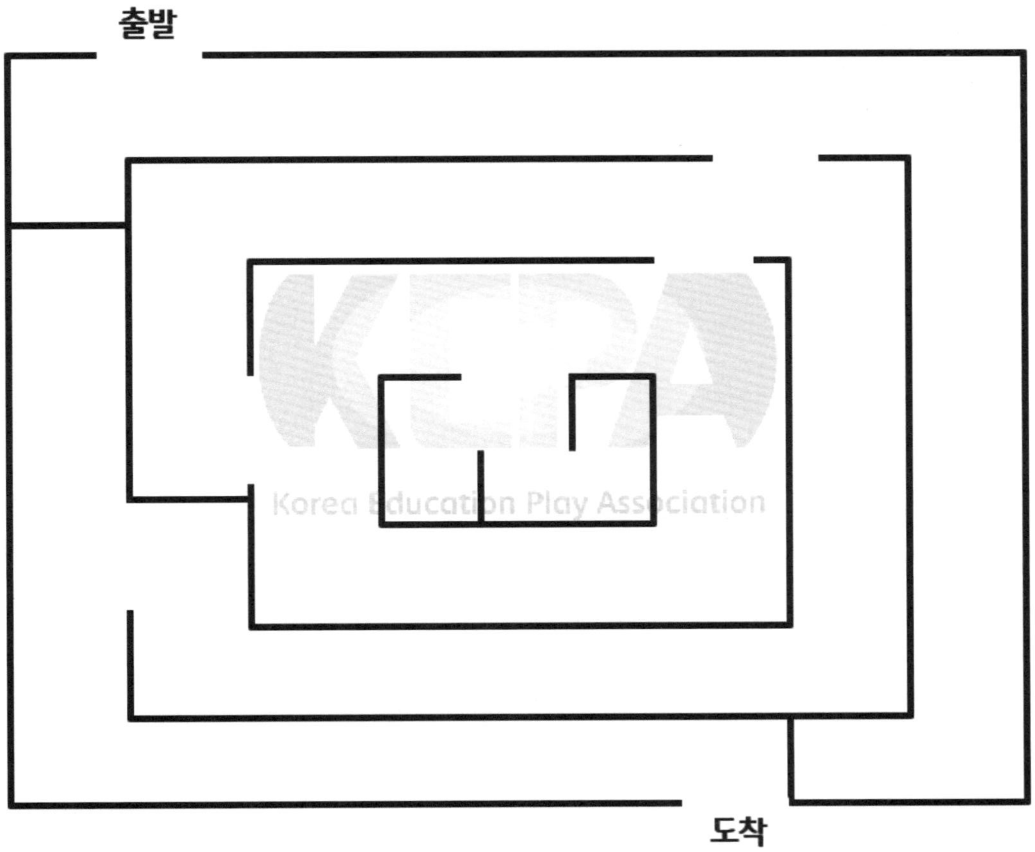

출발

도착

메이즈북

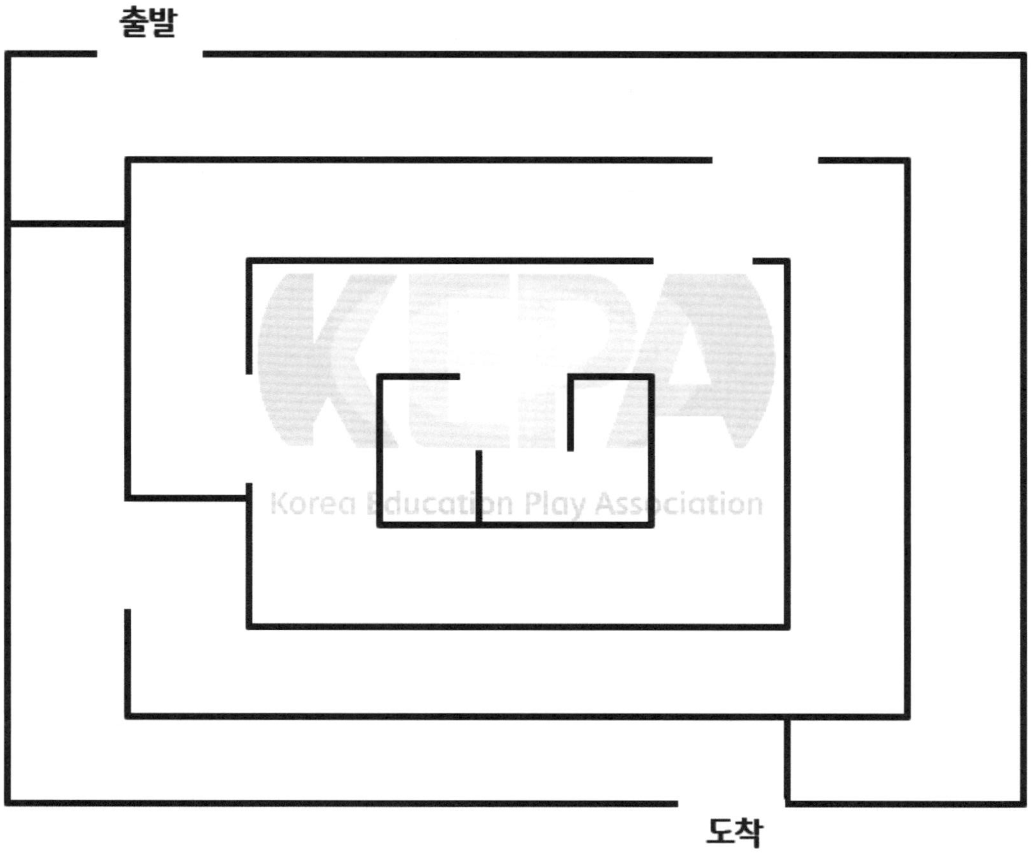

출발

도착

메이즈록

출발

도착

KEPA
Korea Education Play Association

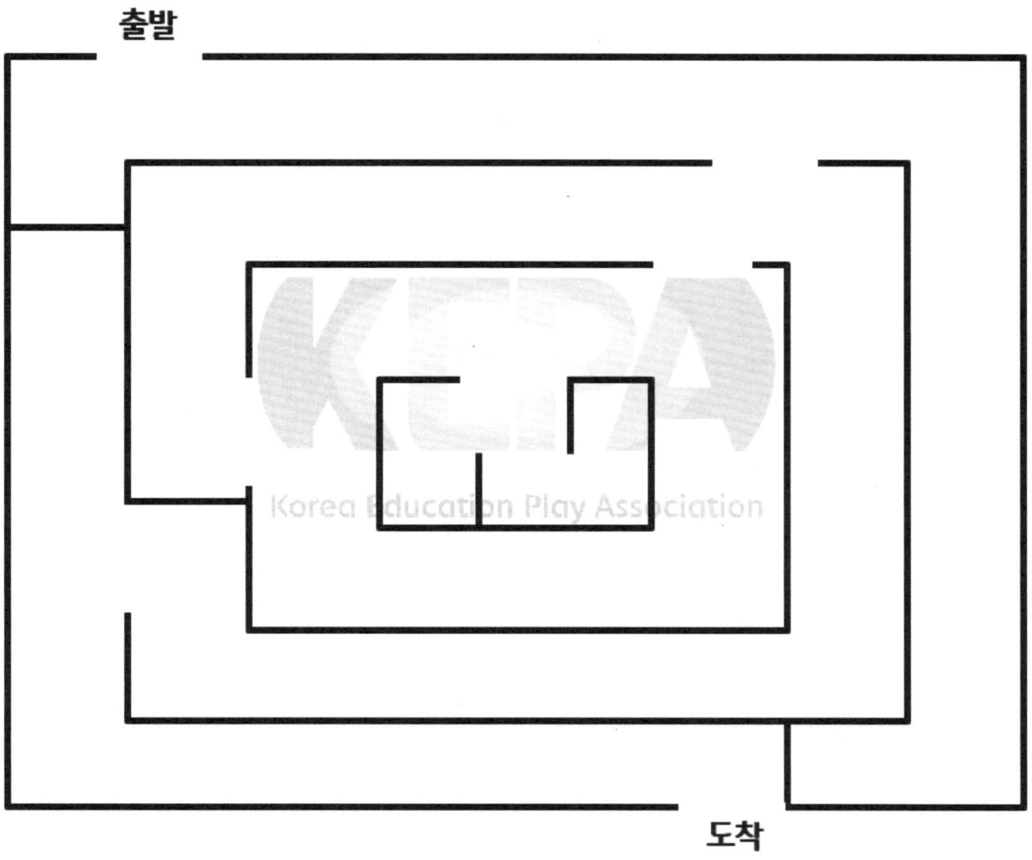

메이즈록

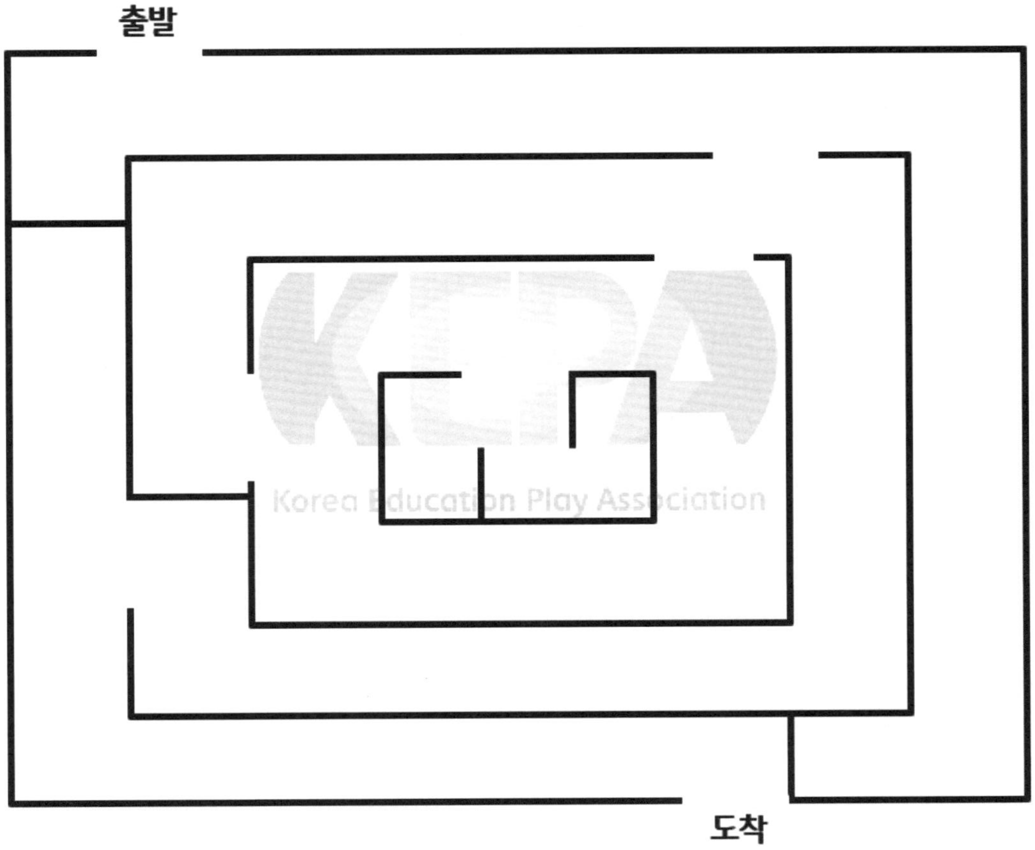

출발

도착

메이즈북

출발

도착

메이즈톡

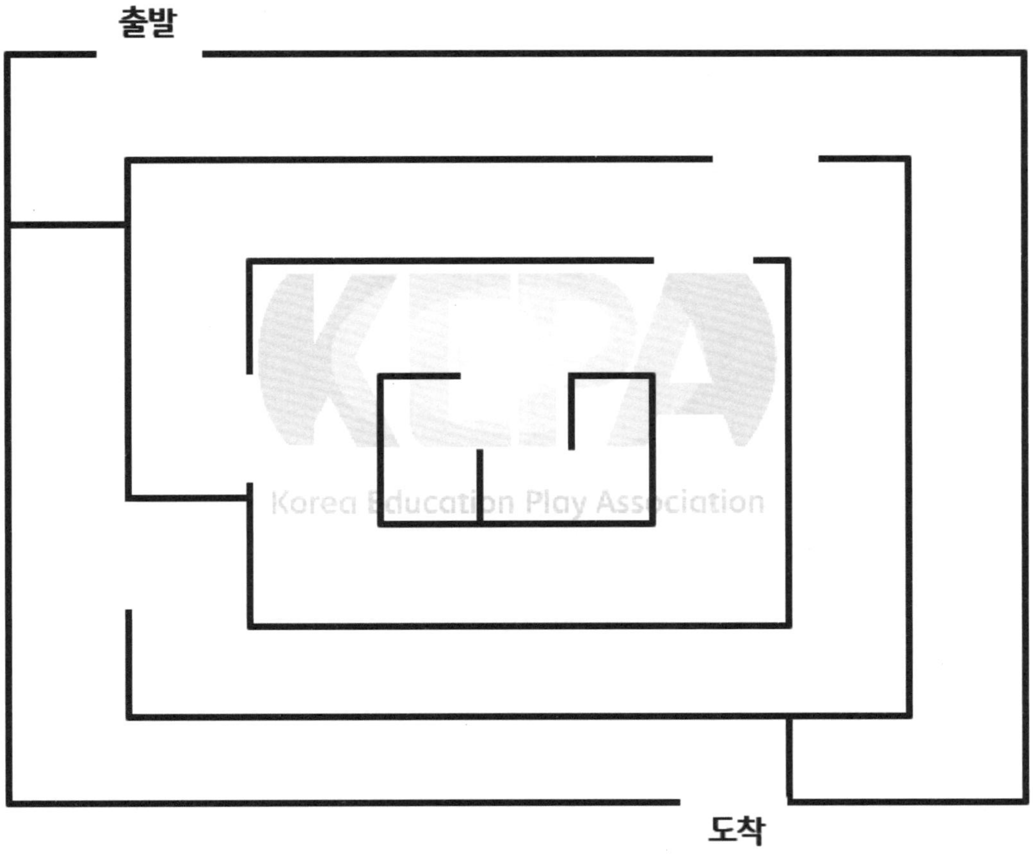

출발

도착

메이즈북

출발

도착

메이즈톡

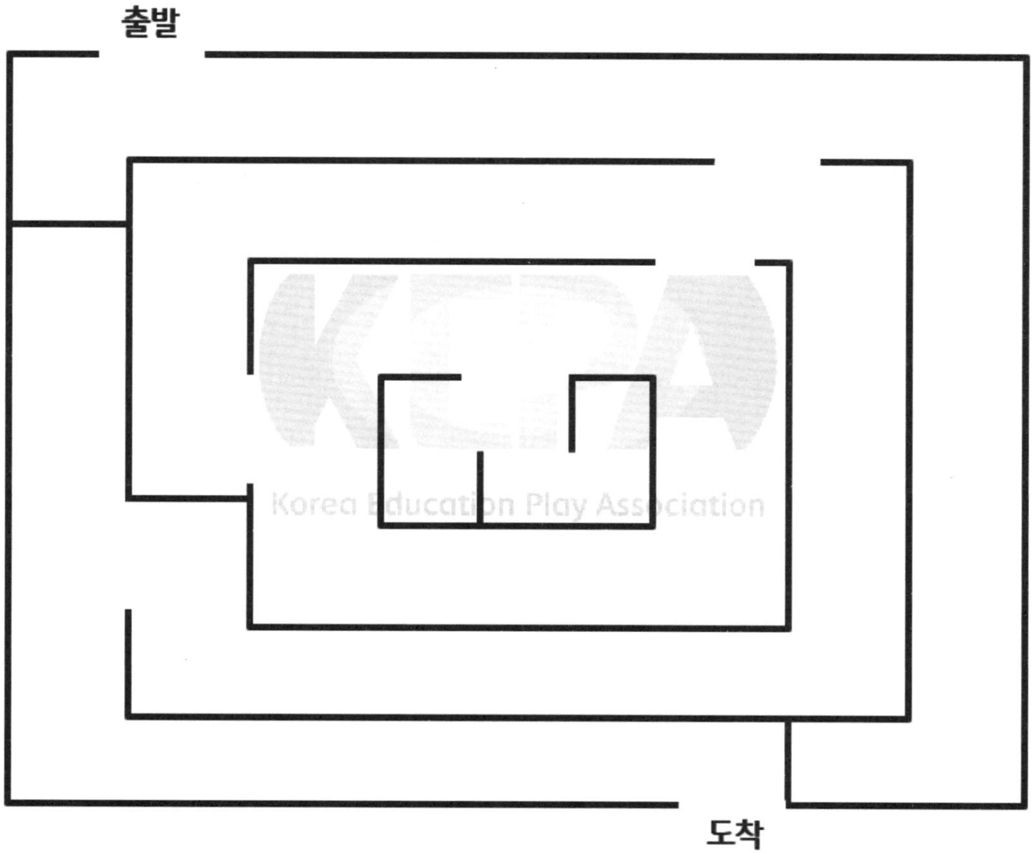

출발

도착

메이즈톡

출발

도착

메이즈톡

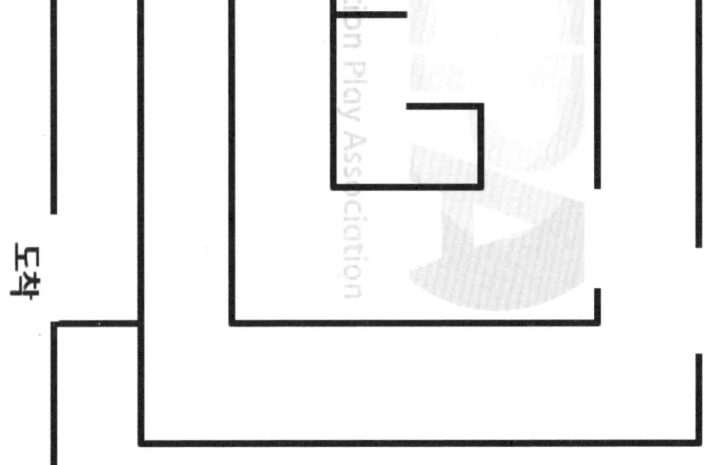

출발

도착

메이즈톡

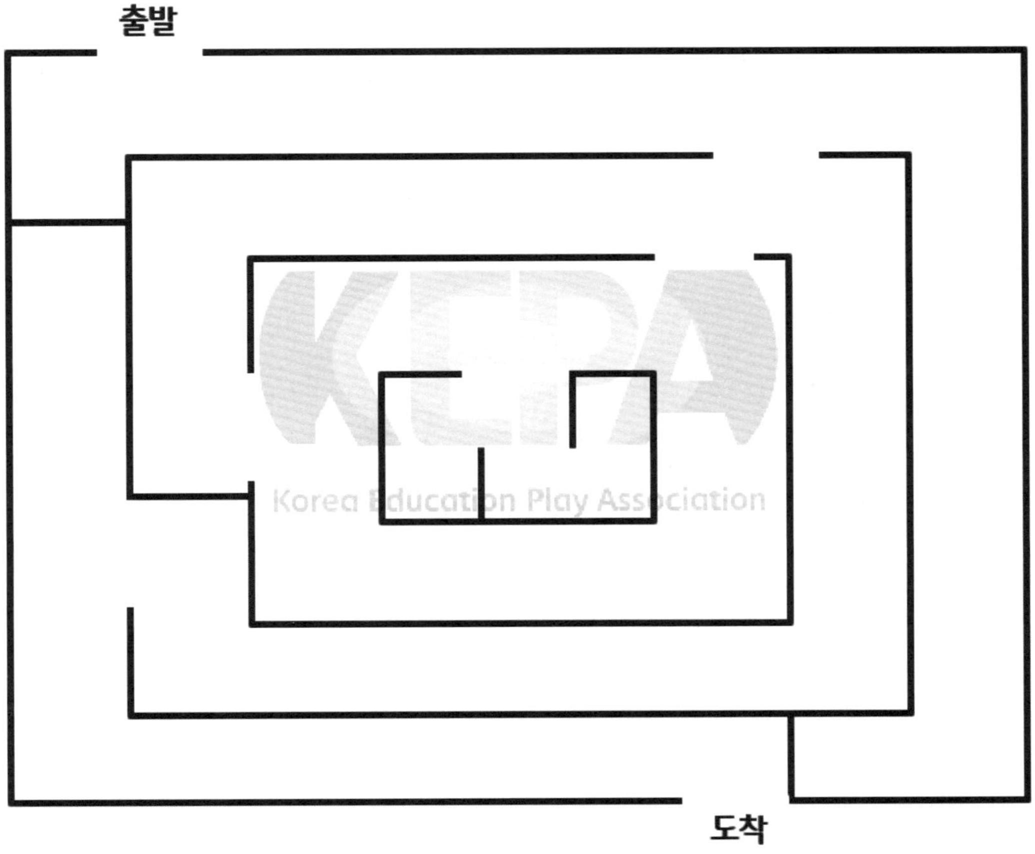

출발

도착

패턴플레이

패턴플레이

KEPA
Korea Education Play Association

패턴플레이

Korea Education Play Association

KEPA
Korea Education Play Association

패턴플레이

M 2 E N F 12
1 G D K A 11 E H 14 6
4 A 10 5 N L
J 13 B 3
7 K 8 L C 9 I

KEPA
Korea Education Play Association

패턴플레이

패턴플레이

1 2 3 4 5 6 7 8 9 10 11 12 13 14

A B C D E F G H I J K L M N

KEPA
Korea Education Play Association

패턴플레이

패턴플레이

KEPA
Korea Education Play Association

패턴플레이

Korea Education Play Association

KEPA
Korea Education Play Association

패턴플레이

M 2
1
G D
4 A E N F
J 10 K 11
13 5 H 14 12
7 B
K 8 L
9 C I

KEPA
Korea Education Play Association

패턴플레이

패턴플레이

M 2 E N F
1 G D
4 A
J 13 10 K 11
7 5 B H 3
K 8 L 14 6
9 C I 12

Korea Education Play Association

KEPA
Korea Education Play Association

패턴플레이

패턴플레이

M 2 E N F 12

1 D
G

4 A
          K
J   10
   13   5
          B   H
   K   8 L 14 6
               9 C I   3

Korea Education Play Association

KEPA
Korea Education Play Association

패턴플레이

M 2 E N F 12

1 D

G A 10 11

4 5 H 14 6

J 13 B 3 L C

7 K 8 9 I

KEPA
Korea Education Play Association

패턴플레이

M 2 E N F 12

1 D

G A 10 11

J 13 K 5 H 3

7 B 14 6

K 8 L C 9 I

패턴플레이

패턴플레이

M
2
1
G
4
J
D
A
7
13
10
K
5
11
E
H
B
N
8
L
14
6
F
C
I
9
12

Korea Education Play Association

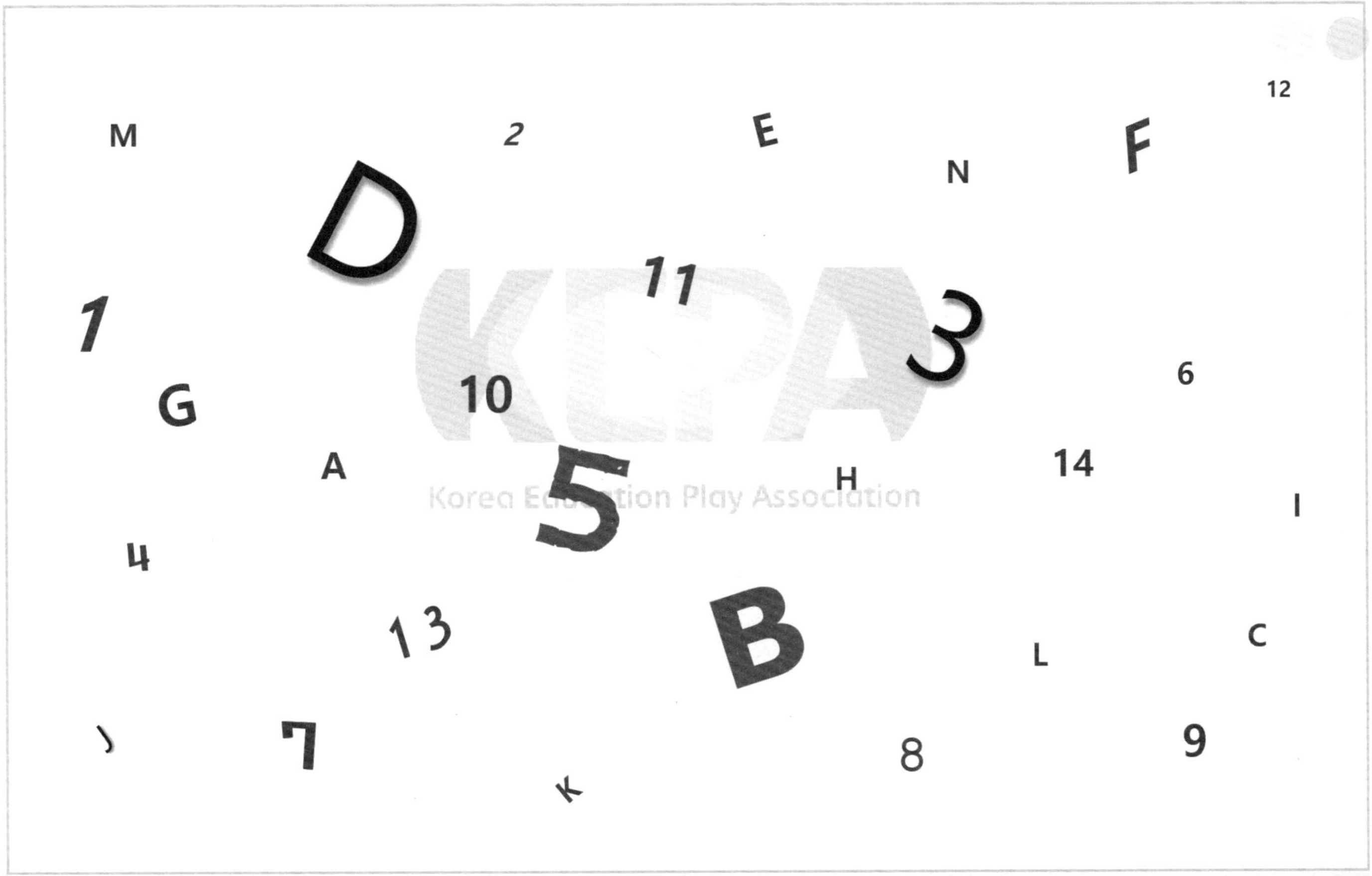

패턴플레이

패턴플레이

패턴플레이

M 2 E N F 12
1 G D A
4 K 10 11
J 13 5 B H
7 K 8 L 14 6
9 C I

Korea Education Play Association

KEPA
Korea Education Play Association

브레인넘버링

START END

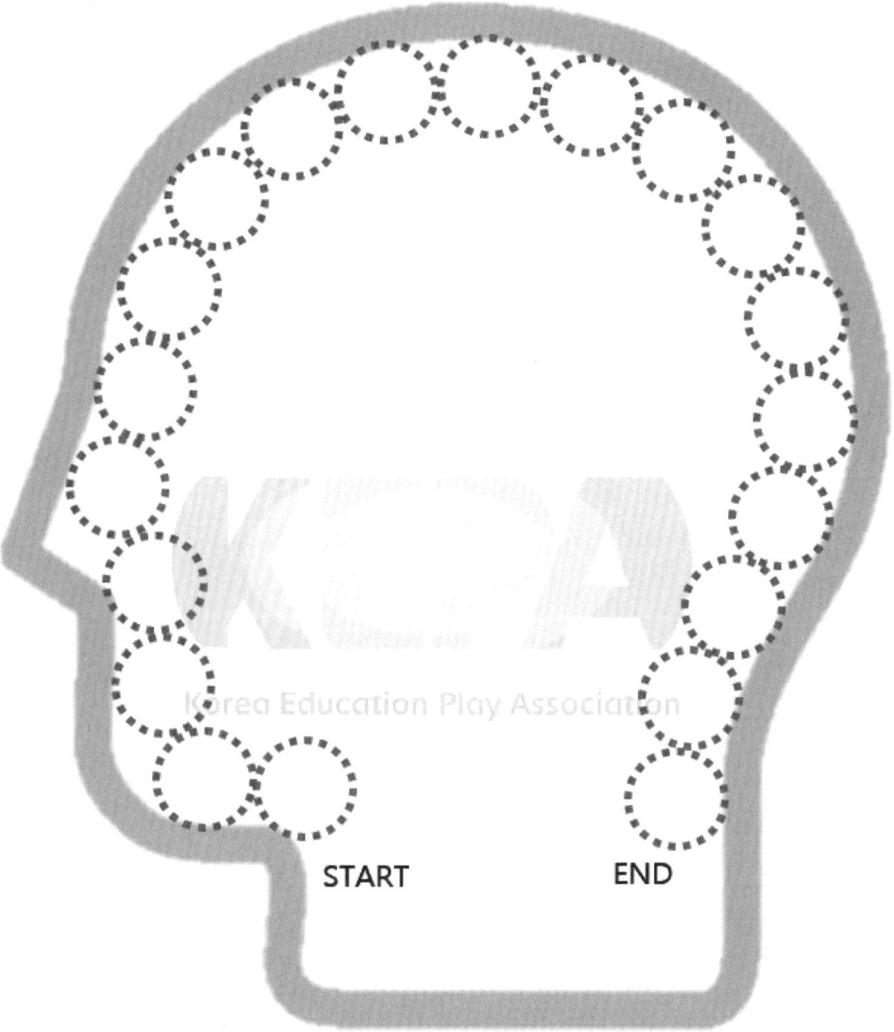

1칸	2칸	3칸	4칸	5칸	6칸	7칸	8칸	9칸	10칸
0	+1	+3	+5	+7	+9	+11	+15	+20	+25
11칸	12칸	13칸	14칸	15칸	16칸	17칸	18칸	19칸	20칸
+30	+35	+40	+50	+60	+70	+80	+100	+150	+200

Copyright© 한국교육놀이문화연구소, 무단 전재 및 복제 금지.

브레인넘버링

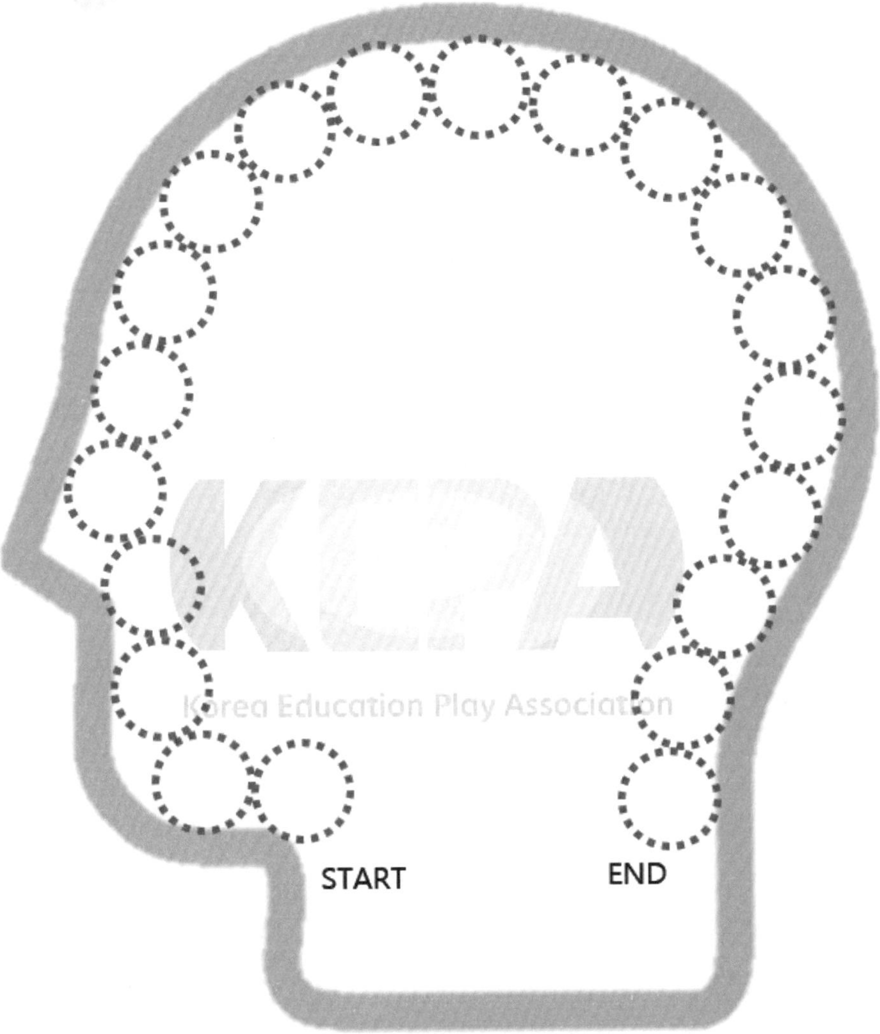

START   END

1칸	2칸	3칸	4칸	5칸	6칸	7칸	8칸	9칸	10칸
0	+1	+3	+5	+7	+9	+11	+15	+20	+25
11칸	12칸	13칸	14칸	15칸	16칸	17칸	18칸	19칸	20칸
+30	+35	+40	+50	+60	+70	+80	+100	+150	+200

Copyright© 한국교육놀이문화연구소, 무단 전재 및 복제 금지.

브레인넘버링

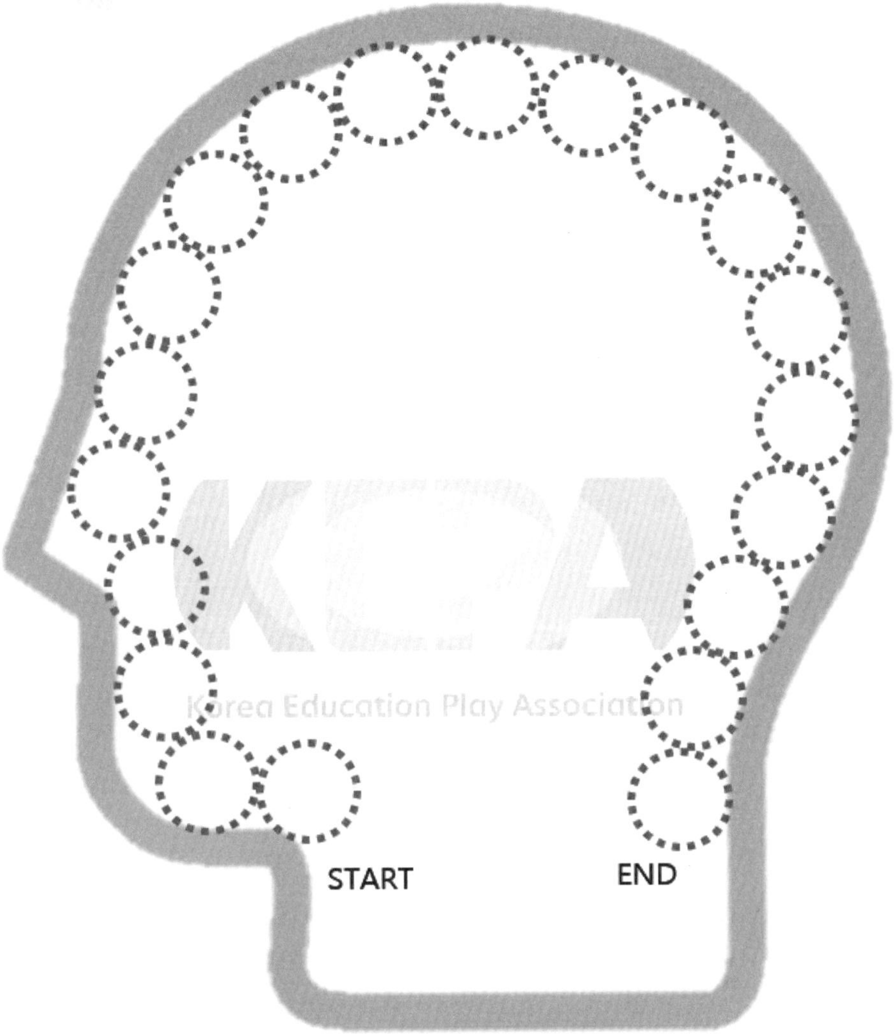

START **END**

1칸	2칸	3칸	4칸	5칸	6칸	7칸	8칸	9칸	10칸
0	+1	+3	+5	+7	+9	+11	+15	+20	+25
11칸	12칸	13칸	14칸	15칸	16칸	17칸	18칸	19칸	20칸
+30	+35	+40	+50	+60	+70	+80	+100	+150	+200

Copyright© 한국교육놀이문화연구소, 무단 전재 및 복제 금지.

브레인넘버링

START END

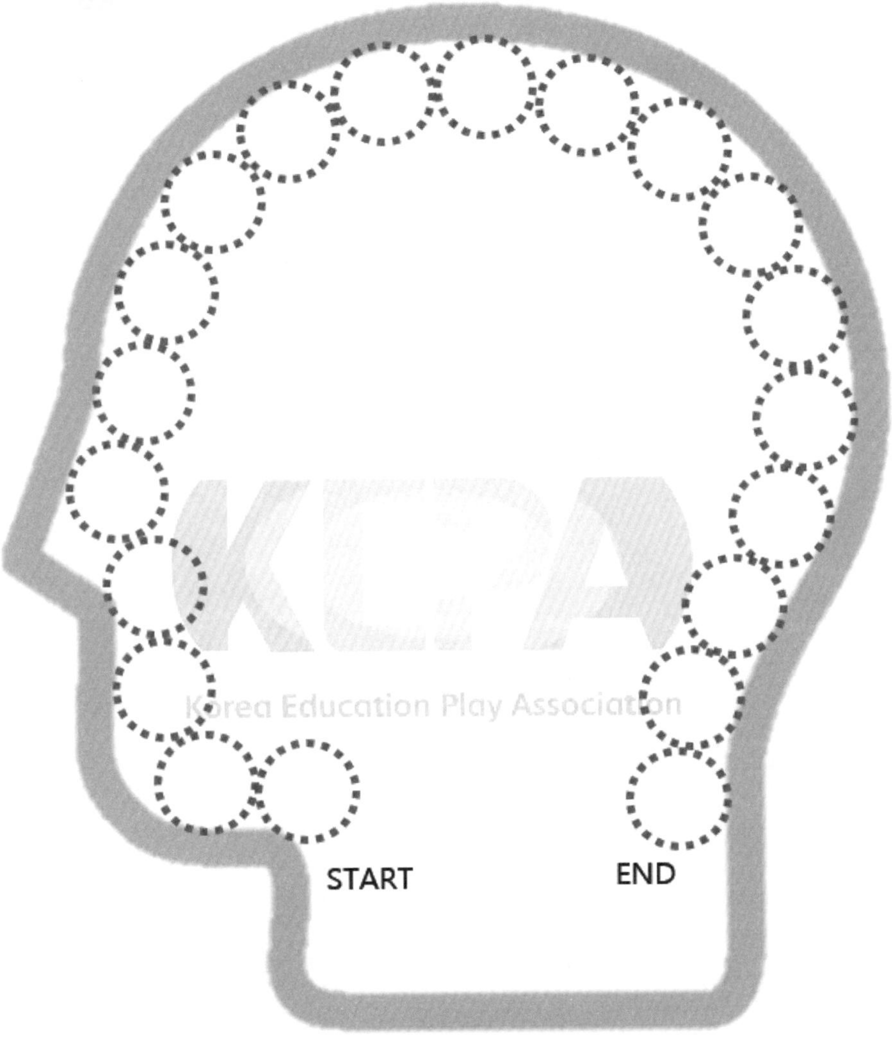

1칸	2칸	3칸	4칸	5칸	6칸	7칸	8칸	9칸	10칸
0	+1	+3	+5	+7	+9	+11	+15	+20	+25
11칸	12칸	13칸	14칸	15칸	16칸	17칸	18칸	19칸	20칸
+30	+35	+40	+50	+60	+70	+80	+100	+150	+200

Copyright© 한국교육놀이문화연구소, 무단 전재 및 복제 금지.

브레인넘버링

START END

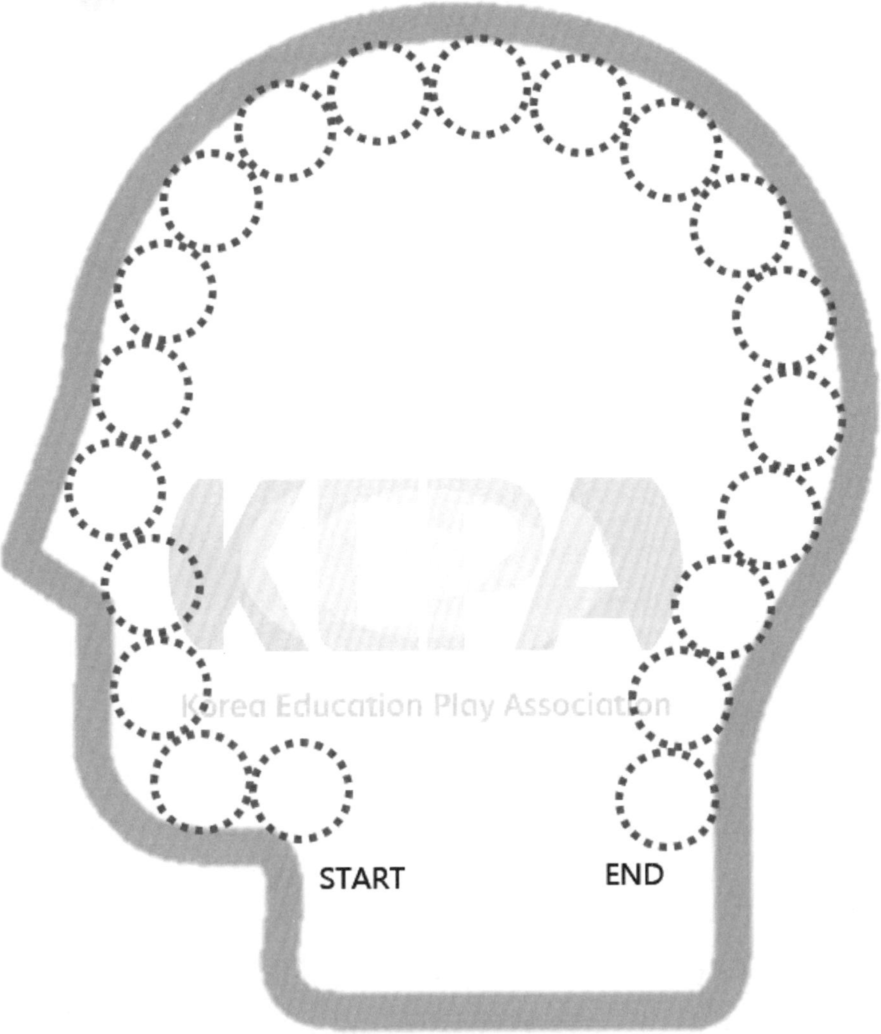

1칸	2칸	3칸	4칸	5칸	6칸	7칸	8칸	9칸	10칸
0	+1	+3	+5	+7	+9	+11	+15	+20	+25
11칸	12칸	13칸	14칸	15칸	16칸	17칸	18칸	19칸	20칸
+30	+35	+40	+50	+60	+70	+80	+100	+150	+200

Copyright© 한국교육놀이문화연구소, 무단 전재 및 복제 금지.

브레인넘버링

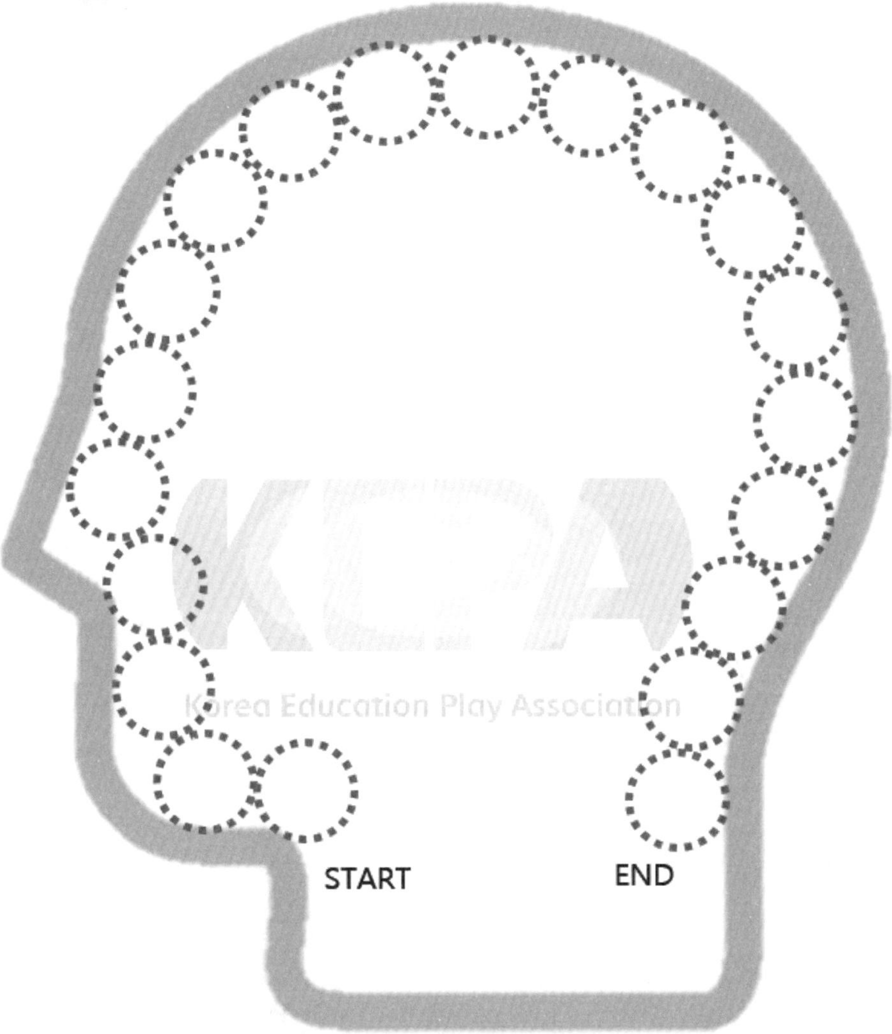

START END

1칸	2칸	3칸	4칸	5칸	6칸	7칸	8칸	9칸	10칸
0	+1	+3	+5	+7	+9	+11	+15	+20	+25
11칸	12칸	13칸	14칸	15칸	16칸	17칸	18칸	19칸	20칸
+30	+35	+40	+50	+60	+70	+80	+100	+150	+200

Copyright© 한국교육놀이문화연구소, 무단 전재 및 복제 금지.

브레인넘버링

START   END

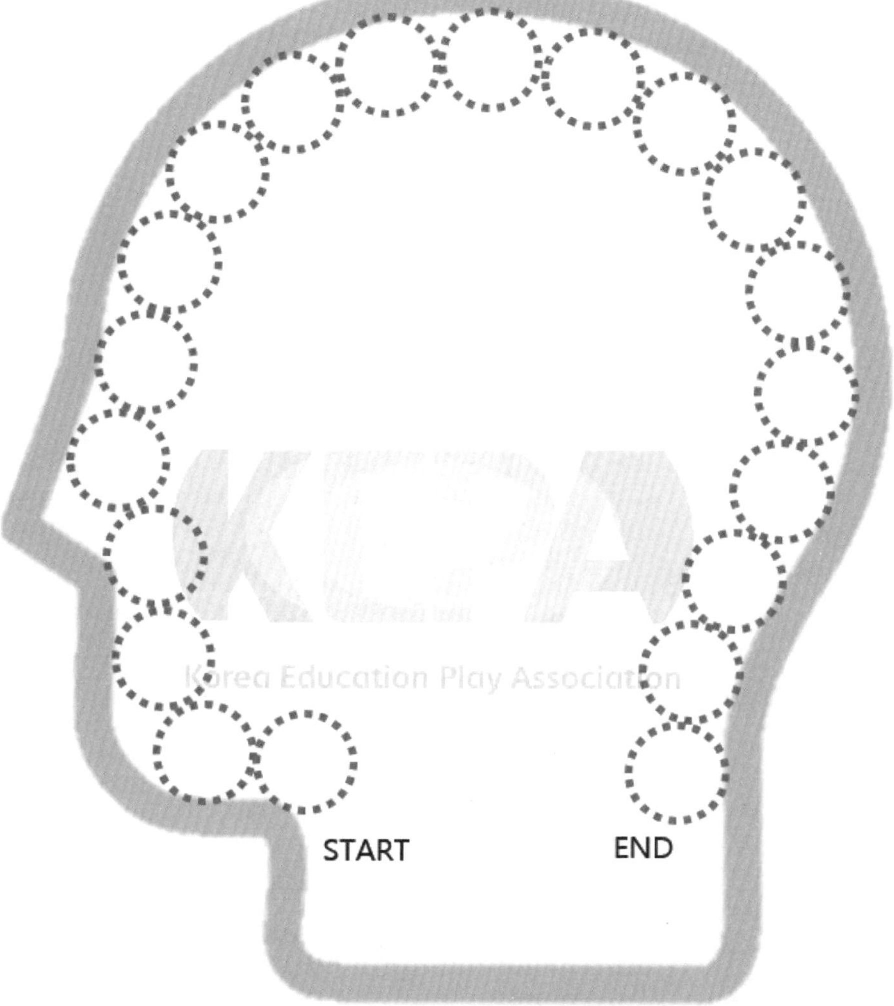

1칸	2칸	3칸	4칸	5칸	6칸	7칸	8칸	9칸	10칸
0	+1	+3	+5	+7	+9	+11	+15	+20	+25
11칸	12칸	13칸	14칸	15칸	16칸	17칸	18칸	19칸	20칸
+30	+35	+40	+50	+60	+70	+80	+100	+150	+200

Copyright© 한국교육놀이문화연구소, 무단 전재 및 복제 금지.

브레인넘버링

START   END

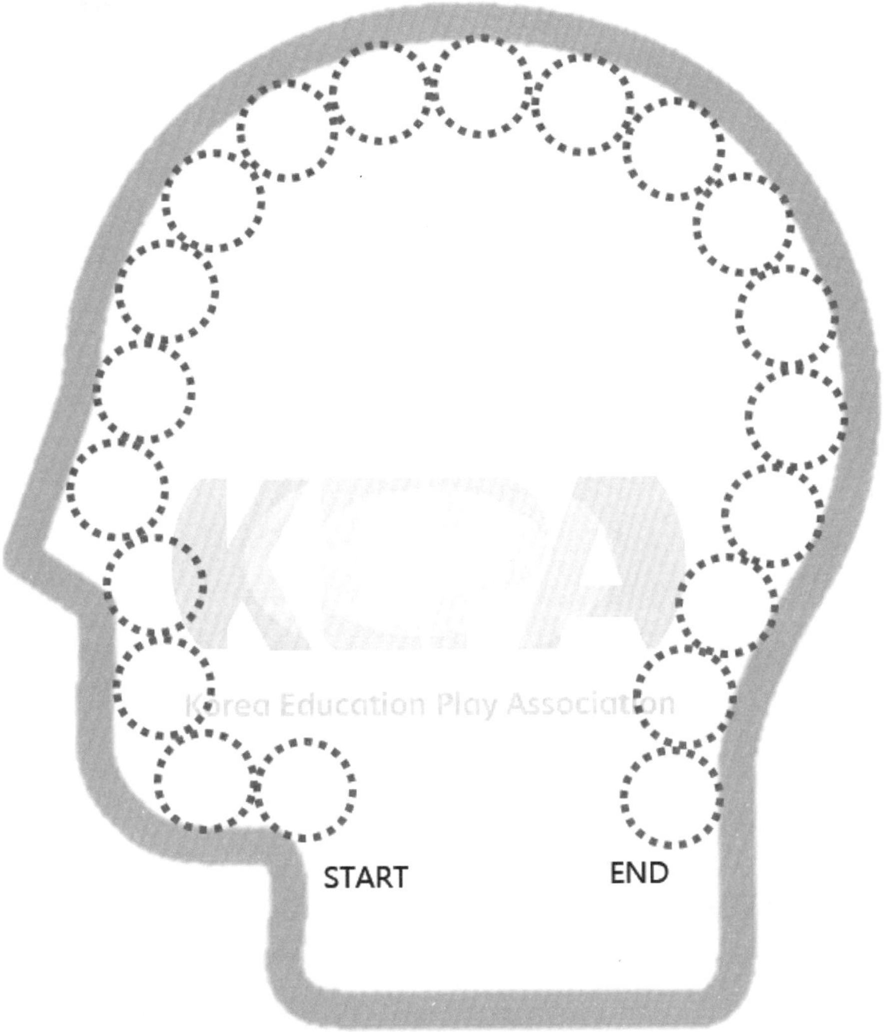

1칸	2칸	3칸	4칸	5칸	6칸	7칸	8칸	9칸	10칸
0	+1	+3	+5	+7	+9	+11	+15	+20	+25
11칸	12칸	13칸	14칸	15칸	16칸	17칸	18칸	19칸	20칸
+30	+35	+40	+50	+60	+70	+80	+100	+150	+200

Copyright© 한국교육놀이문화연구소, 무단 전재 및 복제 금지.

브레인넘버링

START　　　END

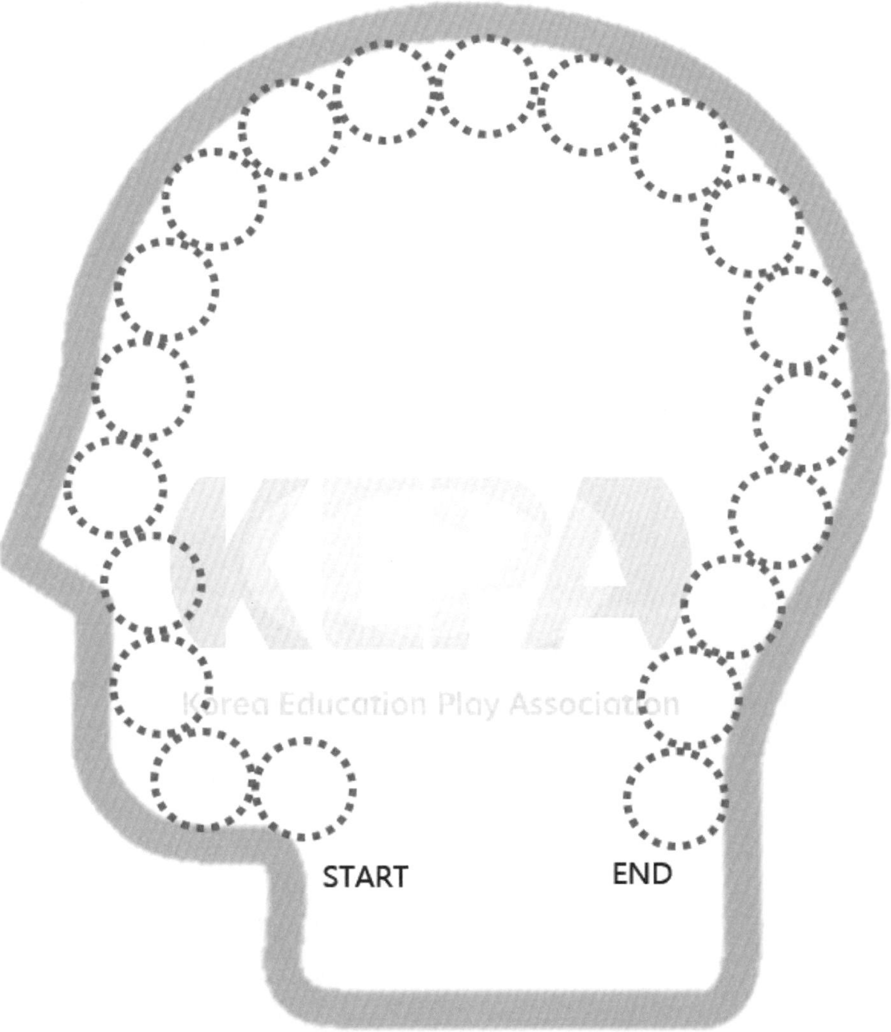

1칸	2칸	3칸	4칸	5칸	6칸	7칸	8칸	9칸	10칸
0	+1	+3	+5	+7	+9	+11	+15	+20	+25
11칸	12칸	13칸	14칸	15칸	16칸	17칸	18칸	19칸	20칸
+30	+35	+40	+50	+60	+70	+80	+100	+150	+200

Copyright© 한국교육놀이문화연구소, 무단 전재 및 복제 금지.

브레인넘버링

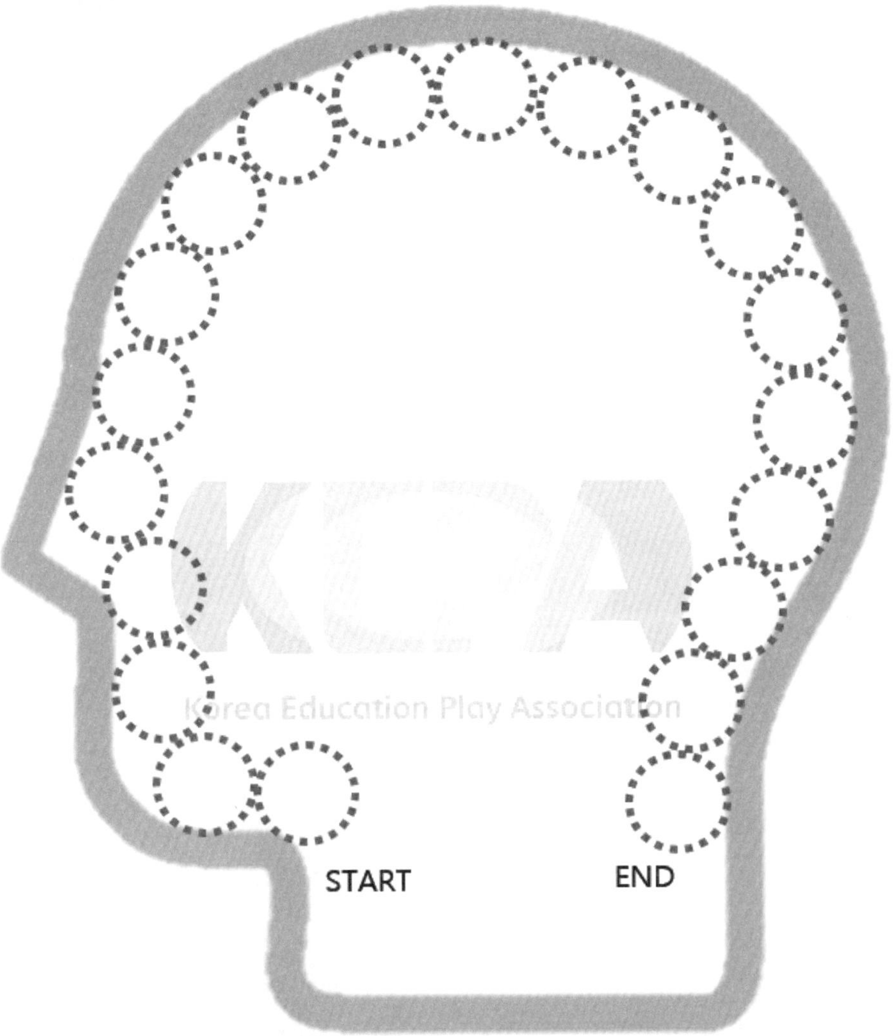

START   END

1칸	2칸	3칸	4칸	5칸	6칸	7칸	8칸	9칸	10칸
0	+1	+3	+5	+7	+9	+11	+15	+20	+25
11칸	12칸	13칸	14칸	15칸	16칸	17칸	18칸	19칸	20칸
+30	+35	+40	+50	+60	+70	+80	+100	+150	+200

Copyright© 한국교육놀이문화연구소, 무단 전재 및 복제 금지.

브레인넘버링

START   END

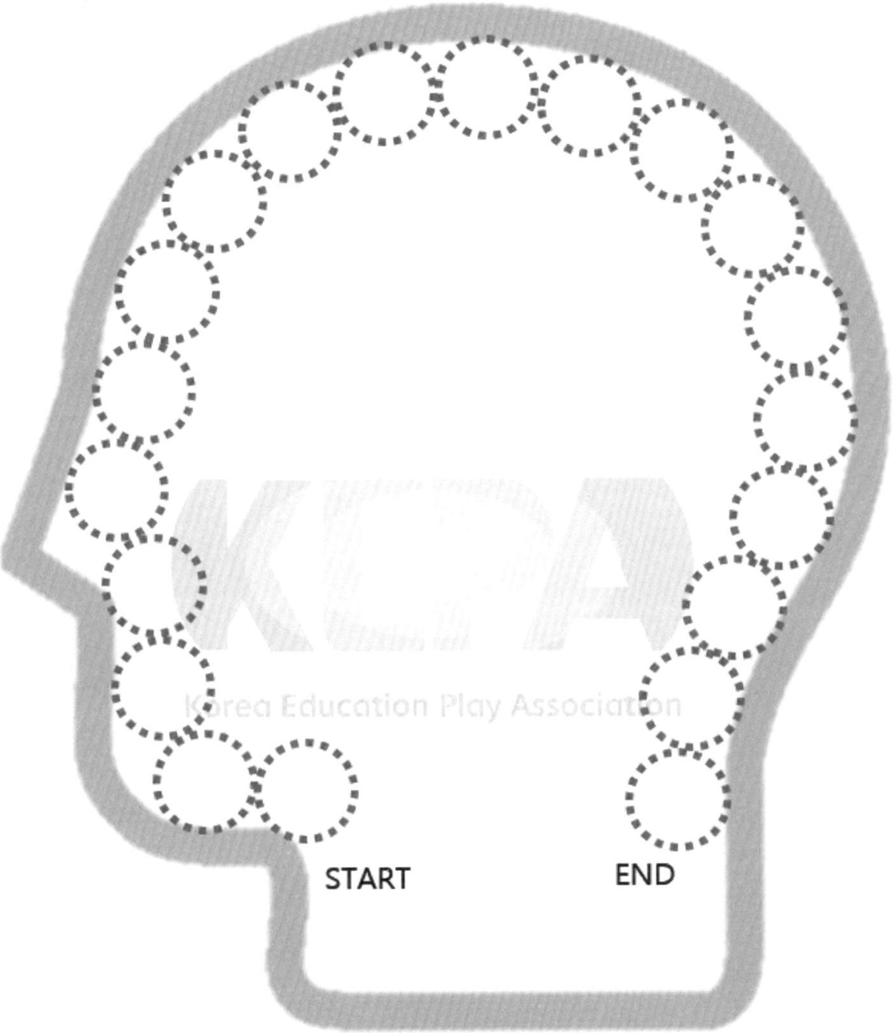

1칸	2칸	3칸	4칸	5칸	6칸	7칸	8칸	9칸	10칸
0	+1	+3	+5	+7	+9	+11	+15	+20	+25
11칸	12칸	13칸	14칸	15칸	16칸	17칸	18칸	19칸	20칸
+30	+35	+40	+50	+60	+70	+80	+100	+150	+200

Copyright© 한국교육놀이문화연구소, 무단 전재 및 복제 금지.

브레인넘버링

START　　　END

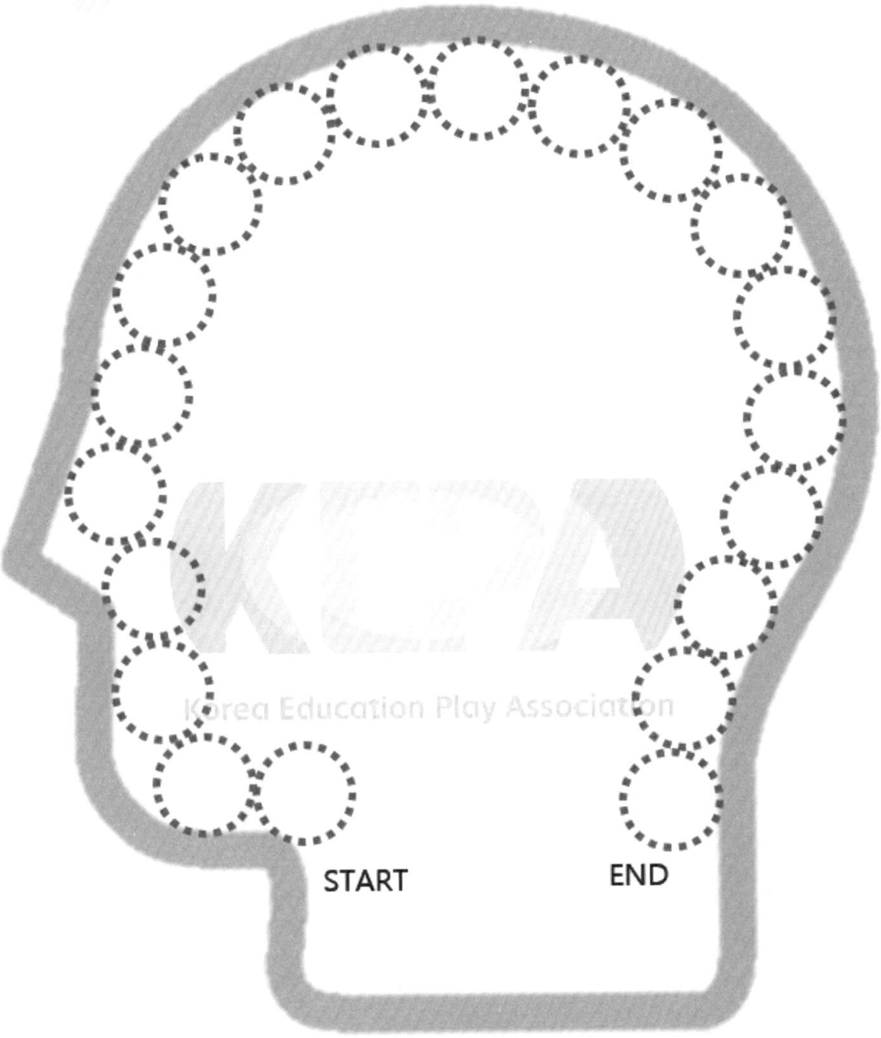

1칸	2칸	3칸	4칸	5칸	6칸	7칸	8칸	9칸	10칸
0	+1	+3	+5	+7	+9	+11	+15	+20	+25
11칸	12칸	13칸	14칸	15칸	16칸	17칸	18칸	19칸	20칸
+30	+35	+40	+50	+60	+70	+80	+100	+150	+200

Copyright© 한국교육놀이문화연구소, 무단 전재 및 복제 금지.

브레인넘버링

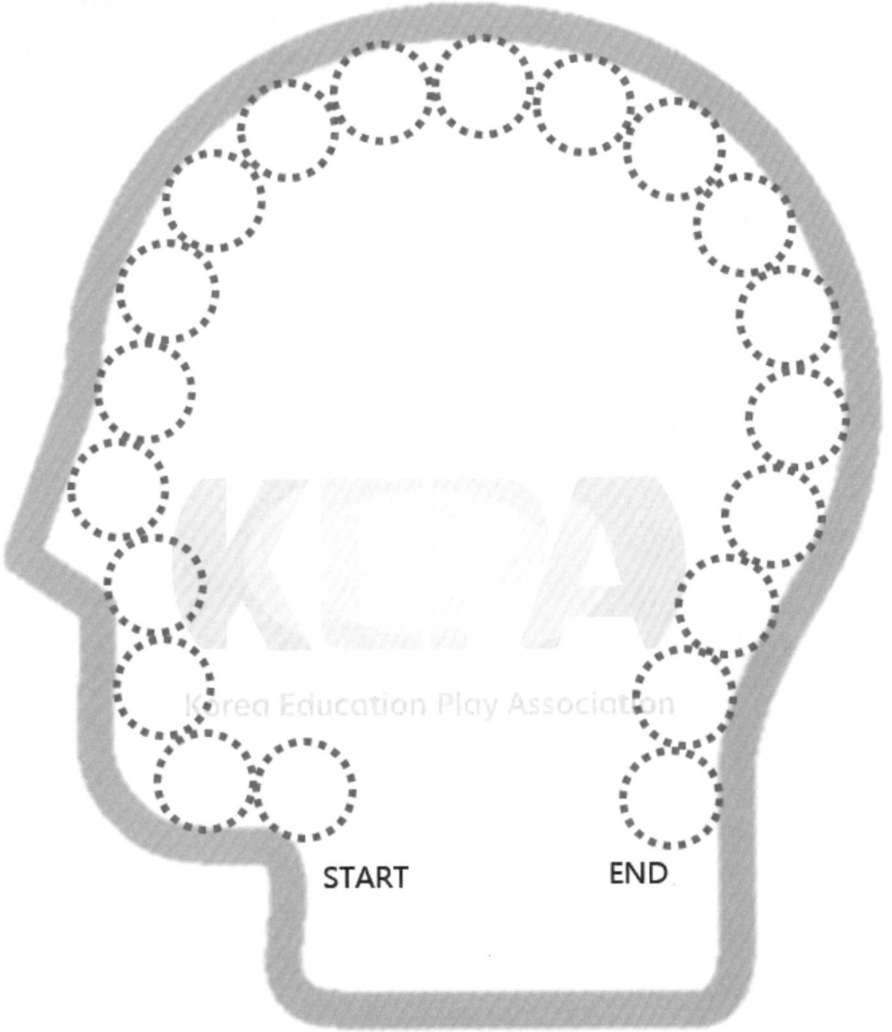

START   END

1칸	2칸	3칸	4칸	5칸	6칸	7칸	8칸	9칸	10칸
0	+1	+3	+5	+7	+9	+11	+15	+20	+25
11칸	12칸	13칸	14칸	15칸	16칸	17칸	18칸	19칸	20칸
+30	+35	+40	+50	+60	+70	+80	+100	+150	+200

Copyright© 한국교육놀이문화연구소, 무단 전재 및 복제 금지.

브레인넘버링

START　　　END

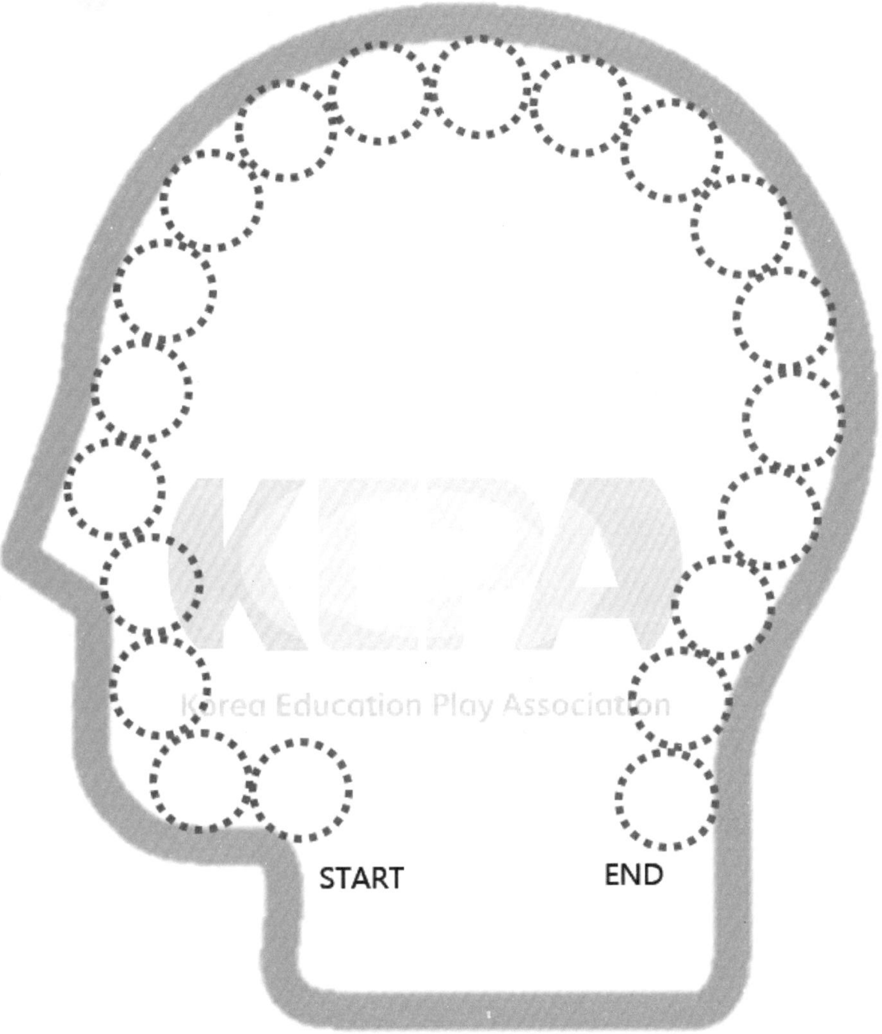

1칸	2칸	3칸	4칸	5칸	6칸	7칸	8칸	9칸	10칸
0	+1	+3	+5	+7	+9	+11	+15	+20	+25
11칸	12칸	13칸	14칸	15칸	16칸	17칸	18칸	19칸	20칸
+30	+35	+40	+50	+60	+70	+80	+100	+150	+200

Copyright© 한국교육놀이문화연구소, 무단 전재 및 복제 금지.

브레인넘버링

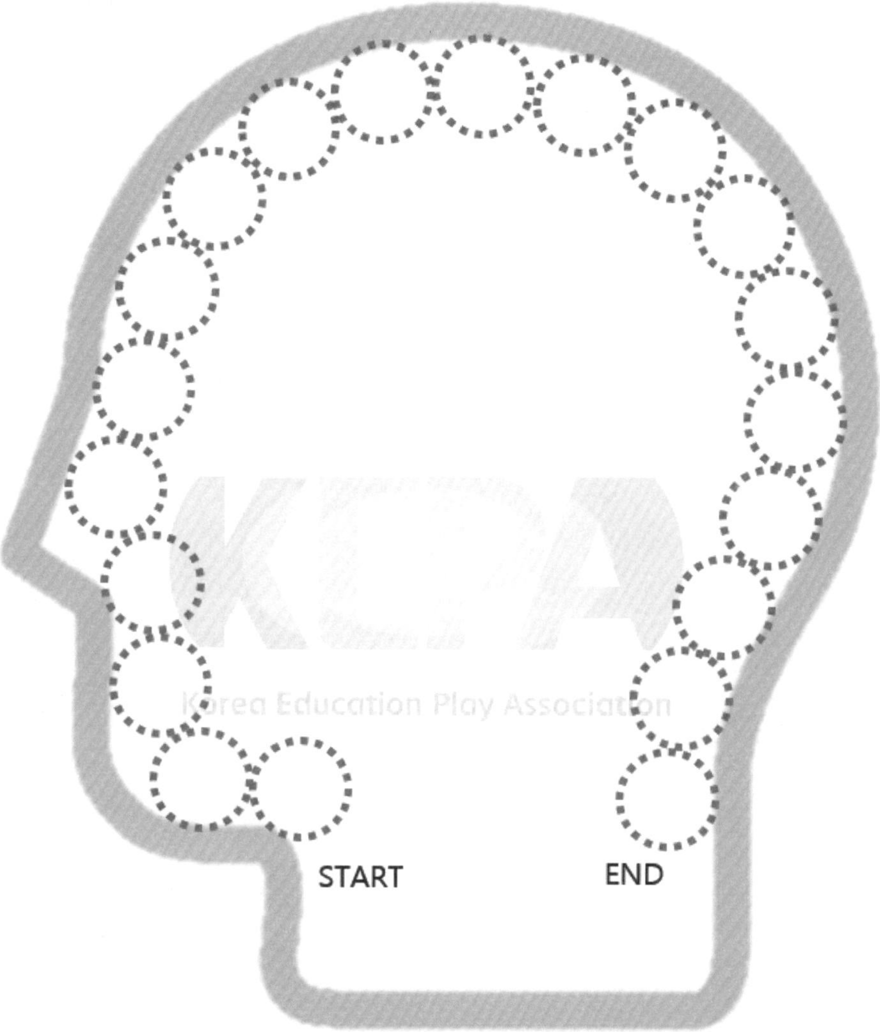

START   END

1칸	2칸	3칸	4칸	5칸	6칸	7칸	8칸	9칸	10칸
0	+1	+3	+5	+7	+9	+11	+15	+20	+25
11칸	12칸	13칸	14칸	15칸	16칸	17칸	18칸	19칸	20칸
+30	+35	+40	+50	+60	+70	+80	+100	+150	+200

Copyright© 한국교육놀이문화연구소, 무단 전재 및 복제 금지.

브레인넘버링

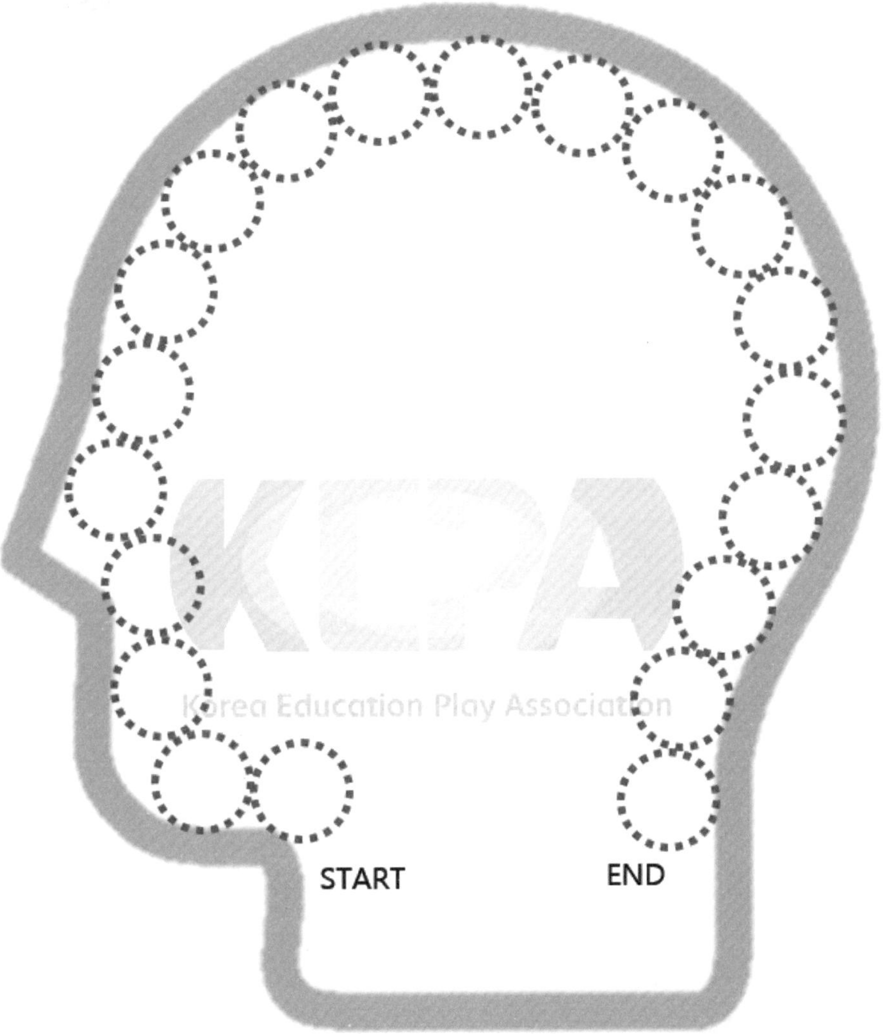

START   END

1칸	2칸	3칸	4칸	5칸	6칸	7칸	8칸	9칸	10칸
0	+1	+3	+5	+7	+9	+11	+15	+20	+25
11칸	12칸	13칸	14칸	15칸	16칸	17칸	18칸	19칸	20칸
+30	+35	+40	+50	+60	+70	+80	+100	+150	+200

Copyright© 한국교육놀이문화연구소, 무단 전재 및 복제 금지.

브레인넘버링

START   END

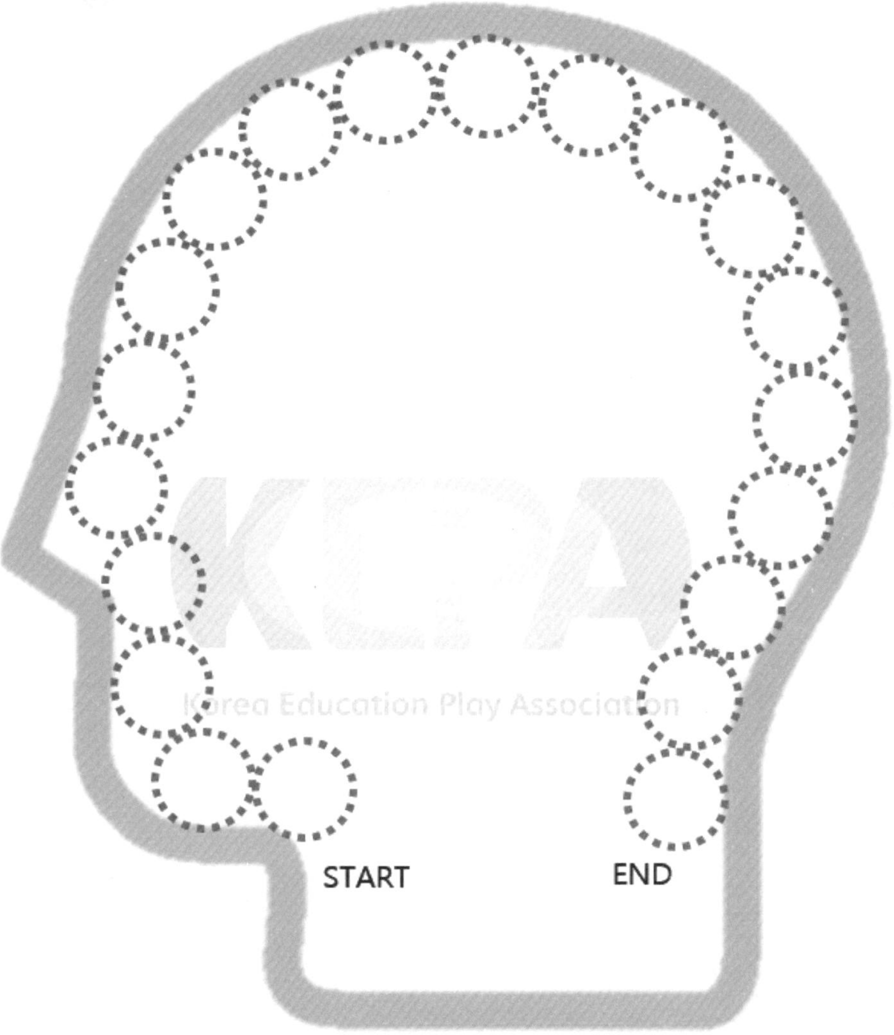

1칸	2칸	3칸	4칸	5칸	6칸	7칸	8칸	9칸	10칸
0	+1	+3	+5	+7	+9	+11	+15	+20	+25
11칸	12칸	13칸	14칸	15칸	16칸	17칸	18칸	19칸	20칸
+30	+35	+40	+50	+60	+70	+80	+100	+150	+200

Copyright© 한국교육놀이문화연구소, 무단 전재 및 복제 금지.

브레인넘버링

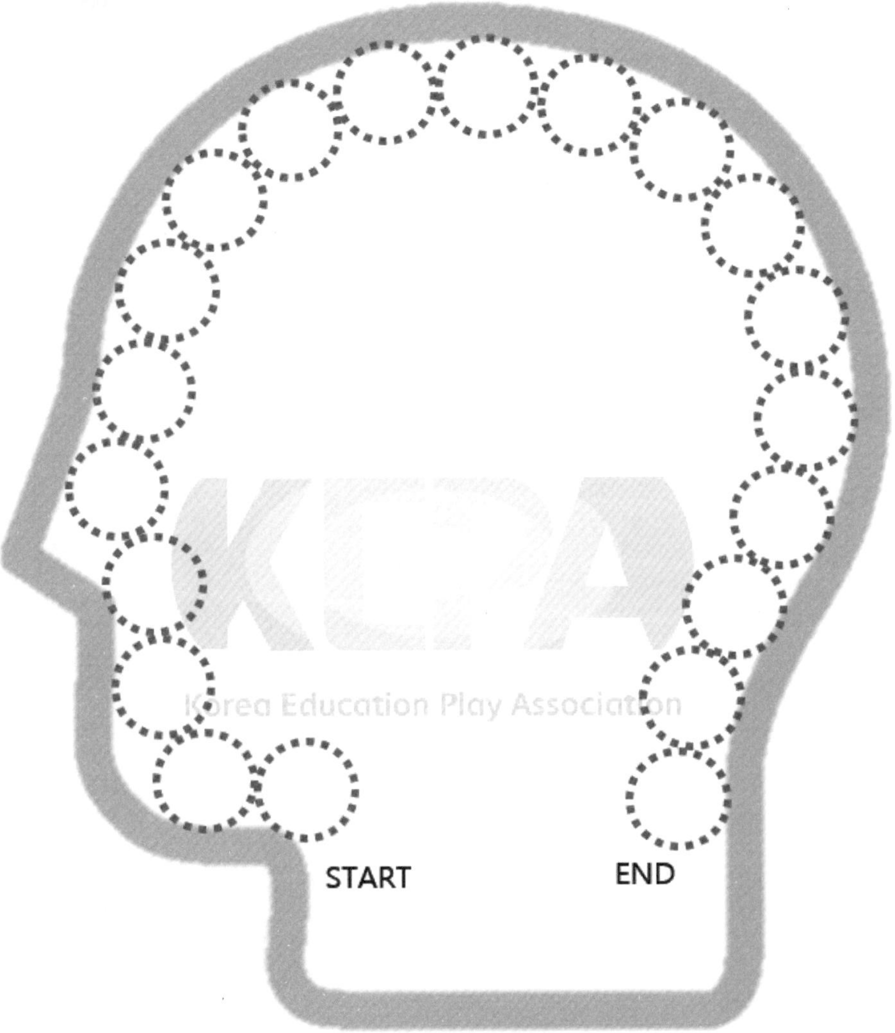

START END

1칸	2칸	3칸	4칸	5칸	6칸	7칸	8칸	9칸	10칸
0	+1	+3	+5	+7	+9	+11	+15	+20	+25
11칸	12칸	13칸	14칸	15칸	16칸	17칸	18칸	19칸	20칸
+30	+35	+40	+50	+60	+70	+80	+100	+150	+200

Copyright ⓒ 한국교육놀이문화연구소, 무단 전재 및 복제 금지.

브레인넘버링

START   END

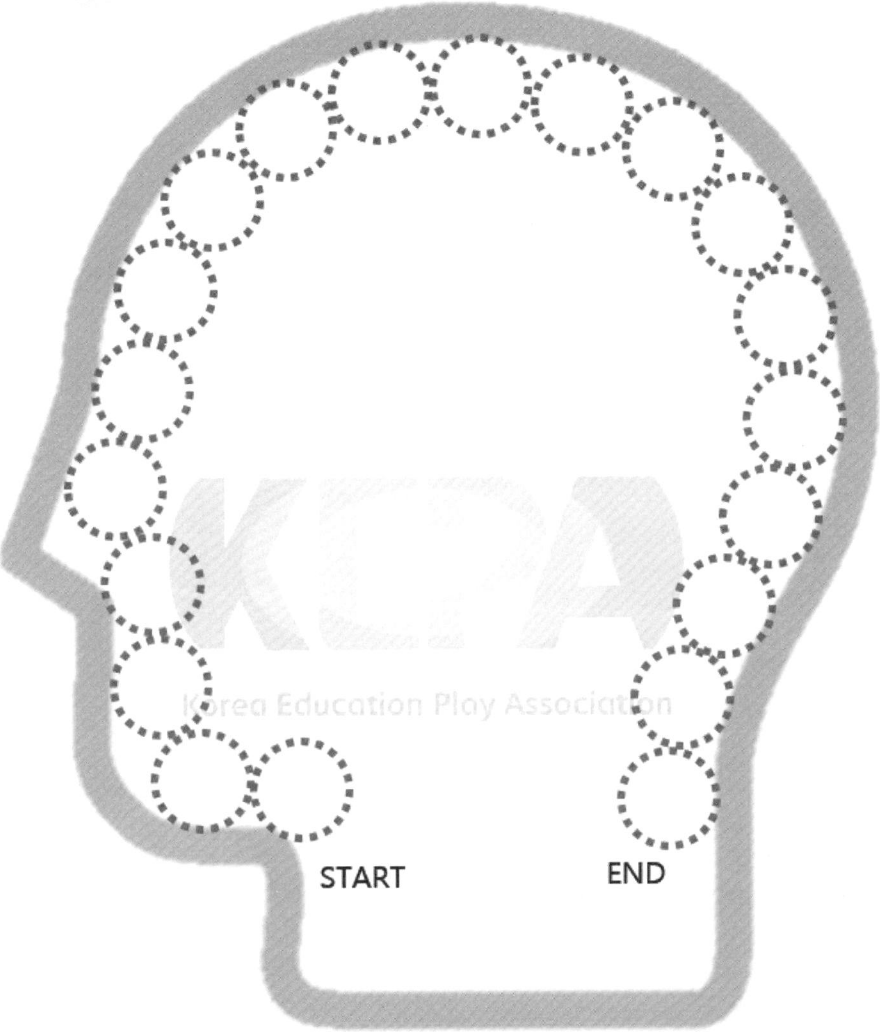

1칸	2칸	3칸	4칸	5칸	6칸	7칸	8칸	9칸	10칸
0	+1	+3	+5	+7	+9	+11	+15	+20	+25
11칸	12칸	13칸	14칸	15칸	16칸	17칸	18칸	19칸	20칸
+30	+35	+40	+50	+60	+70	+80	+100	+150	+200

Copyright© 한국교육놀이문화연구소, 무단 전재 및 복제 금지.

브레인넘버링

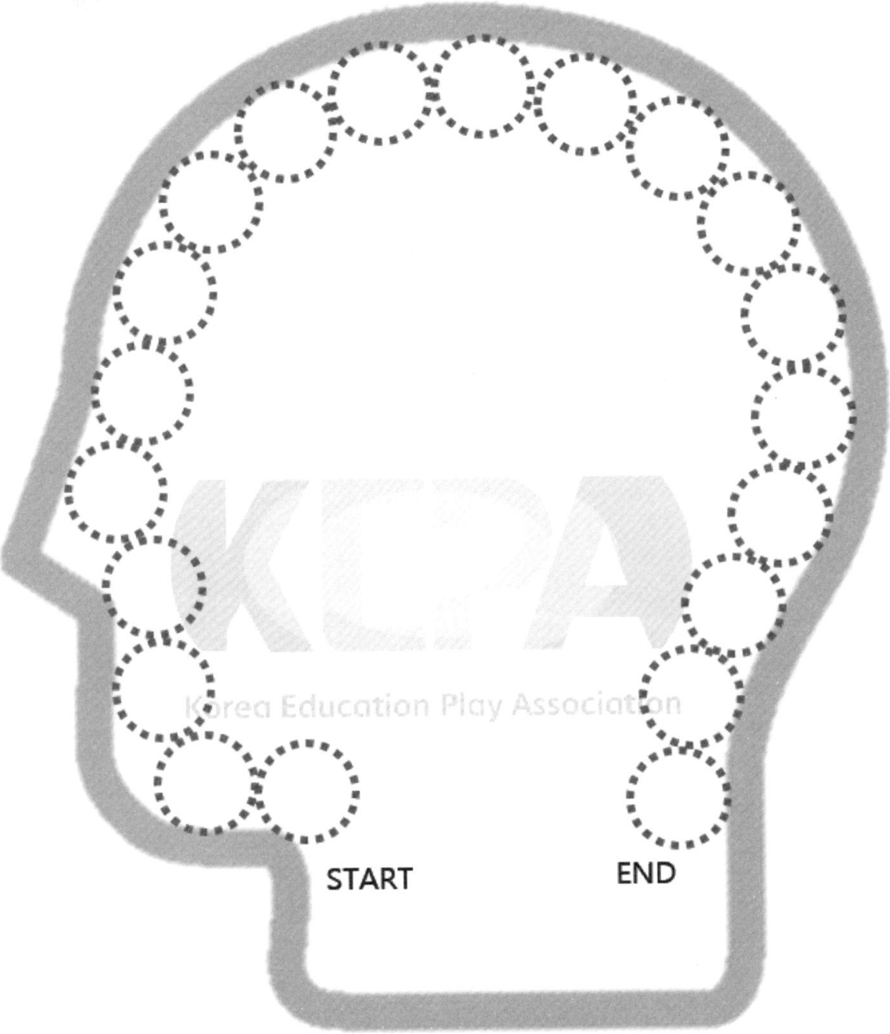

START   END

1칸	2칸	3칸	4칸	5칸	6칸	7칸	8칸	9칸	10칸
0	+1	+3	+5	+7	+9	+11	+15	+20	+25
11칸	12칸	13칸	14칸	15칸	16칸	17칸	18칸	19칸	20칸
+30	+35	+40	+50	+60	+70	+80	+100	+150	+200

Copyright© 한국교육놀이문화연구소, 무단 전재 및 복제 금지.

브레인넘버링

START　　　END

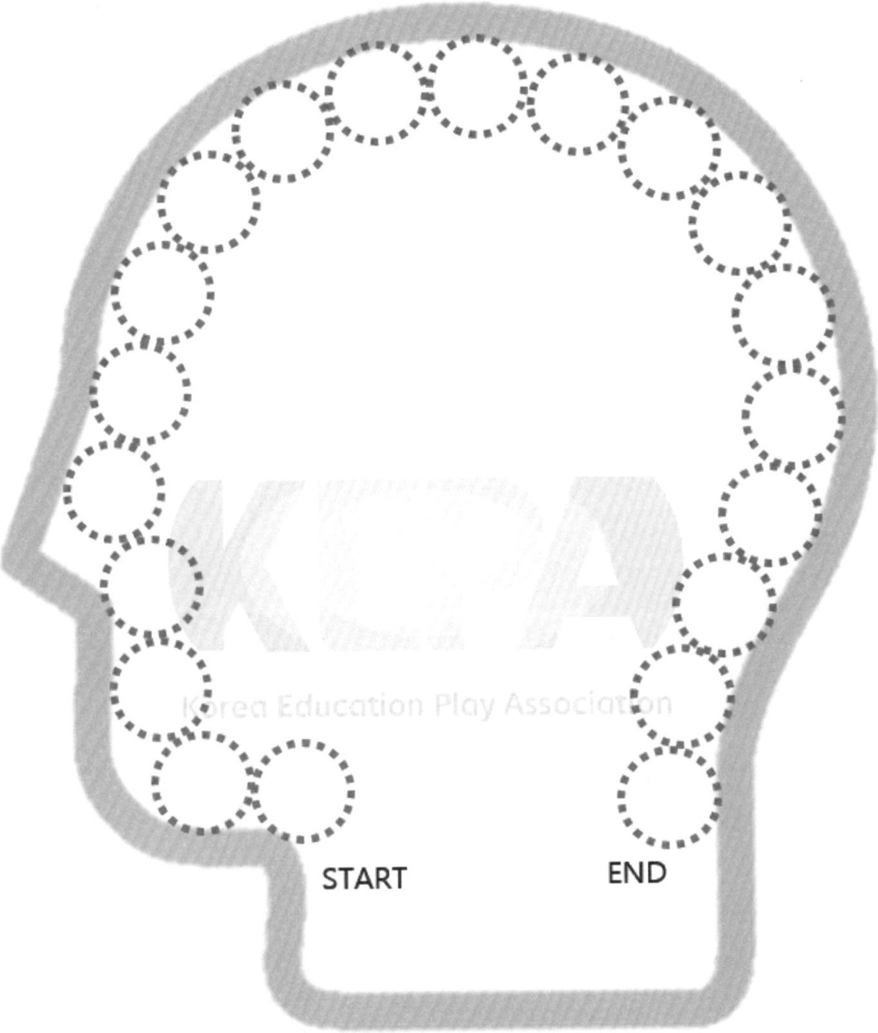

1칸	2칸	3칸	4칸	5칸	6칸	7칸	8칸	9칸	10칸
0	+1	+3	+5	+7	+9	+11	+15	+20	+25
11칸	12칸	13칸	14칸	15칸	16칸	17칸	18칸	19칸	20칸
+30	+35	+40	+50	+60	+70	+80	+100	+150	+200

Copyright© 한국교육놀이문화연구소, 무단 전재 및 복제 금지.